精神障害者施設における
コンフリクト・マネジメントの
手法と実践

地域住民との合意形成に向けて

野村恭代
Yasuyo Nomura

◎序章 問題提起／本書の目的◎第1章 精神障害者施設コンフリクトの合意形成（コンフリクトの解消）をめぐる課題◎先行研究にみるコンフリクトの諸概念／施設コンフリクト分析の枠組み／精神障害者に対する住民意識と理解重視アプローチの限界／小括──本研究で用いる「施設コンフリクト」の定義◎第2章 環境リスクに関わるコンフリクトの合意形成◎「迷惑施設」建設におけるコンフリクト・マネジメント／リスクコミュニケーション手法を用いた合意形成／リスクコミュニケーションの成否と信頼の醸成／小括◎第3章 精神障害者施設コンフリクトの実態◎全国調査にみる精神障害者施設コンフリクトの動向──1980年代～1990年代／精神障害者施設コンフリクトの発生状況および住民意識の変化──2000年～2010年／施設コンフリクト発生要因の検討／考察◎第4章 仲介者の介入による信頼の醸成と合意形成──高知県精神障害者授産施設の事例から◎研究方法／結果／調査結果の分析／考察◎第5章 条件闘争による合意形成とその後の信頼の構築──沖縄県C病院グループホームの事例から◎研究方法／結果／調査結果の分析／考察◎第6章 住民自身による施設整備に対する信頼とその後の理解の獲得──山口県D施設建設の事例から◎研究方法／結果／調査結果の分析／考察◎結章 結論／本研究の意義と残された課題

明石書店

精神障害者施設におけるコンフリクト・マネジメントの手法と実践｜目次

序章

第1節　問題提起 6
第2節　本書の目的 9

第1章　精神障害者施設コンフリクトの合意形成（コンフリクトの解消）をめぐる課題

第1節　先行研究にみるコンフリクトの諸概念 12
第2節　施設コンフリクト分析の枠組み 20
第3節　精神障害者に対する住民意識と理解重視アプローチの限界 34
第4節　小括——本研究で用いる「施設コンフリクト」の定義 38

第2章　環境リスクに関わるコンフリクトの合意形成

第1節　「迷惑施設」建設におけるコンフリクト・マネジメント 48
第2節　リスクコミュニケーション手法を用いた合意形成 52
第3節　リスクコミュニケーションの成否と信頼の醸成 61
第4節　小括 66

第3章　精神障害者施設コンフリクトの実態

第1節　全国調査にみる精神障害者施設コンフリクトの動向
　　　　——1980年代〜1990年代 72
第2節　精神障害者施設コンフリクトの発生状況および住民意識の変化
　　　　——2000年〜2010年 80
第3節　施設コンフリクト発生要因の検討 89
第4節　考察 94

第4章 仲介者の介入による信頼の醸成と合意形成
──高知県精神障害者授産施設の事例から

- 第1節　研究方法 104
- 第2節　結果 106
- 第3節　調査結果の分析 126
- 第4節　考察 141

第5章 条件闘争による合意形成とその後の信頼の構築
──沖縄県C病院グループホームの事例から

- 第1節　研究方法 152
- 第2節　結果 153
- 第3節　調査結果の分析 166
- 第4節　考察 183

第6章 住民自身による施設整備に対する信頼とその後の理解の獲得
──山口県D施設建設の事例から

- 第1節　研究方法 190
- 第2節　結果 191
- 第3節　調査結果の分析 204
- 第4節　考察 220

結章

- 第1節　結論 226
- 第2節　本研究の意義と残された課題 239

- 図表リスト 241
- 参考文献 243

- あとがき 253

序　章

第1節　問題提起

　2011（平成23）年10月、X県Z市で精神障害者グループホーム設置をめぐる施設コンフリクトが発生した。グループホームの設置を希望する社会福祉法人と設置を反対する某学習塾との紛争である。人が「暮らす場所」に対する反対運動を押し切ってグループホームを設置しても、設置後に不快な思いをするのは利用者であるとの考えから、設置場所は別の場所に変更された。

　2004（平成16）年9月、「精神保健医療福祉の改革ビジョン」[1]において、「入院医療から地域生活中心へ」という精神保健医療福祉施策の基本的な方策が示された。また、同ビジョンでは、受入条件が整えば退院可能な精神障害者については、精神病床の機能分化・地域生活支援体制の強化など、立ち後れた精神保健医療福祉体系の再編と基盤強化を全体的に進めることによって、10年後には社会的入院の解消を図ることとされている。さらに、退院可能な精神障害者については、医療計画の見直しや障害者自立支援法などにおける支援など、一定の対応がなされつつあるが、障害福祉計画の策定指針においても退院可能な精神障害者数の減少が都道府県の目標値として定められており、今後、地域移行に向けての支援をより一層推進する必要がある。

　一方で、精神障害者の地域移行には多くの障壁が立ちはだかる。先にあげたX県で発生した事例が示すような地元住民からの反発は、まさに代表的な障壁の1つである。精神障害者の地域移行を推進するためには、このような問題を解決していかなければならない。しかし、精神障害者施設と地域住民とのコンフリクトに関し、現在、どこの地域で問題が発生しているのか、発生数はどのくらいであるのかなど、施設コンフリクトの現状を全般的に知る術はない。1999年まで10年単位で実施されてきた精神障害者施設におけるコンフリクトに関する調査は、2000年以降実施されていないのである。

　さらに、社会福祉学分野では、この種の施設コンフリクト問題を取り上げた研究は、これまでにあまりみられない。施設コンフリクト研究における調査対象は社会福祉分野ではなく、いわゆる環境施設であるごみ処理場や火葬

場などを対象とするものが大部分を占めている。環境施設や科学技術へのコンフリクト問題においては、リスクコミュニケーションを用いた合意形成に関する研究や信頼とリスク認知との関係に関する研究が多く存在するが、社会福祉施設を対象としたこれらの研究はみられない。したがって、コンフリクトが発生した施設個別の合意形成要因は明らかにされていても、社会福祉施設全体に共通するコンフリクト・マネジメント手法はいまだ提示されていない。

　ここで、コンフリクトに関する他分野での見解の変遷をみると、それは時代ごとに変化している。1930年代から1940年代までは伝統的見解とされ、コンフリクトはすべて避けるべきものであることから、集団や組織の業績を改善するためには、コンフリクトの原因に注意を向け、機能不全を修正すれば良いと考えられてきた。1940年代後半から1970年代半ばは、人間環境論的見解である。コンフリクトはあらゆる集団で起こる自然の結果であり、それは必ずしも悪ではなく、むしろ集団の業績を上げるうえでプラスの力になりうるといった考え方が登場する。そして、現在は相互作用論的見解がコンフリクトの代表的な捉え方である。これは、コンフリクトを容認するという基本姿勢である。ただし、コンフリクトをすべて善とするわけではなく、コンフリクトには、生産的コンフリクトと非生産的コンフリクトがあることが指摘されている。

　しかし、社会福祉分野では、現在においても多くの場合で、コンフリクトは依然として伝統的見解に基づき評価されている。そのため、施設コンフリクトを避けるべきものと捉え、これを正面から扱った研究はあまりみられない。

　小幡（1990）は、地域・環境研究に課せられた重要な役割の1つは、人間が地域・環境に関わっていくなかでさまざまに発生する施設コンフリクトを理論的、実践的に解明し、地域環境の利用・保全に対する社会的ルールを提示していくところにあると述べ、施設コンフリクト研究の重要性を指摘している。コンフリクトがこれまでの矛盾を顕在化し、新しい秩序を創り出すという機能を有効に活用することによって、社会福祉施設と地域住民との間で

生じるコンフリクト問題は、新たな地域社会を構築するための契機となり得ると考えられる。

また、コンフリクト研究の側面から言及すると、コンフリクト研究は3つに大別される。1つ目はコンフリクトの過程、構造を記述、分析するアプローチで、コンフリクトを振り返り、これをシステム的に記述することから始めるものである。これは、記述的・分析的研究によって、その結果からコンフリクト解消のためのルールを構築することを目的とする。2つ目は、規範的・解決的アプローチと呼ばれるもので、コンフリクトの解消あるいは合意形成をさぐるものであり、これらの方法論としては、ゲーム理論、多属性効用関数などが用いられる。そして、記述的・分析的研究と規範的・解決的研究を埋めるべき第3の方法として、実践的・実験的アプローチがある。これは、社会的眼をもった主体像とそれに変革するためのプロセスを規範的に明らかにし、これを具体的に実践することを実験的に試み、その過程を記述することで、研究自体を連動体とみなす方法論である。

本書は、施設コンフリクト発生から合意形成に至るプロセスにおいて必要となる諸要素を導き出す点に主眼を置いている。どのようなプロセスにより施設コンフリクトが解消するのかを明らかにすることを目的としているため、本書では、規範的・解決的アプローチにより、実際に発生した施設コンフリクト事例を取り上げ、質的調査により分析を行う。

これまで、精神障害者施設を含む社会福祉施設におけるコンフリクトに関しては、合意形成に向けて取るべき行動に関する指針やコンフリクト・マネジメント手法などが存在しないため、それぞれの事例ごとに機関や施設が個別的に施設コンフリクト解消に向けた取り組みを独自に行ってきた。その結果、合意形成に至るか否かは各施設の力量や方向性にすべて委ねられ、施設コンフリクトが合意形成に至ることなく、施設建設の断念を余儀なくされたり、建設場所の移転を迫られる事例が多くみられる。今後は、各施設が施設コンフリクトの合意形成に向けてより効果的な取り組みを行うことができるよう、そして、施設コンフリクトを解消することを目的とし、一定のガイドラインを早急に作成する必要がある。

第2節　本書の目的

　本書は、前述した背景により、精神障害者の地域移行を阻む要因の主たるものの1つである精神障害者施設に対するコンフリクトに関して、効果的に機能する合意形成モデルを提示することを目的とする。その目的を具現化するうえで、本書が設定する研究課題は以下の3点である。

(1) 先行研究においてこれまで定説として述べられてきた、近隣住民が障害や障害者、施設について理解することおよび施設もしくは障害者自身が自らを理解してもらうことを目的として地域住民に積極的な働きかけを行うことが、施設コンフリクトを合意形成へと至らしめるための最重要課題であるという見解には限界があり、合意形成には信頼の醸成も重要な要素であり、理解は、施設または仲介者を含む施設関係者への信頼の醸成のあとに深まることを明らかにする
(2) 信頼の醸成のために必要な要素および信頼の性質について検討を行う
(3) 社会福祉施設などで発生するコンフリクト問題に対し、新たなコンフリクト・マネジメント手法を提示する

【注】
(1) 2004（平成16）年9月、厚生労働大臣を本部長とする精神保健福祉対策本部により作成された報告書である。わが国の精神保健医療福祉のあり方を「入院医療中心から地域生活中心へ」と改革するため、今後おおむね10年間に実現すべき事柄やその目標を示したものである。

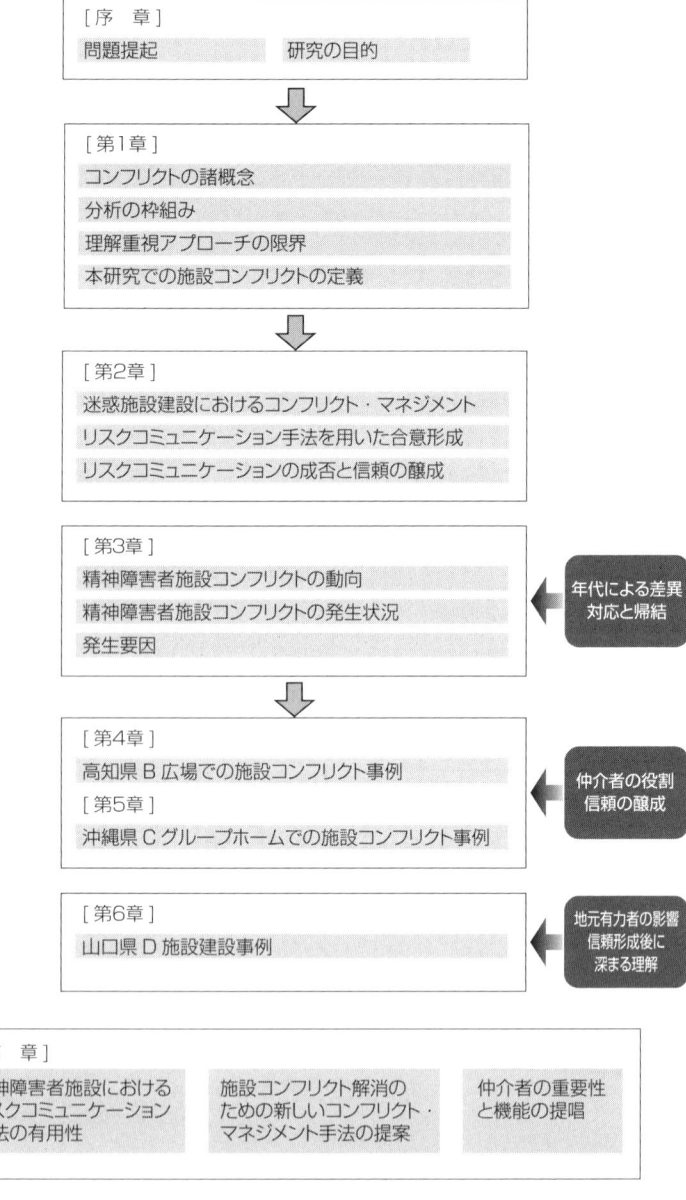

図序-1 本書の構成

第1章 精神障害者施設コンフリクトの合意形成（コンフリクトの解消）をめぐる課題

第1節　先行研究にみるコンフリクトの諸概念

1　コンフリクトの概念

　1960年代前半頃のコンフリクト研究の対象は、主に軍拡競争（arms races）、暴力（violence）、戦争（war）、侵略（aggression）であった。その後、1960年代後半に入り、コンフリクト研究は転換期を迎え、現在に至っている[1]。コンフリクトはその後政治分野で扱われるようになり、現在では、工学や社会学など幅広い分野で研究対象となっているものの、コンフリクトに関する先行研究は多いとは言えない。以下、コンフリクトに関する概念を整理している代表的な先行研究を概観する。

　まず、コンフリクトの定義には、それが個人の内部で発生するものなのか、それとも他者との間に発生するものなのかに関し、さまざまな議論がみられる。

　トーマス（Thomas 1976）は、コンフリクトを「二者間コンフリクト」と定義している。また、コンフリクトの基本的認識として、①適度なコンフリクトはコストとみなす必要はない、②意見・見方の違いというコンフリクトは総合的でより深い理解を生む、③攻撃的なコンフリクトが非合理的あるいは破壊的である必然性はない、という3点を指摘している。さらに、コンフリクトのもつ機能的側面と逆機能的側面を認識し、「コンフリクトの排除」から「コンフリクト・マネジメント」へとパースペクティブをシフトすることが重要であると主張している。

　ロビンス（Robbins 1997）によるコンフリクトの定義には、認知・対立・希少性・妨害という概念要素が含まれる。具体的には、AがBの目的達成や利益の向上を結果的に失敗させるような何らかの形の妨害によって、Bの努力を打ち消そうと意図的に努力するプロセスがコンフリクトであると述べており、コンフリクトは少なくとも二者以上の存在があって発生するとしている。

　ベレルソンとシュタイナー（Berelson & Steiner 1964）も、コンフリクトを

ソーシャル・コンフリクト（social conflict）と表記し、ソーシャル・コンフリクトとは、一方の側の利益が他方の側の利益を犠牲にしてもたらされるような、両立しない、あるいは少なくとも見かけのうえで両立しない目標の追求を示すものであるとし、二者間以上の存在があって発生するものであると定義づけている。

　小幡（1990）はコンフリクトを紛争と表記し、紛争には少なくとも2つの当事者、もしくは分析上区別し得る2つ以上の単位（unit）あるいは主体（entity）が必要であるとしている。さらに、紛争は、「地位の希少性（position scarcity）」あるいは「資源の希少性（re-source scarcity）」のために発生するものであると指摘する。そして、紛争から生じる紛争的行動は、他の当事者を破壊したり、傷つけたり、妨害したり、あるいはコントロールしたりしようとする行動であり、紛争関係は、ある当事者が他の当事者の金銭的、労力的あるいは精神的支出によってのみ、勝ち取ることができる関係であると述べる。つまり、紛争には当事者間の相互作用が必要であり、そのなかで行われる活動とそれに対する反応は、互いに対立しあっているものである。また、紛争関係は、社会に重大な結果をもたらす社会相互作用プロセスの基本的な構成要素であると捉えることができる。そして、紛争プロセス（あるいは紛争関係）は、当事者間の相互作用の流れにおいて、一時的には分裂していく傾向を示している。

　R・リッカートとJ・G・リッカート（R. Likert and J.G. Likert 1976）は、コンフリクトとは、自己にとっての望ましい結果を得ようと積極的な努力をすれば、それによって他者の望む結果の獲得が妨げられ、さらには敵意が生じる状態のことであると定義している。つまり、他者の存在があって初めてコンフリクトは発生するものだとしている。また、コンフリクトを「本質的コンフリクト」（課題の本質に根ざしたコンフリクト）と「感情的コンフリクト」（対人関係の情緒的、感情的側面から生じたコンフリクト）に分類している。そして、「情緒的コンフリクト」があるために課題の遂行が難しいような状況においても、本質的なコンフリクトを解決することに焦点をあてることが必要であるとしている。さらに、反対する人々がすべての結果に満足するとき、コン

フリクトは解決したものとみなされ、誰かがその結果に不満である限り、コンフリクトは解決されていないことになるとし、コンフリクトの解消の困難さを指摘する。また、コンフリクトの発生に関し、その状況において相違がある場合、それがコンフリクトになることもあれば、そうならない場合もあると言及している。また、コンフリクトにつながりやすい状況として、価値観に関する相違を挙げ、相違がコンフリクトにつながるか否かは対人関係の過程における特性によって決まるとしている。

水野（2007）は、コンフリクトとは「抗争」「葛藤」と呼ばれ、以下の4つの状態にある場合であるとしている。

(1) 有機体が2つあるいはそれ以上の目標に直面している
(2) その目標同士の持つ誘意性（valence）がほぼ等しい
(3) その方向が相反している
(4) 有機体がある位置から動けずにいる状態にある

井上（2005）は、コンフリクト（conflict）とは、2つ（以上）のゴール（目標）が両立・共存しない状況であると定義する。また、コンフリクトが日本においては個人内の対立状態として、葛藤と訳される場合が多いこと、そして、集団と集団の間のコンフリクトは抗争・紛争などと表現されることを挙げ、コンフリクトは、個人の精神内の対立（葛藤）から集団と集団の対立（紛争）というように、ミクロからマクロまでさまざまなレベルで生じると指摘している。

松本（1997）も、社会的コンフリクトは個人内葛藤（ミクロレベル）と社会的コンフリクト（マクロレベル）の2つがあると定義している。また、conflictの語源に関しても言及がみられる。conflictはラテン語のconfligere（打ち合う、争う）の名詞形であるconflictus（打ち合い、ぶつかり合い）を語源とし、もともとは、人々の間の闘争や戦い、特に長期にわたるこじれた争いごとを指す言葉であった。また、これらは通常、社会的コンフリクトとして総称されるものであり、その後、転移表現、比喩的表現として、一人の人間の内部での異

なる精神対立という意味が成立したと述べている。つまり、コンフリクトは、元来は社会的なものを意味し、その後に個人の精神対立へ派生したということになる。さらに、コンフリクトには、議論や論争、口論、言い争いや物体の衝突という意味も含まれるとしている。

　また、コンフリクトの定義に必要な要素として、コンフリクトが表出しているか否か、知覚されているか否かに関する指摘もみられる。

　ロビンス（Robbins 1997）は、コンフリクトが存在するか否かは認知の問題であることを指摘する。当事者の誰もがコンフリクトに気づいていなければ、コンフリクトは存在しないことになる。換言すると、コンフリクトはその全当事者に認知されていなければならないのである。

　松本（1997）は、社会的コンフリクトを定義する場合、その多くが原因からの規定であることを指摘する。そして、その原因は、当事者間に同時に実行できない活動傾向が存在することであるとしている。つまり、コンフリクトには、少なくとも一方の当事者が、他者との間に両立不可能な活動傾向が存在していると知覚することが必要となる。活動の両立不能さそのものが社会的コンフリクトであると定義することはほとんどなく、多くは、その結果起こる事態や現象としての人々の紛争や対立を指していると述べている。

　坂本（2005）は、水資源開発における社会的コンフリクト・マネジメントに関する研究のなかで、コンフリクトの定義に関し言及している。コンフリクトという言葉は、強いものから弱いものまですべてにおいて「争い」という状態を指し、それは実社会に表出したり、精神世界に留まるものであったりするとし、コンフリクトが表出していない状態、つまり、個人の心のコンフリクトは、葛藤もしくは迷いとしている。そのうえで、コンフリクトとは、①複数の意思決定主体が存在し、②一部またはすべての意思決定主体の望む状態が異なり、③意思決定者らが状態を改善する意思、あるいはそのための機会やきっかけがない、もしくは動機が決定的ではない、と定義している。さらに、コンフリクトを表現するためには、①意思決定者、②代替案、③（意思決定者からみた）代替案の評価、の3点を必要な基本構成要素として提示している。

中島（1986）は、国際関係論ではcollaborationを「協力」というのに対し、conflictを「対立」と訳していることを指摘し、そのうえで、対立の概念を次のように明示している。対立とは、生物個体ないし群れの間において、一方には利益を、他方には損害または現状維持をもたらす関係であり、主体がこの対立関係を意識しているときは「対立」といい、意識していない場合は「潜在的対立」という。つまり、対立はそれが意識されているかいないかにより、その意味することが異なるとしている。

　また、スティーブン（Stephen 1997）もコンフリクトにおける知覚の重要性を指摘する。コンフリクトとは、CがDの目的達成や利益の向上を結果的に失敗させるような何らかの形の妨害によって、Dの努力を打ち消そうと意図的に努力するプロセスであるとしている。コンフリクトが存在するか否かは認知の問題であり、組織の誰もがコンフリクトに気づいていなければ、コンフリクトは存在しないということになる。

　また、コンフリクトをその状態によって分類している先行研究もみられる。フィッシャーら（Fisher, Ludin, Williams, Abdi & Smith 2000）は、コンフリクトを

- （1）コンフリクトがない状態（ゴールも行動も両立している状態）
- （2）表面的なコンフリクト（行動が両立していないが、ゴールは両立している状態。一見ゴールの違いがあるようにみえるがそれは誤解であり、根源的には矛盾がない）
- （3）潜在的なコンフリクト（行動は両立しているが、ゴールが両立していない状態）
- （4）はっきりとしたコンフリクト（行動もゴールも両立していない状態。顕在的なコンフリクトは潜在的な根があるとともに、表面にも現れており、はっきりとしたコンフリクトとして知覚される）

の4つの状況に分類している。

　以上、先行研究におけるコンフリクトの定義を確認した。それぞれにおい

て多少の相違はみられるものの、共通しているのは、①二者間以上の間で生じ、②両者の目標とする方向が異なっており、③その目標を追求しようとするときに生じるものだという点である。また、共通意見ではないものの、コンフリクトが個人内の対立状態（葛藤状態）である場合もあれば、集団間である場合（対立、紛争）もあり、コンフリクトはミクロからマクロまでさまざまなレベルで生じるとする指摘もある。さらに、それがコンフリクト当事者に知覚されているか否かに関してもさまざまな議論がみられる。

2 社会福祉学におけるコンフリクトの概念と合意

　コンフリクトの概念がこれまで社会福祉学でどのように扱われてきたのかを、社会福祉分野における先行研究から整理を行うため、「コンフリクト」または「施設コンフリクト」という用語を論文タイトルまたは本文中に用いている研究を概観し、それらの研究において用いられているコンフリクトの定義を確認した。そこで、まず指摘されることは、明確な定義づけを行っている研究がきわめて少ないということである。タイトルに「コンフリクト」「施設コンフリクト」という用語を用いているにもかかわらず、その明確な定義が行われないまま研究が遂行されているという問題点が明らかになった。これでは、何をもってコンフリクト状態であるとしているのか、また、調査は何を根拠に行っているのかが不透明であり、研究の妥当性も疑われるところである。社会福祉学におけるコンフリクト研究では、まず、コンフリクト概念の整理および定義が行われていないことを問題点として指摘したい。

　次に、コンフリクトの概念に関して言及のみられる研究をみると、それぞれの研究におけるコンフリクトの定義は必ずしも一致していない。大島（1990）は、住民との間に地域紛争がある状態をコンフリクトであるとしている。古川（1992）は、社会福祉施設で発生するコンフリクトを「施設コンフリクト」と表記し、施設コンフリクトの概念を「社会福祉施設の新設などにあたり、その存在が地域社会の強力な反対運動に遭遇して頓挫したり、あるいはその存立の同意と引き換えに大きな譲歩を余儀なくされたりする施設と

表1-1 用語の意味(大辞林)

用　語	意　味
解　決	もつれていた物事にけりをつけたり、問題に結論を出したりすること。また、その物事や問題が片付くこと
克　服	努力して困難な状態を乗り越えること
軽　減	減らして軽くすること
修　復	①破損した箇所を作り直すこと。②もとの良い関係をとり戻すこと
和　解	争いをやめ、仲直りすること
対　立	二つのものが張り合い、いがみ合うこと
紛　争	事がもつれて争いになること
闘　争	たたかうこと。たたかい争うこと
葛　藤	人と人とが譲ることなく対立すること。争い。もつれ

地域との間での紛争事態」としている。佐々木(2006)もこの古川の施設コンフリクト概念を用いている。また、小澤(2003)もコンフリクトを施設コンフリクトと表記し、施設コンフリクトとは「障害者施設の設置にあたり、地域住民との間で反対運動などの問題(摩擦)が発生すること」であると捉えている。新保(1997)は、施設摩擦(施設と地域住民間のトラブルや、地域住民による施設への排他的行為)をコンフリクトだとしている。

　また、明確にコンフリクトの概念を提起していない研究では、コンフリクトを「反対運動」という具体的な「行為」と捉えているものが多く存在する。しかし、コンフリクトとは、コンフリクトが表出している場合もそうでない場合も、その状態を意味する概念であり、実際に発生した具体的事象や行為を指すだけのものではない。

　社会福祉学におけるコンフリクトに関する先行研究でのコンフリクトの合意を意味する用語としては、「解決」(和田1992、古川1993、佐々木2006)、「克服」(塚本2001)、「軽減」(宮本・足立2002)、「修復」(小澤他1992)、「和解」(山岡2002)が用いられている。それぞれの用語には、否定的な事柄を乗り越えるという共通する意味も含まれるが、まったく同じ事象を意味するものではない。

　以上、先行研究のなかには、コンフリクトまたは施設コンフリクトの概念に関して言及のみられるものもあるが、その概念を用いる根拠に関しては触

れられていない。また、社会福祉施設で発生したコンフリクトに用いられる「施設コンフリクト」に関しては、その概念が確立されておらず、そのため何を基準に施設コンフリクト事例が選定されたのかも明確ではない。したがって、施設コンフリクトを扱う先行研究をみると、紛争が表出している事例を扱っているものもあれば、表出していないものを事例として取り上げているものもみられ、それぞれの研究により施設コンフリクト事例として取り上げるものの状態が大きく異なっている。さらに、施設コンフリクト概念と同様に、その終結に関する概念に関しても明確にされていないということを、社会福祉学における既存の施設コンフリクト研究の問題点として指摘するとともに、一定の共通した用語を用いる必要性を強調しておきたい。

3 コンフリクトの機能

これまで、コンフリクトは避けるべきものとして扱われることが多かったが、コンフリクトにはこれまでの矛盾を指摘し、新しい秩序を創り出すという機能もあることが指摘され始めている。

有馬（1995）は、コンフリクトは集団に質的変化をもたらす機会であると捉えている。集団における抗争、不和などのコンフリクト発生により集団成員性を以って自己を位置づける社会的アイデンティティの作用が生じ、その結果、集団成員に態度変容が生じる。具体的には、コンフリクトが態度に及ぼす変化として、①両極化仮説、②中庸化仮説、③成極化仮説、④革新化仮説の4点を挙げている。

ガルトゥング（Galtung 1998）によると、コンフリクトは人間社会につきものの現象であり、それ自体が善または悪であるというものではない。また、コンフリクトは「態度」[2]「行動」[3]「矛盾」[4]の3要素から構成され、この3要素のどれを欠いても分析はうまくいかないと指摘する。

ロビンス（Robbins 1997）は、コンフリクトの機能に着目し、生産的コンフリクトと非生産的コンフリクトとに分類している。生産的コンフリクトとは、集団の目標達成を支援し、業績を向上させるものであり、非生産的（破壊的）

コンフリクトとは、集団業績を妨げるようなコンフリクトを指す。この両者の境界線は不明瞭であり、あらゆる状況において容認される、あるいは容認されないコンフリクトの一定水準はないと指摘する。生産性を規定するのは、個人ではなく集団に対するコンフリクトの影響力であり、集団に対するコンフリクトの生産的、非生産的影響を評価するうえでは、個々の集団メンバーがそのコンフリクトを善とみなすか悪とみなすかは関係ないとしている。

第2節　施設コンフリクト分析の枠組み

社会福祉学分野でのコンフリクトに関する研究は、①施設コンフリクトの発生要因、②施設コンフリクトの合意形成に必要な要因、③良好な関係を生み出す要因の3つの枠組みから論じられてきた。以下、社会福祉学分野における先行研究を整理し、第4節でその問題点を指摘する。

1　施設コンフリクトの発生要因

施設コンフリクトが発生する要因として、障害者への差別、偏見を指摘する研究が複数みられる。

小澤（2001）は、施設コンフリクトを生み出す社会意識として、偏見[5]とスティグマ[6]、差別[7]をあげている。偏見は、学習されながら段階的に形成される特徴があり、精神障害者への偏見は、新聞や雑誌などのマスコミによる事件報道の影響が大きいことを指摘している。そして、一度、長期間にわたって形成された精神障害者へのイメージは、精神障害に関する正確な知識がのちに示されたとしても変化しにくいことを指摘している。次にスティグマについて、「スティグマを固定的な属性（その人に備わった特徴）としてとらえることはせず、スティグマを負わせることとの相互作用で生じる」とし、スティグマを負うこととスティグマを負わせることの相互性について言及している。さらに、これを施設コンフリクトにあてはめて考察を行い、地域住

民はスティグマを負わせる人、精神障害者はスティグマを負う人と述べている。施設建設に反対する地域住民は、精神障害者に「精神障害」という烙印を押し、精神障害者集団というカテゴリーのなかに押し込め、精神障害者をさまざまな人生を経て精神疾患を患い、病をもちながらもさまざまな人生を歩もうとしている個人としてはみていない。ゆえに、「地域住民が、精神障害者をさまざまな人生を経て精神疾患を患い、病をもちながらもさまざまな人生を歩もうとしている個々人としてとらえたら、あるいは、もし地域住民が自分たちも何らかの欠点を通してスティグマを負わされるという危険性に気づいたら、スティグマを負う、負わせるという関係は解体することになる」と述べ、地域住民がスティグマの意味を知れば、施設コンフリクトはなくなると述べている。

　田中（1990）も、精神障害者施設で発生するコンフリクトの原因は偏見であると指摘する。また、そのような偏見は、精神障害者が事件を起こすことで形成されていくと述べている。そして、精神障害者による事件を新聞や雑誌で報道することが施設コンフリクトの動きに拍車をかけていると指摘している。

　大島（1992）は、精神障害者施設コンフリクトの特徴として「地域における精神障害者施設の受け入れ形態は、他の障害者施設の場合と類似している面も多いが、身体障害や知的障害と比べると受け入れの程度は悪くなっている」ことを指摘する。また、これは精神障害者が危険で気味が悪いというステレオタイプの理解をされやすいことと関連しているとする。そのため、精神障害者施設に対しては、地域住民側は精神障害者というだけで反対運動を起こしやすいのである。また、他の障害では反対運動が起こりにくい小規模施設の場合であっても、精神障害者関連施設となると反対運動が起こるとする。さらに、比較的大規模な施設では、その地域に本来生活している以上の障害者が施設内で生活をしていることに加えて、施設の内部が住民にみえにくいため、住民は施設入所者が自分達と同じ町の住民だという意識をもちにくい面があると指摘している。

　また、地域側が施設の受け入れを拒否する条件として複数の要因をあげて

いる。まず、施設コンフリクトが認められる地域では、施設側と住民側の感情的対立と現実的な利害対立、さらにそれを修飾する住民側のステレオタイプ化[8]された精神障害者に対する不安観や恐怖観がみられる。このようなステレオタイプ化された認識方法は、全体の20％前後の住民に認められ、このことは、精神障害者と住民の社会的距離の拡大に深く関連していると述べている。さらに、特に感情的なコンフリクトが施設側と住民側との間に存在している場合には、相手に対する憎悪の感情を「精神障害者は危険だから」という理論で合理化して、反対運動の根拠とすることがしばしばあり、問題解決を困難にしていると指摘する。また、公有地への施設建設の場合には、その土地を直接的に住民の利益になるように利用したいという住民側の希望があり、事態はより一層困難なものになると指摘している。精神障害者施設におけるコンフリクトの場合には、現実的な利害対立が表に出ないまま「危険である」「気味が悪い」という理由だけで、地域住民は施設コンフリクトを維持できることが多いのである。

新保（2005）は、コンフリクトが生じる要因に精神に障害をもつ人に対する誤解や偏見が払拭しきれない事実が存在することを指摘する。また、施設整備に関する反対は理屈ではないところに難しさがあるとしている。

一方で、施設コンフリクトの発生要因は、差別や偏見ではないとする意見もみられる。

和田（1992）は、施設コンフリクトの発生要因を偏見であると決めつけることは短絡的であると指摘する。地域住民が精神障害者施設に対して抱く不安は、「多くの場合、単なる情報不足として（あるいは）誤解から生じている場合が多いのではないだろうか」と述べている。さらに、「一般住民と精神障害者との間に利害の対立が生まれることはきわめて稀であり、精神障害者の言動に対して漠然とした不安を抱くことはあっても、それが偏見にまで発展することは多くはない」と述べ、住民の感情は偏見ではなく単なる誤解だとしている。

古川（1993）は、施設コンフリクトの要因は偏見や誤解といった住民意識や心的規制によるものではなく、それを規定している当該地域社会のもつ諸

条件にあることを指摘している。

　また、施設コンフリクトの核は多くの場合、迷惑意識をもち施設立地への抵抗、反対の行動を起こす隣接地域の住民であるとし、コンフリクトを形づくる要素の1つとして「住民意識Ⅰ」を提示している。次に、隣接地域のもう1つ外側に位置する連合町内会レベルの範域について言及し、この地域は、施設から空間的距離が存在することもあり、隣接地域の住民とは異なった意識がみられるとしている（住民意識Ⅱ）。「施設建設に対するいわゆる『各論反対』として現れる意識が隣接地域の住民の『ホンネ』とすれば、この範域の住民の意識は『タテマエ』としての『総論賛成』の意識をもち、時によっては、施設建設地の隣接地域住民に対する非難あるいは施設に対する支援を行うことがある」と述べている。

　さらに、施設コンフリクトを時間軸で捉えた場合、施設設立時における過程を、①コンフリクトや問題が表立って生じていない段階、②潜在的状態から施設設立の公示がなされ争点が顕在化し広がりをもつ段階、③それらのコンフリクトないしは課題に対して何らかの対応が行われ、再び潜在化していくという三段階に分けて流れを提示している。そして、施設コンフリクトは、ただ回避し予防されるべきものではなく、新しい施設と地域との関係を形成していく機会であり、施設を地域のなかに取り込んだ新しい福祉コミュニティを形成していくための重要な契機の1つとして位置づけるべきだと主張している。

　また、発生要因を「手続き上の問題」にあると指摘する先行研究もみられる。

　小澤（2001）は、施設コンフリクト発生時にみられる反対運動について、その地域全体が障害者施設に対して拒否的だというわけではなく、一部の頑強な反対者に付き合い反対する住民層が多いことを指摘している。また、反対運動は多くの場合が障害者（特に精神障害者）への危険意識を基盤にしているものの、この意識に加えて障害者施設を設置しようとする団体や設置を認可した行政への不信感も加わっていることを見過ごしてはならないと述べている。さらに、地域住民の反対理由も多くの場合は、あからさまな障害者へ

の危険意識よりは、住民の合意を取りつけなかった手続きの問題、事前の説明会が行われなかったことへの不信、行政の強引な施設建設計画に対する抗議へと移行していく状況がみられるとしている。したがって、その背景には、潜在的な障害者への不安感があることも事実だが、必ずしもそれだけというわけではなく、現実はもっと複雑な背景が潜んでいて施設コンフリクトが生じていると述べている。

大島（1992）は、施設コンフリクトと施設規模の関係について述べている。具体的には、施設が大規模であるがゆえに、地域のさまざまな利害関係や地域条件、施設側の要因が絡み問題が複雑化しやすいことを指摘する。これに対して、「作業所など小規模施設の場合には、施設が小規模であるからこそ、施設側が積極的に地域に働きかけをすることが、施設を地域全体で守り立てていこうという雰囲気の醸成につながり、良好な地域関係を形成する可能性が大きい」と述べている。ただし、大規模施設においても地域との信頼関係が一度築かれると、トラブルが起こっても安心感を与えやすいと付言する。

また、A・ゲルトナーとK・ボレル（A. Gerdner, K. Borell 2003）は、施設コンフリクト問題の最大の要因は既存の研究では言及されることのなかった、施設が置かれるコミュニティの特性にあることを指摘している。

以上、施設コンフリクトが発生する要因としては、施設からの居住地の空間的距離が影響を及ぼすとするものや地域特性に問題があるとするもの、施設建設の際の手続きにその要因を見出すものなどがみられるが、その主たる要因は精神障害者への差別や偏見だとする論調が大勢を占めている。そして、この論調が精神障害者施設でのコンフリクトを解消するためには、障害者や施設への理解を求めることが重要であるという「理解重視アプローチ」を展開する根拠となっているものと考えられる。

2　施設コンフリクトの合意形成に必要な要因

施設コンフリクトの解消には、地域住民への障害者理解を目的とした啓発活動や障害者との接触体験が必要だと指摘するものが多くみられる。

小澤（2001）は、施設コンフリクト発生から和解へのプロセスに必要な要素として、啓発活動のあり方を指摘している。共生社会[9]の基盤としてもっとも重要なことは、障害者の人権を尊重する社会意識の形成であり、多くの施設コンフリクトにみられるように、精神障害者という烙印を押し、精神障害者集団というカテゴリーに押し込めて、そのカテゴリーに対して忌み嫌う意識を増幅するような状況は、共生社会とは対極をなす状況だと指摘する。そして、それを打開するためには、障害者への理解を求めるための啓発活動と呼ばれる取り組みの中身を検討することが必要だと述べ、「国際障害者年以降、市民への啓発活動は重視され、1995年の政府の障害者プラン、それに引き続いた市町村障害者計画の中でも啓発活動は重要な課題になっている。しかし、その具体的な内容は、パンフレットなどによる障害者に関する知識の普及が主流であり、偏見やスティグマの軽減に有効であるとは思いにくい。事実、障害の特徴といった集団的な属性（その集団に共通する特徴）に焦点をあてた啓発活動は、かえって、その集団へのスティグマ化を助長するということも考えられる」と指摘している。有効な啓発活動を考える際には、まずスティグマの特徴を理解しておく必要があること、スティグマはスティグマを負う人と負わせる人との相互作用によって生じる特徴があり、この関係を解体するような啓発活動はもっとも有効であること、したがって、障害者の人格に触れるような理解の進め方と実際に障害のある一人ひとりと接する体験を積んでいく啓発活動が重要であること、具体的な方法としては、障害者自身を講師とした講演、研修などの企画、障害者の利用している施設や身近に障害者が通所している場所などにおけるボランティア活動を啓発活動の中に組み込んでいくこと、障害者自身の著した自伝的な本の出版活動などをあげている。

佐々木（2006）は、障害者施設に対するコンフリクトの解消には、「障害」を他者のこととして捉える意識の変化が不可欠であり、その意識の変化が根本的な解決を導くための要素であると主張する。法的な解決では、当該地域において障害をもつ人達と住民との真の共生化への溝を拡げることになり、施設が建設されても、その建物は地域住民にすれば「関係のない建物」「迷

惑な建物」という意識を助長させると述べている。また、福祉施設コンフリクト問題の特徴として、「ホンネとタテマエの交錯」を指摘している。

　新保（2005）は、地域住民が精神障害者にかかわれるような場づくり、すなわち接触体験の場づくりが偏見を解消するもっとも効果的役割を果たすと主張している。

　山岡（2002）も、施設コンフリクトを和解へと導くには、実際に障害者と接し理解を深めていくことがもっとも基本的で重要な手段だとしている。また、その地域の有力者を味方につけることも、住民の反対の結束を弱めることに大きな影響を及ぼすとしている。

　大島（1989）は、地域との関係が良好である施設において、日常的にどの程度地域住民と施設利用者とが接触体験をしているのかに関し報告を行っている。地域との関係が良好な施設では、日頃から施設を開放化し、周辺住民との良好な関係を築くために地道な努力を行っていると述べている。施設側の努力が施設の認知度を高め、良好な関係を形成するうえで役立っているのである。また、住民側の安心感を勝ち取る条件としては、長年付き合っているなかでのトラブルがないことや、マスコミで報道されるような危険な人達ではないことを住民が身をもって体験することなどが必要となる。そして、施設コンフリクトが根深く残っている地域では、精神障害者と地域住民との接触体験がきわめて少ないことを指摘している。このような地域ではさらに、一般の障害者との接触体験もきわめて少なく、高齢者や病者を身近に抱えることも少ない人達だと指摘している。

　また、施設コンフリクトの合意形成には、地元有力者が大きな役割を果たすとした先行研究もみられる。

　田中他（1990）は、「地元で力を持っている人、信頼されている人が味方になってくれるか否かは、作業所づくりがスムーズに進むかどうかの大きな分岐点となった」と述べ、地元有力者が味方につくことの重要性を主張する。さらに、1990年代に建設された施設ではなく、1981（昭和56）年頃に建設された施設に関しては、住民側の要求に応じること、具体的には、きわめて厳しい確認事項にも応じることが施設の存続につながっていると述べている。

渋谷（2000）は、精神障害者施設が地域社会に受け入れられていく過程として、「①日頃から安心感や信頼感のある存在から誠意ある説明を受けること、②地域のなかに施設と地域とを結ぶパイプ役をつくること、また、パイプ役となる存在と精神障害者施設とをつなぐ役割を果たす存在が必要」と述べている。

古川（1993）は、地元権力者の具体例として町内会をあげている。多くの場合、町内会は地域社会に対する説明会の仲介者、説明の場となっており、また、施設に対する地域の意見を集約し、態度を決定する場でもある。「施設が公立であったり、民間施設の設立に行政が関与する場では、町内会は行政組織を代行し、住民の態度を忖度し、判断する機関であり、行政の末端組織として機能する。その意味で、町内会は、施設設立の成否の鍵を握る存在といっても過言ではない」と町内会の重要性を指摘している。ただし、本当に重要なのは町内会それ自体ではなく、町内会を支配し、方向づける人物の「人」と「思想」と「行動」が問われる。町内会の多くは、地域の名望家の集団によって支配され、彼らの意向が町内会の意向とされている。いわゆるムラの理論が支配している地域では、福祉施設の設立に好意的な意見をもつ者であっても、町内会の意向に反する行動に出ることには相当の勇気を要するのである。さらに、施設コンフリクトの発生から展開、帰結までのプロセスにおいて大きな影響を及ぼすものとして、政治や行政の姿勢をあげている。また、マスコミや支援団体などの存在が世論を形成し、これらもやはり施設コンフリクトに多大な影響を及ぼすものであることを指摘している。

大島（1992）は、施設と地域とを結ぶ存在として、保健所や自治体などの関係機関も重要であるとしている。自治体行政の姿勢いかんが、福祉の町づくりや地域活動の展開にとって大きな影響力をもつ場合がある。自治体行政によるバックアップがある場合には、施設側の取り組みは容易になり、その効果も大きい。施設コンフリクト発生から和解に至るまでには、施設側による地域への長年の働きかけや施設の開放化・社会化の取り組みが必要となる。そのなかで、地域住民と障害者の相互の交流が深まるのである。「今回取り上げた先進良好事例では、住民の障害者との接触体験は豊富であり、具体的

な体験を積むなかで住民の意識が徐々に変化していることが観察された」と述べる。なお、ここでいう意識の変化は、特別な変化というわけではなく「見慣れる」「特別視しなくなる」という類いの変化である。

　一方で、合意形成以前に施設コンフリクトは避けるべきものであるとした先行研究もいくつかみられる。

　柳（2003）は、施設コンフリクトの発生を未然に防ぐこと、そのために十分に準備をすることの重要性を主張する。そのためには、まず、新設や移転先の物件を検討する場合に地域の受け入れ状況を把握しておくことが大切だとしている。その町内に精神障害だけでなく知的障害、身体障害を含む障害者福祉の支援者がいるのかについて、家族会やボランティアの口コミ情報を中心に収集しておくことが必要である。そして、物件と計画を決定したあと、開設までの間に施設開設者、市町村、保健所の三者で地域の理解のためにキーとなる挨拶先をリストアップし、できるだけ個別に理解を得る努力をするという意思の統一を図っておくことも必要となる。

　また、住民側から住民説明会開催の要求が出されても、説明会を開かないことが重要だと主張する。その理由として、「①説明会は反対派住民が参加し、集団化させるため、②説明会は時に『糾弾をする会』に変貌し、不必要な過激な言葉のやり取りによって、相互に傷つくため、③予断と偏見に基づき不安を訴える反対者は、どのような論理的説明も安心感を与えることにならないため、④何回にもわたる説明会を要求され、計画が遅延、中止に追い込まれるため」という4点をあげている。

　和田（1992）は、地域コンフリクトの発生を未然に防止することが必要だと主張し、コンフリクトの当事者がお互いに距離を保ち接触しないことが重要であるとしている。そうすることによって、新たなコンフリクトが生じる機会が作られなくなるとする。また、コンフリクトが終息したか否かを決定することはきわめて難しいことであると指摘する。その理由は、施設コンフリクト発生当初の問題が解消したとしても、コンフリクトが1つの感情的な敵対にある関係性として持続し続けるからである。本来のコンフリクトが激しいものであればあるほどお互いの憎悪は増幅される。したがって、当初の

対立関係に妥協点が見出されたあとにも、お互いの憎悪が消えないで残るのである。「コンフリクトは、その進行過程のなかで、さまざまに様相・性質を変えていく」と述べている。

次に、コンフリクトの当事者の間に妥協点を見出すことが必要であると述べている。そのためには、それぞれの利害を比較的客観的に（非合理な感情を交えずに）計算できる第三者の介入や仲介がきわめて大きな役割を果たすとしている。

また、施設コンフリクトの合意形成には、長い時間を要すると指摘する先行研究もみられる。

宮本・足立（2002）は、グループホームにおける施設コンフリクト事例を提示し、そこから施設コンフリクトを軽減するための取り組みについてまとめている。具体的には、「①日常的な取り組みが重要である、②身近な（自治会内の）住民を世話人として雇用する、③入居説明会や挨拶まわりをできる限り実施する、④グループホームは既存住宅をできるかぎり利用する、⑤一住民として当たり前の取り組みをする、⑥自治会活動に積極的に参加する、⑦世話人が地域に溶け込む努力をする、⑧福祉に対する考え方の段差を解消する、⑨啓発活動を積極的に行う」という9点に集約される。このように、長い時間をかけた取り組みにより、施設コンフリクトは軽減すると指摘している。また、入居説明会の実施が良好な近隣関係を築くうえで有効であることおよび入居前後に関係なく、施設職員と住民間において福祉に対する社会通念の差が存在していることを確認している。そして、その段差を解消することが施設コンフリクト軽減につながる大きな要因であることを主張する。

A・ゲルトナーとK・ボレル（A. Gerdner, K. Borell 2003）も、精神病患者の居住施設に対する地域住民の抵抗は、通常時間の経過とともに減少することを指摘している。

3　良好な関係とその要因

社会福祉学における施設コンフリクト研究では、「施設と地域住民との良

好な関係」という表記がみられる。なお、「良好な関係」については、大島（1992）により説明が行われているが、他の先行研究では何をもって良好な関係とするのかについての記述はみられない。また、良好な関係は「施設側の努力」により形成されるとしているものが多くみられる。

　大島（1992）は、好ましい関係性とは「地域と施設の関係は相互関係であるため、施設にとって地域住民の援助や支援が得られるといった関係ばかりでなく、施設や入所者との付き合いが地域社会や住民にとっても学ぶものが多く、有用なものであるという双方向的な関係が形成される」ものであると述べている。また、施設コンフリクトから和解へと導くためには、地域側が地域づくりやコミュニティづくりの動きに障害者施設との関係を正確に位置づけることが、その成否を決めるとしている。それがうまくいかない場合に、障害者施設は迷惑施設として地域住民に認識され、「危険」や「土地の値段が下がる」との理由から、自分達の良好な生活環境を破壊する存在と位置づけられ、施設を排斥しようとするのである。

　いずれの場合においても、施設側が地域に何らかの働きかけを行うときには、地域のニーズを敏感に把握し、それに適切に応えていくことが効果的だと指摘している。「精神障害者の施設を地域に定着させるためには、まず、施設側が地域との関係の重要性を理解し、地域に対して誠実かつ積極的な働きかけをすることが前提条件」となるのであり、一度コンフリクトが発生してしまうと、現実的な利害対立が表面に出ないまま「危険である」「気味が悪い」という理由だけで、地域住民は地域コンフリクトを維持できるのである。そして、このような意識は、精神障害者を見慣れていないことに伴うステレオタイプ化された反応であると指摘している。したがって、精神障害者施設の数が増え、住民が精神障害者と接する機会が増えれば増えるほど、地域住民から理解と認識を得られることになる。

　一方で、施設側が地域側のニーズを把握してそれに応えていけば、それで良いというわけではない。地域の理解を得るためには、施設側が信念をもって積極的な働きかけをする必要がある。これまでの施設コンフリクトの解決方法としては、施設を受け入れてくれるところがあればどこでも良いといっ

た対応や、少しでも住民側からの反応があるとすぐに予定地を変更するなど、住民に対する不慣れさが目立っていた。しかし、関係が良好な施設では、「リーダーの個性が強く、一般的に取り組めるかという疑問があるが、基本的な取り組みとしては、障害者も当たり前の一市民であるという姿勢から、それを地域住民に一貫して訴えている」としている。施設側は地域住民の理解や協力は不可欠であるということを理解し、地域に目を向けて積極的に働きかけていくことが重要であるとする。施設コンフリクトから合意形成へと至った施設に共通していることは、特に施設長や病院長、自治体の長などのリーダーが強力なリーダーシップを発揮し、障害者も市民の一人であるという理念のもとに地域に対して積極的な働きかけをしているという点である。そして、そのリーダーの熱意や人柄が地域住民のさらなる共感を生んでいるという。こうしたリーダーの考え方や姿勢は、地域住民への啓蒙や地域資源の利用を目的としているわけではなく、患者や障害者の障害や疾病の治療や介助、彼らの生活自体を大切にしようとする考え方に基づいているものである。また、地域との関係が良好である施設のリーダーは、個性的で熱意にあふれた人達であるという。リーダーの姿勢や方針が多くの関係者に共有され、そのような考え方を地域の住民に一貫して熱意をもって訴えていくことにより、施設コンフリクトが発生しても和解へと向かう糸口が示唆されているという。

　また、施設側が地域に働きかけるうえで大切なポイントとして、「①地域住民との間にトラブルがないこと、②住民のニーズに合致した働きかけを行うこと、③施設の公開性を高め、地域のなかで民主的な運営を目指すこと、④地域社会における一般的な人間関係を形成すること」という4点をあげている。一方で、行政や施設側が自分達は正しいことをしているのだから地域側が受け入れるのは当然だという高圧的な態度や、公有地を住民との話し合いがなされないまま施設に転用するなどの住民を軽視する姿勢は、しばしば地域住民の感情的な反発を生むことになると指摘している。

　さらに、施設側の施設開放化や社会化、地域住民への長年にわたる誠意ある働きかけを行うことにより、主体的な協力者や理解者が生まれてくる。そ

のような存在は、施設の最良の理解者、協力者であると同時に、地域社会のなかでも一定のネットワークとなり、存在感をもつという。このような、施設と地域とを結ぶパイプ役として活動をしてくれる地域住民の存在はきわめて重要である。施設側は、パイプ役の住民をきちんと位置づけ、地域への理解を求める窓口として育成し、協力関係を形成する必要がある。

　小澤（2001）は、施設と地域住民とが良好な関係を築いていく条件として、「①施設運営者が地域住民との関係を重視して地域住民への働きかけの戦略をもっている、②施設の積極的な地域活動によって、多くの人材（施設の論理と地域住民の感情をつなぐパイプ役）が育っている、パイプ役として、民生委員、商工会、農協などの地域に関係の深い人材が地域住民の啓発に最も有効に活動している、③ボランティアの受け入れや地域住民とのギブとテイクの関係が生じ、地域住民の施設への理解を得やすい、④施設長や病院長などの施設管理者の個性（温厚、柔和、地域住民に対しての物腰の柔らかさなど）も重要な役割を果たしている」といった4点をあげている。また、良好な関係を築いている地域住民の特徴として、「①障害者を障害のある一人の人間（人格をもった存在）として理解する意識をもっている（障害者を障害者集団ではなく、個別的な一人の人として捉える意識がみられる）、②障害者の行動を特別視しない」という2点をあげている。また、「このような共感的な障害者観は、施設や障害者自身との関わりによって、地域住民の意識の中で徐々に学習されながら形成されてきた」と述べ、「ちょうど、偏見が長期間の否定的な情報による学習によって生じたのと同様に、共感的な障害者観も長期間の学習によって生じてきていると考えることができる」と指摘している。

　中村（1989）は、良好な関係を築くための施設長側の要因として、施設の運営方針をワンマンで決めるのではなく、各職種のスタッフの意見を取り入れ決めていくという民主的な方法をとっていることが、施設の理念をスタッフ全員が共有するうえでも大切だとしている。さらに、地域に対しても施設長や院長の理念を貫き、講演会やさまざまな行事、機関紙やバザー、地域住民を対象としたアンケートなどを行うことにより地域住民の関心を喚起するように努力する姿勢がみられるとしている。関係が良好な施設の長の具体的

特徴として、「①地域の有力者からバックアップを受けている、②庶民的な人柄である、③抱いている熱意を施設内にとどまらず、退院者（退所者）、家族の人達にも及ぼしている、④自ら利用者とともに作業や活動を行うなど、「利用者中心」の主張をもっている、⑤自らが地域と施設とのパイプ役になっている」の5点をあげている。

中村（1989）は、良好な関係を築く地域側の条件として、地域に生活している住民よりも施設が先住していることを指摘している。そして、施設建設後に住宅が建ち交通や地域環境も整備されることが、施設が地域に根づくことの基盤づくりに多大な影響を及ぼすとしている。つまり、地域住民が施設開設のあとに当該地域に入り、すでに施設の存在があったという場合には、施設に対する拒否反応が少なくなると考えられるのである。

また、良好な関係を形成するためには、地域側にも要因があるとする指摘もみられる。

大島（1992）は、地域側の条件として「地域の風土や暖かい県民意識、産業が盛んで新しい住民の参入を警戒しない住民意識、既に施設があり開放的な処遇をしていたので施設の存在が動かせない」などの外在的な因子があると述べている。

以上、先行研究では、施設コンフリクトの発生要因、施設コンフリクトの合意形成に必要な要因、良好な関係を生み出す要因に関し、さまざまな指摘がみられた。ここで、本研究の対象となる、合意形成に必要な要因に着目すると、施設コンフリクトを合意形成に導くためには、障害や障害者への「理解」が必要であると指摘しているものが多くみられる。つまり、施設コンフリクトへの対応として、施設は住民から障害者への理解を得るための取り組みである「理解重視アプローチ」を行うことが必要であるとの見解が示されているのである。しかし、果たして理解を得ることが施設コンフリクトを合意形成に導くための十分条件となり得るのであろうか。

次節では、精神障害者に対する住民意識に関する先行研究より、理解重視アプローチが施設コンフリクトを合意形成に導くための十分条件になり得るのか、考察を行う。

第3節 精神障害者に対する住民意識と
　　　　理解重視アプローチの限界

1 精神障害者に対する住民意識

　榊原（2004）らも指摘しているように、精神障害者に対する住民意識を扱った調査はあまりみられない。住民の精神障害者に対する偏見や差別に関する調査・研究は1970年代より発展してきてはいるものの、日本では特に啓発活動に関する研究がほとんどみられないこと、さらにそれらの研究もボランティア育成などに関するものが大部分を占めており、精神障害者を中心とした啓発活動実践に焦点をあてたものが存在しないことを明らかにしている[10]。

　このような状況のなか、数少ない調査・研究結果をみると、まず、1971（昭和46）年に内閣官房広報室が実施した調査[11]がある。調査項目のうち精神障害者へのイメージに関する項目では、精神障害者を「恐ろしい」と感じる人は16％で、大部分は「気の毒だ、かわいそうだ」（69％）と回答している。また、同調査では、「精神病にかかった人が治った場合、その人を社会人として信用できるか」という問いもあり、それに対しては「信用できる」と回答した人が35％、「信用できない」と回答した人が25％、「一概に言えない」と回答した人が33％となっている。

　次に、1983（昭和58）年に宗像恒次らが東京都で実施した調査結果[12]をみると、「精神病院の患者を厳しい実社会にさらすより病院内で一生苦労なく過ごさせる方が良い」との問いに、約半数がどちらとも言えないと回答している。また、「幻聴・妄想のある人でも、病院に入院しないで社会生活を送れる人も多い」との問いには、「そう思う」と「そう思わない」がほぼ同じ割合を占めており、「どちらとも言えない」と回答した人は43％となっている。

　1997（平成9）年に全国精神障害者家族会連合会が実施した「精神病・精神

障害者に関する国民意識と社会理解促進に関する調査研究[13]」では、統合失調症について少しでも知っていると回答した人の割合は59.6％であった。また、精神障害者（精神病者）のイメージに関する問いでは、「変わっている」と回答した人が36.6％、「暗い」と回答した人が21.7％、「怖い」と回答した人が34.2％であった。さらに、最初に抱いた精神障害者（精神病者）へのイメージがその後に変化したかという問いには、「変わっていない」と回答した人が66.5％に上っている。精神障害に関するイメージでは、「誰でも精神障害者になる可能性がある」と回答した人が51.7％、「病状の悪いとき以外は社会人として行動がとれる」と回答した人が38.2％である一方、「アパートを借りて生活するのは心配」と回答した人が55.2％であった。また、精神障害者がアパート生活を始めるためにはどのような条件がそろえば良いと思うかという問いに対しては、「本人が定期的に病院へ受診する」と回答した人が53.8％、「障害者達の通う作業所に通所したり本人が社会復帰の努力をしている」と回答した人が41.7％、「本人の状態が悪くなったときの専門的な援助」と回答した人が49.1％、「本人との付き合いで困ったときに大家や近隣が相談できる体制がある」と回答した人が41.1％となっている。さらに、精神障害者が必要な条件をそろえて隣に引っ越してきた場合、どのような近所付き合いをするかという問いには、「困っているときはできるだけ手を貸す」と回答した人が28.9％、「他の人と同じような近所付き合い」と回答した人が50.1％であった。そして、統合失調症の原因に関する問いに対しては、「神経質な性格」と回答した人が49.3％、「人間関係のつまずき」と回答した人が69.6％、「競争社会のゆがみ」と回答した人が33.9％であった。

　次に、2001（平成13）年に住民を対象に実施された谷岡らによる調査[14]では、まず始めに、精神病（精神障害）をもつ人についての理解の程度を問うている。「知っている」と回答した人の割合は、「うつ病・そううつ病」77.8％、「統合失調症」60.8％、「神経症・ノイローゼ」70.3％、「アルコール依存症」76.8％、「それ以外の精神的な病気」29％となっている。精神障害者との出会いの経験については、「精神障害をもつと思われる人をみかけたり、出会ったりしたことがあるか」との問いに、全体で65.5％の人が「出

会っている」と回答している。また、精神障害者のイメージについては、「変わっている」と回答した人が19.9％、「怖い」と回答した人が15.8％、「気をつかう」と回答した人が11.0％、「気が変わる」と回答した人が10.9％、「暗い」と回答した人が10.3％であった。また、精神障害者への意識を年齢で比較した場合、否定的な態度は特に年配者に多く、関心のなさと知識の不足がそれを増加させるが、子どものときの否定的な態度は知識の不足とは関係ないとしている。さらに、高年齢になるほど精神障害者の一人暮らしには消極的で、「病院の中で管理して欲しい」という考えが60歳代では90％以上を占めている。これに反して若年者の方が精神障害者への理解度は高く、接触体験を望んでいることを示唆している。

　2002（平成14）年に矢島らが群馬県北部の住民を対象に実施した調査[15]では、「心の病気をもつ人のことをどのように思うか」という問いに対し、「気の毒だ・かわいそうだと思う」と回答した人が56.8％でもっとも多く、以下、「普通の人と変わらないと思う」と回答した人が36.5％、「特に何も感じない」と回答した人が11.9％、「怖い・恐ろしいと思う」と回答した人が10.7％である。さらに、矢島らはこれらの結果を心の病気をもつ人との接触体験の有無で比較をしているが、有意差がみられた回答は「特に何も感じない」の1項目のみであった。また、心の病気をもつ人とともに地域で生活することに対する考えとして、「心の病気をもつ人であっても普通につきあえると思うか」という問いに対して、「そう思う」と回答した人は42.3％、「そう思わない」と回答した人は6.6％、「わからない」と回答した人は51.1％となっている。心の病気をもつ人との接触体験による比較では、「そう思う」と答えた人が家族群で56.6％、知人群で40.4％、未接触群で35.2％となっている。「心の病気をもつ人であっても普通に社会生活は営めると思うか」という問いに対して、「そう思う」と回答した人は35.6％、「そう思わない」と回答した人は16.5％、「わからない」と回答した人は47.9％である。さらに、「家族に心の病気をもった人がいたとしたら隠すと思うか」という問いには、「そう思う」と回答した人は9.0％、「そう思わない」と回答した人は34.7％、「わからない」と回答した人は56.2％であり、心の病気をもつ人との接触体

験による比較では、「そう思う」と回答した人が家族群で14.3％、知人群で4.4％、未接触群で8.0％となっている。

　精神保健福祉対策に関する周知状況に関する項目では、ホームヘルプサービスが66.7％、デイケアが50.2％、ショートステイが43.7％、保健師の家庭訪問が38.9％、経済的支援が37.3％であり、精神保健対策に関してある程度は理解されていることがわかる。また、施設コンフリクトに関連する質問として「あなたの住んでいる地域に小規模作業所が作られるとしたらどう思うか」という問いに対しては、「是非作るべきである」と回答した人は18.1％、「作っても問題ないと思う」と回答した人は48.6％、「好ましくないと思う」と回答した人は0.9％であり、心の病気をもつ人との接触体験の有無による比較では回答に差はみられない。

2　住民意識と理解の必要性との乖離

　精神障害者に対する住民意識を扱った先行研究では、その大部分で精神障害者への理解が施設コンフリクトを解決する方法であるとの指摘がなされている。

　田中（2004）は、精神障害者を理解するためには本人の長所や短所の両面が分かるまでの付き合いをしているかどうかが大切だと述べている。矢島ら（2003）も、地域住民が精神障害者を受け入れるための体制整備には住民の理解と協力を得ていく必要性があると指摘したうえで、今後は、住民一人ひとりが精神保健福祉に対する理解を深め、自らの態度を明確にできるよう、地域で問題提起していくことが必要であるとしている。さらに、地域住民の精神障害者に対する不安や抵抗感を取り除くためには、精神疾患と精神障害者の生活に関する基本的な知識の普及が必要であると主張する。

　谷岡ら（2007）は、精神障害者の触法行為などがマスコミに出ることも精神障害者は怖い存在であるという社会的偏見を生む要因となっており、人々の多くがマスメディアを通じた精神障害者理解であり、実際に会ったことがある人は少ないことを指摘している。そのうえで、スティグマを取り除くた

めには、病院や施設などで精神障害をもつ人と日常的な交流ができる機会を作ることの必要性や精神障害者と触れ合うことのできる場を設けることが、体験を通して誤解や固定観念を解くことにつながると述べ、特に子どもらを対象とした精神障害に関する啓発活動を行うことが有効であり、できるだけ若い時期に精神障害者と実際にふれあう機会をもち体験を通して学ぶことが大切だとしている。

また、新保（2005）も自らの経験を基に、地域住民が精神障害者とかかわれるような場づくり、接触体験の場づくりが偏見を解消するもっとも効果的な役割を果たすと指摘している。竹島（2009）は、精神障害者の住居確保には地域住民の理解を得ることが必要であり、そのためには、近隣の人と積極的に交流できる機会を作ること、（精神障害者が）地域貢献すること、イベントに積極的に参加することが必要だと述べている。

2005（平成17）年に日本学術会議精神医学研究連絡委員会が提出した報告書においても、地域住民が精神障害者と関われるような場づくりや接触体験の場づくりが偏見を解消するもっとも効果的な役割を果たすとしている[16]。

上記のように、いずれの先行研究においても精神障害者が地域で生活するためには、精神障害者への地域住民の偏見を取り除き、精神障害者に対する地域住民の理解を醸成することが必要であるとの指摘がみられる。しかし、先に概観した精神障害者に対する住民意識に関する複数の調査、研究では、精神障害者への理解と施設コンフリクトや接触体験との関連は確認されておらず、ここに精神障害者への理解が施設コンフリクト合意形成および施設、地域住民との良好な関係性に影響を及ぼすという、理解重視アプローチの限界を指摘することができる。

第4節　小括——本研究で用いる「施設コンフリクト」の定義

本章では、社会福祉学分野にとどまらず、コンフリクトに関する先行研究

を概観することにより、そこで用いられる「コンフリクト」および「施設コンフリクト」に関する定義について確認した。その後、社会福祉学分野における施設コンフリクト研究に関し整理を行った。

そこで明らかになったことは、まず、社会福祉学分野における先行研究では、コンフリクトおよび合意に関する明確な定義がなされていないという事実である。ある事柄に関し研究を遂行するためには、その前提として定義を明確にしておかなければならない。しかし、社会福祉学分野におけるコンフリクト問題を扱う先行研究では、コンフリクトに関する定義が行われないままに研究が遂行されているという問題点が浮かび上がった。さらに、コンフリクトに関する定義がなされていないため、必然的に「合意形成」や「和解」の定義も行われていない。よって、何をもって合意形成とするのかもあいまいなままである。

また、社会福祉学分野での施設コンフリクトに関する研究は、これまで①施設コンフリクトの発生要因、②施設コンフリクトの合意形成に必要な要因、③良好な関係を生み出す要因の3つの枠組みから論じられてきた。いくつかの先行研究では、「良好な関係」を形成するためには何が必要であるのかという点について論じられているものの、「良好な関係」を明確にしたものはほとんどみられない。何をもって両者にとっての望ましい関係であるとするのかが共有されていないため、良好な関係性を構築する1つの要素として指摘されている、障害者との接触体験の有無を取り上げてみても、その見解に相違がみられるのである。

また、先行研究では、精神障害者施設での施設コンフリクト発生要因を「精神障害者への偏見」であると指摘しているものが大半を占める。確かに、精神障害者への偏見が施設建設および施設を運営する際の障壁になっていることは明らかである。しかし、実際には地域特性などのさまざまな要因が交錯して施設コンフリクトは発生しているものと推察される。

さらに、環境施設や科学技術へのコンフリクト問題においては、リスクコミュニケーション手法を用いた合意形成に関する研究や信頼とリスク認知との関係に関する研究が存在するが、社会福祉施設を対象とした研究では、こ

れらの分析枠組みを用いた先行研究は存在しない。対象は異なるものの、同じ「コンフリクト」という現象を扱う研究である以上、分析枠組みとして環境施設や科学技術において用いられている枠組みを適用することには一定の意義があると考える。

そして、社会福祉学では、施設コンフリクトはいまだ避けるべきものであるとの認識が多くみられる。しかし、環境施設や科学技術へのコンフリクト問題を扱った他の学問分野における研究では、コンフリクトにはこれまでの矛盾を指摘し、新しい秩序を創り出すという機能もあることが認識され始めている。社会福祉施設を対象としたコンフリクト問題においても、施設コンフリクトの機能に着目した取り組みを行っていかなければならないことは明白である。

次に、地域と施設とが良好な関係性を形成するための条件では、施設側の住民への働きかけのあり方や施設が建設された時期（周辺住民よりも当該地域に施設が先住しているか否か）など、施設側に焦点をあてたものが大半であり、地域側の要因やその他の要因に着目しているものはあまりみられない。しかし、精神障害者施設には、精神保健福祉法[17]第50条に以下の規定がある。

(1) 都道府県は、精神障害者の社会復帰の促進及び自立と社会経済活動への参加の促進を図るため、精神障害者社会復帰施設を設置することができる
(2) 市町村、社会福祉法人その他の者は、精神障害者の社会復帰の促進及び自立と社会経済活動への参加の促進を図るため、社会福祉事業法の定めるところにより、精神障害者社会復帰施設を設置することができる

上記の規定により、地方自治体が社会福祉法人などに精神障害者施設の設置および運営を委託する場合も多い（なお、上記の規定がなくとも、社会福祉法人などに施設の設置を委託することは可能である）。よって、特に社会福祉法人による精神障害者施設の設置には、行政が関与する場合が多くみられる。どの程

度行政が関与するのか、また、どの段階から介入するのかなどについては、それぞれのケースにより異なるが、施設建設後に地域住民との関係性を構築していく主体はあくまでも施設であり行政ではない。行政は、施設が建設されたあとに、施設と地域住民とが良好な関係性を構築できるよう、施設建設の際には仲介者としての機能を担うなど、マネジメント機能を発揮することが求められる。

そして、合意形成に必要な要素として、先行研究の多くが精神障害者への「理解」をあげ、そのためには施設利用者が日頃から地域住民と接触をもつことや積極的に地域に出向くことなどにより、住民が精神障害者を理解する機会を設ける必要があると述べている。つまり、先行研究の大部分では、施設側の「住民に理解を得る努力」の必要性を指摘しているのである。

しかし、精神障害者への住民意識をみると、2001（平成13）年の調査によれば、約6割の人が精神病の代表的なものである統合失調症を知っていると回答している。さらに、うつ病・そううつ病ではその割合は約8割に上る。また、2002（平成14）年に実施された調査では、心の病気をもつ人に対し否定的な感情を抱いている人は全体の約1割程度であり、残りの人は「気の毒だ・かわいそうだ」「普通の人と変わらない」と回答している。そして、先述したように、先行研究では精神障害者への理解のためには日頃から地域住民と接触をもつことが必要であると指摘されているが、同調査では、「精神障害者をどう思うか」という問いに対する回答に接触体験の有無による有意差はみられない。精神保健福祉対策に関しても、全体の7割弱の住民がホームヘルプなどのサービスがあることをすでに理解している。さらに、居住地域への小規模作業所建設に関する問いでは、建設を好ましくないと回答したのは1割にも満たない。約7割の人が建設に反対ではないことが明らかにされている。なお、精神障害者に対する住民感情では、1971（昭和46）年に実施された調査においても「恐ろしい」と回答した人は約15％であり、7割弱の人は「気の毒・かわいそう」と回答していた。

先行研究では精神障害者への理解が偏見をなくすと結論づけているものの、実際は、住民は精神障害者についてある程度理解しているのだということが

調査結果より示唆される。理性（建前）では理解できていても、感情（本音）では納得できないところに当該問題の根深さがあるのではないか。また、施設コンフリクトを展開するほど感情的になっている相手に対し、説得や説明を行うことにより理解を得ることはきわめて困難である。つまり、理屈ではないところに問題解決の難しさがあるのである。そのことを端的に表しているのが、1971（昭和46）年の調査における「精神病者を信用できるか否か」という問いに対する住民の回答である。「信用できる」と回答した人は35％で、「信用できない」「一概に言えない」と回答した人を合わせると全体の約6割を占める。このことは、知識として精神障害者は怖くないと理解できていても、感情としては彼らを信頼することができないということを表している。小澤（2001）の指摘にもみられるように、共感的な障害者観は長期間の学習のプロセスによって生じるものであり、住民説明会などの場における説明や説得により理解を得ることは不可能であると言っても過言ではない。さらに、ウェーバー（M. Weber 1985）による指摘にもみられるように、多くの精神病理的事象は、人々には部分的にしか理解可能ではない。つまり、精神障害者の言動は、それ以外の人々にとっては理解不能なものであり、理解できたとしてもそれはほんの一部に過ぎない。住民が理解不能な行動を取ると認識している相手のことを、説明や説得によって理解することができるようになるとは考えにくい。

　また、施設側が開催する啓発活動の場や障害者との接触体験の場に参加するのは、ある程度、障害者や障害者福祉などに興味、関心のある住民であり、施設建設への反対運動などを展開するような、真に参加して欲しい住民はそのような場には足を向けないのが現状である。

　上記の事柄を踏まえ、本研究では、社会福祉施設におけるコンフリクト合意形成に及ぼす要因に関し、精神障害者施設を事例として取り上げ、理解が十分条件ではないという観点から再考する。具体的には、社会福祉施設におけるコンフリクトの合意形成における仲介者の役割を検証するとともに、他分野でこれまで実証されてきた合意形成の方法が有効に機能するのかを検証するものである。また、その際、本研究で用いる施設コンフリクトに関し定

義を行う。

　まず、本研究においては、「コンフリクト（conflict）」を和訳せずに使用する。その理由としては、小幡（1990）が指摘しているように、コンフリクトの日本語訳は必ずしも適切であるとは言えないからである。一般的には、コンフリクトは相対立する目標、態度、行動などから生じる「葛藤」と定義され、他にも「紛争」「対立」「闘争」などの訳語があてられている。また、「コンフリクト」と「協力」は互いに原因にもなり、結果にもなる関係にあるとしている。つまり、コンフリクトがあるから協力があり、協力があるからコンフリクトがある。よって、コンフリクトの概念を「対立」と同じと考えることは適切ではないと考える。また、コンフリクトの定義にもみられるように、「コンフリクト」という用語には、二者間以上の間で生じる「紛争」「対立」「闘争」などのほかに、個人内で生じる「葛藤」という状態も含まれる。要するに、コンフリクトの日本語訳を行った際に考えられる用語のすべての状態を包含した用語が「コンフリクト（conflict）」なのである。

　また、第1節でも言及したが、先行研究におけるコンフリクトの定義に共通しているものは、コンフリクトは二者間以上の間で生じ、両者の目標とする方向が異なっている状況で目標を追求しようとするときに生じるものだという点である。そして、コンフリクトが個人内の対立状態（葛藤状態）である場合もあれば、集団間で生じる場合（対立、紛争）もあり、コンフリクトはミクロからマクロまでさまざまなレベルで生じるものとされている。さらに、それがコンフリクト当事者に知覚されているか否かも重要な要素である。

　社会福祉学分野での施設コンフリクトの定義にみられる共通項は、施設コンフリクトは住民と地域、もしくは施設と地域との間で生じるという点であり、その他の要素に関する言及はみられない。しかし、研究を行ううえでは社会福祉学分野における施設コンフリクトの定義を明確にすることは研究遂行の大前提となる。

　本研究では、研究対象が社会福祉施設の1つである精神障害者施設であることから、コンフリクトを「施設コンフリクト」と表記する。また、先行研究および研究対象より、施設コンフリクトは以下の要素を満たす状態である

と定義する。

　　(1) 施設とその周辺住民との間で発生し、
　　(2) 施設とその周辺住民との目標に相違があり、
　　(3) それが表出していることにより、
　　(4) 当事者がその状態を知覚している状態

【注】
(1) 中島潤（1986）「コンフリクト分析の基礎」『神戸市外国語大学研究年報』(24), 41-64.
(2) 直接の観察が可能ではないため、推定などが必要である。潜在的なレベル。Myers, D.G., 2001, *Psychology*. (6th ed.) New York: Worth Publishers. (名嘉憲夫, 2002, 『紛争解決のモードとは何か：協働的問題解決に向けて』世界思想社) においてマイヤーズは、態度を「ある対象に対する感情」と「行動傾向」と「認知」の3成分から成り立つ心理状態の総称であるとしている。すなわち、態度とは、ある対象（対立する個人や集団）に対する感情的・行為的・認知的な持続した傾向のことを意味する。
(3) 両立しないゴール（目的）が二者間、あるいはそれ以上の間に存在すること。ヘーゲルの弁証法哲学によると、この矛盾こそが観念や歴史を発展させる原動力であり、それをわれわれの生活レベルに置き換えると、日常の人間関係や社会関係においても、その関係を発展させるのが矛盾であり、人間を発達させる原動力となるのが矛盾である。
(4) コンフリクトが顕在化して表れるものを指す。大きく分けて非暴力的（建設的）な行動と暴力的（破壊的）な行動に分類される。建設的な行動が人間を発達させ人間関係を修復し発展させるのに対し、破壊的な行動は、人間の発達を歪ませ、人間関係をこじれさせる。暴力とは、身体的・心理的・社会的・環境的なダメージをもたらすような行動（言語行動も含む）であり、それは人間の潜在的な可能性を妨害する。
(5) 偏見の定義を「十分な客観的根拠がないにもかかわらず、個人・集団・職業・宗教・民族・人種に対して人々の抱く非好意的な意見や判断、それに伴う非好意的感情や反応の総体。ある集団や個人に対する有効でなく不十分な情報に基づく先験的判断、そうした判断に依拠した肯定的あるいは否定的な態度や感情、さらに前二者に根拠をおいた行動。合理的な根拠なしに特定の個人や集団その他の事柄に対して抱く、感情的で固定的な態度のこと。それには好意的なものと非好意的なものを含むとされるが、一般的には相手に対する非好意的で否定的な見解のことをさす。偏見は誤解ではないので、正しい知識を与えられても即座に解消するとは限らない」としたうえで、その特徴を、①

十分な根拠がないこと、②非好意的な感情や態度をもつこと、③場合によっては非好意的な行動を伴うことの3点にまとめている。

(6) スティグマの定義を「ある人が他の同類の人々と異なっていることを示す、望ましくないとみなされる特徴のこと。第一に身体上の障害、第二に個人の性格上の欠点、第三に人種、民族、宗教などの集団的な価値剥奪が、スティグマとして日常的かつ典型的に操作される」としている。

(7) 差別の定義を「ある集団ないしそこに属する個人が、他の主要な集団から社会的に忌避・排除されて不平等、不利益な取り扱いを受けること」としている。

(8) 紋切型と訳され、先入観と同じ意味で用いられる。もともとリップマンが「頭のなかの映像」、すなわち、一定の対象についてのある固定的・画一的な観念やイメージの意味で用いた。一般的には、客観的事実に相応しないで感情的判断に基づく、比較的固定した態度や考え方を指す。ステレオタイプは、周りの噂やマスメディアを通じて根拠があいまいなまま形成されていくものであり、1つの文化に共通性がみられることが多い。ステレオタイプによって、社会一般に慣習やしきたりといった安定した共通の行動基準が作られる。この意味では、個人の適応にはある程度必要な機制とみることもできる。対人認知の面でも、ステレオタイプによって相手についての印象をかなり能率的に形成することができる。しかしその反面、十把一からげの過度のカテゴリー化をするために、対人認知に誤解が起こり、偏見を生む素地にもなりかねない。

(9) 共生社会という言葉を小澤は、「障害者福祉において、障害者が同じ権利をもった存在として特別視されない、差別の対象にならない社会だけでなく、障害者とその他の市民が相互に支えあうことを目標にしている社会」と定義している。

(10) 2004(平成16)年、榊原文、松田宣子「精神障害者への偏見・差別及び啓発活動に関する先行研究からの考察」『神戸大学医学部保健学科紀要』19巻, 59-74.

(11) 1971(昭和46)年8月、世論調査報告書。

(12) 1983(昭和58)年、宗像恒次「統計にみる分裂病者と精神医療体系――社会学的視角から」『精神神経学会雑誌』, 85 (10):660-671.

(13) 1997(平成9)年、全国精神障害者家族会連合会「精神病・精神障害者に関する国民意識と社会理解促進に関する調査研究報告書」日本財団図書館(電子図書館). http://Nippon.zaidan.info/seikabutsu/1997/00585/mokuji.htm

(14) 2007(平成19)年、谷岡哲也,浦西由美他「住民の精神障害者に対する意識調査:精神障害者との出会いの経験と精神障害者に対するイメージ」『香川大学看護学雑誌』第11巻第1号, 65-74.

(15) 2003(平成15)年、矢島まさえ、梅林奎子他「山間地域における精神保健福祉に関する住民意識――精神障害者と接した体験の有無による比較」『群馬パース学園短期大学紀要』5 (1), 3-12.

(16) 2005(平成17)年、日本学術会議精神医学研究連絡委員会「こころのバリアフリー

を目指して――精神疾患・精神障害の正しい知識の普及のために」
(17)　1995（平成7）年に制定された「精神保健および精神障害者福祉に関する法律」の略称。

第2章　環境リスクに関わるコンフリクトの合意形成

第1節　「迷惑施設」建設における
　　　　　コンフリクト・マネジメント

　コンフリクト・マネジメントとは、コンフリクトがもつ機能的な側面を認め、コンフリクトが組織にとって建設的な影響を及ぼすようマネジメントすることである。そのためには、コンフリクトの非合理性・破壊性をできる限り抑止し、コンフリクトのもつ機能的・建設的側面を助長するよう働きかけることが求められる。コンフリクトに関する研究の遅れは、コンフリクトの非合理性・破壊性に着目した機能評価の偏りが原因として考えられる。よって、コンフリクト研究には、まずコンフリクトの機能的・建設的側面を認め、それを助長する視点が必要となる。

　モスコビッチら（Moscovici, Lage, and Naffrechoux 1969）は、マイノリティが影響力をもつための行動上の要件は、態度の一貫性と柔軟性であると述べている。

　坂本（1972）は、問題の解決には、一方の分類体系をもって支配させるのではなく、相互に他者の分類体系を理解することが必要条件となることを指摘している。人間が対象や環境を理解しそれに意味づけをする場合、さまざまな分類体系が存在するため、唯一絶対の尺度で評価することはできない。言い換えると、人は社会的文脈、文化的背景のなかで相対的にしか評価することができないのである。よって、「地域・環境コンフリクトは環境の意味づけ、危機の認識の相互理解を深め、これらを共有しうる相互理解社会（わかりあえる社会）を構築するなかでしか解決しえない」と坂本は主張している。また、相互理解社会の構築のためには、①分類体系の理解程度を評価するシステム、②新しい分類体系を創造するシステム、③新しい分類体系を社会制度化するシステムという3つのシステムを備えておく必要があると述べている。

　R・リッカートとJ・G・リッカート（R. Likert and J.G. Likert 1976）は、コンフリクトからみた社会システムのレベルを4段階に想定し、レベル4に近

づくにつれ、成熟した社会であるとしている。具体的には、ある社会システムが構造や社会的相互作用において、社会的に成熟するにつれコンフリクトが建設的に解決される確率は大きくなる。システムレベル1、2が紛争解決の方法としてウィン＝ルーズ方式[1]を多用し、別の新たなコンフリクトを生じさせ、時間の経過とともに事態を悪化させる傾向があるのに対して、システムレベル4ではコンフリクトが解決に達したあとにも友好的、協力的な関係の下で完全な実行への努力がなされると述べている。

そして、コンフリクトを建設的に解決するためには、統合された目標、共通の価値観、相互に関心をもち合うことがきわめて重要であり、ウィン＝ウィン方式が有効であると主張している。コンフリクトの解消には、実践的なコンセンサス、協同のためのコンセンサスが必要となる。

小幡（1990）は、地域社会においてコンフリクトが発生することは当然のことであると指摘する。多くの人が同一地域で生活をする社会など、環境が社会問題となって意識されるような場では、そもそも生活者の意思は一致し得ない。特に、大きな環境改変の場合、生活者個々人の意見が調整され、ことなく円満解決というケースはきわめて稀である。そこで、生活者同士が最終的にお互いを理解し、全体として調和のとれた体系となるという前提のもとに枠組みを作るのではなく、基本的な無理解が存在するという前提のもとに枠組みを作る必要があることを指摘している。つまり、生活は広義のコンフリクトの集合体であるという理解に立つことが大前提となる。

また、近年の価値観の多様化、生活環境ニーズの高度化に伴い、地域整備・環境に求められる理想像も多様になっており、その結果、ますます合意形成（コンフリクトの解消）は困難になっているという。価値観が一元的な時代においては、たいていのコンフリクトはインフォーマルな合意形成メカニズム、すなわち情報が市民に公開されないまま、市長、市議会議員、町内役員会などの有力者による根回しの政治工作によって解消されてきた。しかし、今日では、価値軸が多様化し、公共性という大義名分による伝統的な方法による合意形成が機能しなくなっている。「計画行為において紛争は不可避的なものであり、紛争を生じさせない、あるいは隠蔽することは、計画策定者

が関与者とのコミュニケーションを否定し、一方的な計画を容認することになりかねない」(小幡1991:41)のである。

さらに、小幡は、環境リスクに関わるコンフリクトの特徴として、①被害者と加害者という単純な対立図式は成立しない、②公的行為と私的行為の区分による役割調整は本質的な意味を失いつつある、③科学的客観的評価と社会的評価・認知が一致する保証はない、④中立的な仲裁も期待できないという4点を挙げている。環境リスクに関わるコンフリクトでは、これらの特徴を踏まえたマネジメントの展開が必要であるとされる。

ロビンス(Robbins 1997)は、コンフリクトのプロセスを4段階に分類し、コンフリクトの5つの処理技法について言及している。具体的には、以下のとおりである。

(1) 競争:一方の当事者が他の当事者への影響を顧みず、競争し支配する
(2) 協調:各当事者が全当事者の利益をすべて満たそうとする場合、協力が行われ互いに利益をもたらそうとする。協調においては、多様な見解を収束することよりも、問題解決および差異の明確化を目指す。敗者のないコンフリクトの解決法とみなされる
(3) 回避:コンフリクトの存在に気がついても、そこから身を引いたり、コンフリクトを抑制しようとする。当事者は互いに物理的距離を置くことを認め、それぞれが相手の領域と明白に区別される領域を確保する
(4) 適応:敵対者と融和しようとする当事者が、率先して相手の利益を自分達の利益より優先させる
(5) 妥協:当事者がいずれにせよ何かを諦めなければならない場合には、当事者間で分配が行われ、妥協的な結果となる。コンフリクト対象物の分配が行われ、対象物が分割できないものの場合には、一方が他方に代替的価値をもつ何かを譲ることによって償う。すべての当事者が何かを諦める必要があることが妥協の特徴である

なお、これらのコンフリクト処理技法は、ある程度、文化的ルーツに影響されるため、不確実性の回避傾向の高い日本では、コンフリクトを最小化し協力を促進する傾向が強いことを指摘している。
　フィッシャーら（Fisher, Ludin, Williams, Abdi & Smith 2000）は、コンフリクトは抑圧されたときに問題が生じるため、コンフリクト自体は関係づくりのきっかけとなり、コンフリクト・マネジメントのあり方によっては、人間の発達を促進する可能性があることを示唆している。しかし、一方で、相互の意思疎通がうまくいかなかったり、解決への道が阻害されたりした場合、暴力的な行動を伴った破壊的なコンフリクトに転化する恐れも指摘している。そして、暴力への転化を防ぐコンフリクトの対処法として、①コンフリクト予防（潜在的コンフリクトが暴力的コンフリクトになることを予防する）、②コンフリクト決着（平和的な合意により暴力的な行動に終止符をうつ）、③コンフリクト・マネジメント（行動を非暴力的なものからポジティブなものに変えることにより将来の暴力を回避する）、④コンフリクト解決（コンフリクトの原因を明らかにし、対立したもの同士の間で新しい関係を打ち立てる）、⑤コンフリクト転換（コンフリクトの原因や問題点をさまざまな視点から分析し、コンフリクトを暴力的なものから非暴力的なものへとその形態を転換・変形する）、といった5つを紹介している。なお、コンフリクト転換がもっともコンフリクトの積極面を重視した用語であるとしている。
　ガルトゥング（Galtung 1998/2000）は、コンフリクト解消には「トランセンド法」が有効であると主張する。トランセンド法とは、両立不能な複数のゴールに対して、一方を抑圧したり、両方の妥協により解決を図るのではなく、創造性を用いて複数のゴールを同時に実現できるような方略を考え出すことである。また、ガルトゥングは、コンフリクトが破壊的ではなく建設的になる条件を特定した研究がいまだに存在しないことを指摘している。
　さらに、コンフリクトにおける交渉の有効性についても言及がみられる。そして、統合的交渉が成立するための必要条件として、両当事者が情報を公開し、関心事について率直であること、互いに相手のニーズに対して敏感であること、互いを信頼できること、そして双方が柔軟性を維持しようとする

意欲を挙げている。

　社会福祉施設におけるコンフリクトに対しても、施設コンフリクトがもつ機能的な側面を認めたうえで、施設コンフリクトが組織にとって建設的な影響を及ぼすようにマネジメントする、コンフリクト・マネジメントの考え方を取り入れることは有効である。地域社会に社会福祉施設を建設する際、そこに居住するすべての住民が施設建設に賛成する可能性はきわめて低く、施設コンフリクトが発生することは当然のことであると捉えられる。つまり、施設コンフリクトは起こるものであるという意識の下、コンフリクト・マネジメントを遂行していかなければならないのである。

第2節　リスクコミュニケーション手法を用いた合意形成

　環境施設におけるコンフリクトの合意形成には、コンフリクト・マネジメントを展開する具体的な方法として、リスクコミュニケーションをめぐる議論のなかから得られた知見である「リスクコミュニケーション手法」が多用されている。そこで、本節では、環境施設などにおいて用いられているリスクコミュニケーションの概念や構成、リスクコミュニケーション手法について概観する。

1　リスクコミュニケーションの定義

　リスクコミュニケーションは、1970年代初めに米国で生まれた言葉である。米国では、1980年にリスク学会（SRA: the Society for Risk Analysis）が設立され、さまざまな領域でリスクに関し言及されるようになった。そして、その定義は社会が直面するリスク問題や関係者の考え方などにより、時代とともに変化してきた。現代のリスクコミュニケーションは、安全や環境などにおける懸念に対する議論の相互作用プロセスとして考えられている。

現在のリスクコミュニケーションの定義は、1989年にNational Research Council (NRC) から出されたものがさまざまな場面において用いられている。その定義とは、「リスクコミュニケーションは、個人とグループそして組織の間で情報や意見を交換する相互作用過程である」というもので、そこには2種類のメッセージが含まれるとしている。1つはリスクの性質に関するメッセージ（risk message）であり、もう1つは、リスクメッセージに対する、または、リスク管理のための法律や制度の整備に対する関心、意見、および反応を表現するメッセージである。

また、リスクコミュニケーションの成功は「関連のある問題と行動の理解の水準を上げ、関係者が利用できる知識の範囲内で適切な情報が与えられていると得心すること」とされている。しかし、リスクコミュニケーションを研究対象とする研究者のなかには、その目的を受け手の理解や認知の変化あるいは合意形成などにとどまらず、リスク問題解決のパートナーを生み出すことであるとしているものが多くみられる[2]。

日本では、1990年代初めに木下がリスクコミュニケーションの考え方を紹介している。また、公文書にリスクコミュニケーションという用語が登場したのは、1996（平成8）年度環境白書が最初であり、そこでは、化学物質排出量や環境管理に関するリスクコミュニケーションの必要性が示された。

日本リスク研究学会の定義によると、リスクとは「人間の生命や経済活動にとって望ましくない事象の発生の不確実さの程度およびその結果の大きさの程度」（日本リスク研究学会 2000：7）をいう。なお、「望ましくない」こととは、リスクの受け手の価値、選好によって異なるとともに、同じ受け手であっても時間、場所などでも異なるため、個人的、社会的状況によってリスクの評価は異なることが多い。

人はリスクを評価する際、まずリスクを認知する。ここで、リスク認知（risk perception）とは、「リスクを人がどのように認識するかということを指し、客観的リスクを構成する程度や確率といったもの以外によっても大きく規定される」（土田 2000：258）ものである。

たとえば、スロビック（Slovic 1987）は、リスク認知は主として「恐ろしさ

因子」「未知性因子」により構成されるとしている。そして、受け入れられるリスクであるかどうかを決定するのは、技術的な問題ではなく価値に依拠しており、「人々はそれぞれの価値、リスクに対する感覚、または結果の重大性に基づいてリスクを評価する」（樹下 2008：75）ものと考えられる。

また、日本リスク研究学会は、NRCの定義を踏まえ、リスクコミュニケーションを次のように定義している。リスクコミュニケーションとは「個人、集団、組織間でのリスクに関する情報および意見の相互交換プロセス」である（日本リスク研究学会 2000：8）。具体的には、リスクコミュニケーションとは、①安全、健康、環境のリスクの程度、②安全、健康、環境のリスクの意義や意味、③安全、健康、環境のリスクの管理や制御を目指した決定事項、行動計画や方針をステークホルダー[3]間で情報交換することであるとされている。

山田（2008）は、水害に対するリスクコミュニケーションの有効性に関する研究において、「水害リスクコミュニケーションとは、専門家が協力し、行政と住民と専門家の間で、水害がもたらすリスクについて、相互にコミュニケーションを繰り返し行い、水害リスクに関する認識を共有する作業である」と定義している。山田の定義もNRCや日本リスク研究学会の定義に則したものとなっている。

これらの定義から、リスクコミュニケーションには、リスクの特質についての多種多様のメッセージと、厳密にリスクについてではなくても、関連事項や意見またはリスクメッセージ[4]に対する反応やリスク管理のための法的、制度的対処への反応についての他のメッセージを必然的に伴うことが指摘できる。

2 リスクコミュニケーションの原則および構造

これまで、リスクコミュニケーションの定義について概観してきたが、リスクコミュニケーションの定義や理念を現実に即した形態へと接近させる手段としては、リスクコミュニケーションの原則が必要となる。

日本リスク研究学会は、リスクコミュニケーション理念を手法として展開する際の原則として、①市民団体や地域住民などを正当なパートナーとして受け入れ、連携すること、②コミュニケーション方法を注意深く立案し、そのプロセスを評価すること、③人々の声に耳を傾けること、④正直、率直、オープンになること、⑤多くの信頼できる人々や機関と協調、協議すること、⑥マスメディアの要望を理解して応えること、⑦相手の気持ちを受け止め、明瞭に話すことの7点を挙げている。

　また、合意形成には、リスクに直接的、間接的に関係するステークホルダーがそれぞれリスクに対応すべくリスクマネジメントやリスクアセスメントを行い、個別のリスクマネジメントを適切に実行するために、他のステークホルダーと相互に情報交換（リスクコミュニケーション）を図っていくことが必要であると述べている。そして、リスクコミュニケーションを推進することが、環境リスクの管理に関する政策決定について社会的な合意形成のための基盤を構築するうえできわめて重要であると提起している。

　リスクコミュニケーターが学ぶべき点は、「市民がリスクに関してすでに何を信じているかを理解しなければならないということ」（樹下 2008：65）である。したがって、受け手の不安に言及しないリスクコミュニケーションが失敗することは容易に推測できる。また、リスクコミュニケーションを行う際には、事前に受け手の分析を行う必要がある。具体的には、人々や問題への積極的な理解が求められるということであり、利害関係者が誰であるのかを見極めたうえで、彼らの認識を理解しなければならない。

　松並（2006）は、リスクコミュニケーションを円滑かつ効果的に進めるための条件について言及している。その条件とは、①正しいリスクの認識、②情報の公開性、③情報伝達の適正性、④情報の共有性、⑤ステークホルダーそれぞれの役割と責務、⑥進捗の適正化、⑦各段階における評価と検証の共有制、⑧合意に基づく政策決定、⑨ステークホルダー間の信頼、⑩サイレントマジョリティ[5]のバランス感覚の10点である。

　加藤（2007）は、リスクコミュニケーションを実施する際の注意点として、どのようなリスクが考えられるか、どれほどリスクが小さいものであるのか

を示すことではなく、混乱を招くことを恐れずに情報を公開し、市民の意見を取り込むことにこそ、その意義があることを社会全体が意識しなければならないと指摘している。

　竹西他は、リスクコミュニケーションにおいて不可欠な条件として、「手続きの公正さ」を指摘している（竹西他 2008：23）。リスク管理の影響を受ける市民・住民は、リスクがいかなる手法で、また、どのような手続きで分析され、どのような手続きによって管理上の決定がなされたかに大きな関心を抱く。よって、リスクコミュニケーションにおける市民参加手続きは、一般市民の価値や要望に関する議論を含むゆえに手続き的公正を高め、政策決定を正当化するといえる。

　手続きの公正さに関しては、フォルジャー（Folger 1977）も決定過程における受け手の発信機会に言及している。リスク管理に関わる決定過程において、受け手に発信機会のあることが手続き的公正を高める。

　さらに、ジャーディン（Jardine 2003）にも手続きの公正さに関する言及がみられ、リスクメッセージに示される手続き公正の査定基準を2点に集約している。1つは事実性と名づけられるものであり、受け手にとっては、リスクメッセージが本当のことを伝えているとどれほど疑念なく感じられるかである。この基準は、リスクの評価や取るべき行動といった決定がどれほどの根拠をもち科学的事実に基づいてなされているかという査定、さらには決定に至る過程がどれほど開示され隠し事がなかったかという査定によるものと考えられる。もう1つは、リスクメッセージに受け手への配慮が感じられるか否かの査定であり、配慮性と名づけられている。ともすれば専門的になりがちなリスク評価を、一般市民にもわかる言葉で説明することは配慮性の一要素といえる。加えて、受け手を尊重する姿勢がみられるか否か、さらには、受け手に発言機会を与え、疑問や意見を聞く姿勢を示し、場合によっては決定を修正し得るかが査定の鍵となる。

　大渕（2004）も手続き的公正について言及している。手続き的公正とは、手続き面において公正さを確保することであり、最終結果に至る過程や手続きに対する公正知覚を表すものであるとする。また、手続き的公正を担保す

ることによる効果として、①手続きによって影響を受ける人々に発言権・コントロールの機会が与えられると手続き的公正判断が高まる、②手続き的公正判断が分配的公正判断や結果の満足を高める、③手続き的公正判断が権威者に対する態度を好意的にする、④手続き的公正判断がさまざまな有益な行動結果を誘発するという4点を明らかにしている。

手続き的公正に関しては、社会心理学の分野でこれまでにいくつかの研究が行われている。そこでは、手続きに対する公正感の主たる要因、あるいは手続き的公正を構成する要素は、集団内権威者に対する対人評価であることが確認されている。また、権威者に対する評価は、直接的にまたは間接的に手続き的公正感を通じて、当該手続きにより導き出された決定に対する受容的態度や手続きを行っている集団や社会に対する親和的な態度を促すことが確認されている。

また、ジャーディン (Jardine 2003) は住民対象の調査を基に、リスクコミュニケーションにおいてリスク情報提供組織がとるべき原則に関する提言も行っている。具体的には、コミュニケーションの公明さ・正直さ・正確さといった事実性に相当するもの、および参加機会や情報接触における平等・多様な価値の尊重といった配慮性に相当するものが多数含まれている。

竹西他によると、リスクコミュニケーションの基本構造は、「リスク分析者・管理者からの情報発信すなわちリスクメッセージとそれに対する市民の関心・意見・反応の表現」からなる (竹西他 2008：24)。つまり、リスクの存在を知らされた市民が、リスクの性質に関する情報と同等あるいはそれ以上にリスク管理に関する情報を欲し、その回答をリスクメッセージの中に見出そうと動機づけられていることを示す。リスクメッセージは、市民にとってリスク管理者および管理機関の意思決定過程、政策決定過程を推測する重要な材料であり、そこでの手続き的公正感を生じさせるものといえる。なお、リスクメッセージは、「客観的なリスク分析結果を提示する部分[6]と管理手法や対処方法を提示する部分[7]」の2つに分けられる (竹西他 2008：24)。また、リスクメッセージは、受け手に対して危険や恐怖を感じさせることで、リスクに対して回避的な行動をとらせる「リスク喚起メッセージ」と、リス

クに関する具体的で正確な情報を多く流すことにより受け手の不安を取り除き、パニックや社会的混乱を防ぐ「リスク低減メッセージ」の2つの方向性がある（福田2010：39）。コンフリクトの解消を目的としたリスクコミュニケーション手法を活用する際に用いられるリスクメッセージは、後者の方向性に基づくリスクメッセージである。

　以上、先行研究におけるリスクコミュニケーションの原則に共通していることは、手続きの公正さと発信機会の担保である。また、「リスクメッセージが本当のことを伝えているとどれほど疑念なく感じられるか」やリスクコミュニケーターが「疑問や意見を聞く姿勢を示しているか」ということなど、リスクコミュニケーションを行うことによりステークホルダー間の信頼を高めることも原則の1つと捉える必要がある。また、リスク認知においては、専門家と一般市民との間に認識の違いがあるのは当然であり、それを前提としたうえで、専門家と一般市民とがどのように対話を促進できるのかを考えなければならない。そして、これらの原則を踏まえて実施されるリスクコミュニケーションは、リスクを社会が認知し、リスクへの対応の合意形成を図っていくうえで有益であると考えられる。

3　合意形成におけるリスクコミュニケーション手法の有用性

　これまで、専門家（リスク管理者）と非専門家（住民）との間で行われてきたコミュニケーションのほとんどは、「専門家から非専門家への正しい知識の伝授」（福留2008：15）であった。しかし、このコミュニケーションの方法が問題点や限界を有していることへの認識が広がり、限界を脱却するためには、専門家から非専門家への一方向的なメッセージの伝達ではなく、両者の間の双方向的、相互的なコミュニケーションが重要であることが認識され始めた。すなわち、双方向的で相互的なコミュニケーションを重視し、リスクコミュニケーションをめぐる議論のなかから得られた知見を実践することにより、「リスクコミュニケーションが適切なプロセスで活用されれば、社会的な合意形成にきわめて有効」（木下1997：145）なものとなる。

また、ダグラスとウィルダフスキー（Douglas and Wildawsky 1982）によると、リスク認識は個人の文化的背景に依存するため、文化の差異を承認し異文化共生を求めるリスクコミュニケーションは有益である。言い換えるならば、ゴールとすべき未来像を共有し、政策評価を多段階で実行したうえで公共選択を行っていくために、個人のもつ文化、職業、教育、年齢などの条件でバイアスがかかるとしてリスクコミュニケーションに背を向けてしまうのでは、多元価値社会における市民主体の社会を実現できないということを意味する。リスクコミュニケーションを行うには、生活体験が異なる個人に固有なリスクの認識、評価、そして対応の行動の選択に関し、個人の思考を最大限に活かして「本音の対話」が行えるよう配慮しなければならないのである。なぜならば、リスクコミュニケーションの本質的な特徴の1つは、認識主体（活動主体）に固有の主観性を排除しないことにあるからである。個人の主観的な認識や判断は他者のそれとは当然異なるが、それが尊重されることにより、リスクセンサーの多様性が保たれるのである。さらに、リスクコミュニケーションを推進することにより、「環境リスクの管理に関する政策決定について社会的な合意形成のための基盤を構築すること」もきわめて重要（和泉 2008：9）である。

　オリバー（Oliver 2004）は、フランスにおける危険物取り扱いに関するリスクコミュニケーションに着目し、リスクコミュニケーションの改善について報告を行っている。リスクコミュニケーションの改善には、多くのステークホルダーにとって危機において何を求められるのかのリスクインデックスを基にして、どのようなシナリオを選べば適切な対応行動ができるのか、常に理解できる状態にしておくことが望ましいと述べている。

　ラングレンとマクマキン（Lundgren, Mcmakin 2004）は、その著書のなかでリスクコミュニケーションを機能別に、「ケアコミュニケーション」「コンセンサスコミュニケーション」「クライシスコミュニケーション」の3つに分類している。ケアコミュニケーションは、さらに「ヘルスコミュニケーション」と「産業リスクコミュニケーション」に分かれる。コンセンサスコミュニケーションは、リスク管理の方策に関して合意形成を図るために情報を提

供し、協働することを促進するために行われるものである。クライシスコミュニケーションは、産業施設などでの事故や新たな病原体の発生など、突発的に生じた危機的事態に対応するためのリスクコミュニケーションである。

以上の諸見解より、リスクコミュニケーション手法を用いた合意形成には、

(1) 一般市民に対し手続きの公正さを提示することができ、
(2) 一般市民の発信機会を担保することが可能となる
(3) また、リスク管理者である専門家から非専門家である一般市民に正しい知識を伝授することができ、
(4) それまでの一方向からのコミュニケーションではなく、双方向的で相互的なコミュニケーションが可能となる

という利点がある。一方で、

(1) リスクメッセージのなかに一般市民への配慮および誠実さを含まなければならない
(2) 一般市民が求めている情報を的確に判断し、提供しなければならない
(3) 一般市民一人ひとりの思考を排除することなく尊重しなければならない

という留意点があり、これらに反するリスクコミュニケーションは事態を悪化させる危険性があるものと考えられる。

第3節 リスクコミュニケーションの成否と
　　　　信頼の醸成

1　リスク管理者に対する信頼とは

　ここでは、信頼の概念のなかでも本研究と関連のあるリスク管理者やリスク管理機関への信頼に対象を限定して、信頼の定義および信頼とはどのようなものであるのかに関し言及する。

　ルーマン（Luhmann 1973）によると、「信頼」とは、もっとも広い意味では自分が抱いている諸々の期待をあてにすることを意味する。

　パットナム（Putnam 2000）は信頼を「社会的信頼」と表記し、社会的信頼とは、市民あるいは人間にとって社会が公正であり援助的であり信頼に足るものであるとみなす「信念」であるとしている。

　山岸（1998）は安心と信頼を明確に区別している。安心も信頼も住民などの心理をリスク管理者への「ひどいことをしないだろうという期待」と「任せておこうという方向」に導く心理的要素であるが、その発生の仕方が大きく異なっていることを指摘する。具体的には、「針千本マシン」[8]というたとえ話を用いて、「安心」はリスク管理者が住民などをだましたりするとリスク管理者自身の不利益になるとみなされることで生じるものであると説明している。一方で、「信頼」とは、リスク管理者の自己利益の評価以外の要素に基づく意図への期待のことを指すものであると説明する。つまり、相手の人格の誠実さや自分の感情に基づいて相手の行動意図を評価する場合に生じるものである。

　また、中谷内とG・スベトコビッチ（2008）は、リスク管理機関が一般の人びとに対してメッセージを送る場合、伝統的信頼モデル[9]に沿ったかたちでリスク管理の科学的な適切さや、リスク政策が公正な観点から設定されていることを強調するといった、これまでの信頼モデルの主流からさらに信頼モデルを前進させ、次のように「信頼」を定義している。信頼とは、「相

手の行為が自分にとって否定的な帰結をもたらし得る不確実性がある状況で、それでも、そのようなことは起こらないだろうと期待し、相手の判断や意思決定に任せておこうとする心理的な状態」である。

このように、「信頼」を不確実性があるのに何かを委任しようとする心理的状態として定義する以上、相手に対する監視や裏切り行為に対する制裁を準備するようなことでは、否定的な帰結をもたらさないだろうと期待することはできない。なぜなら、そのような状況は否定的な帰結をもたらす不確実性そのものが削減されているからである。

さらに、信念や観念の形成へのマスメディアが果たす役割の重要性について指摘しているものもみられる。

かつては書籍による価値形成が重要な役割を果たしたが、今日ではその影響力が相対的に低下し、テレビ・新聞・雑誌などのそれが増大している（荒井 2004：893）状況である。さらに荒井は、偏見や固定観念を払拭するのにもっとも重要な手段となるのは教育であると主張する。人々は根拠のない固定観念に基づいて特定集団に対する不信感を抱き自分の行動を決定している可能性がある。こうした事態を改善するためには、まず教育によって正しい知識を教えることが必要であるとしている。

国民性という観点から信頼を捉えた場合、一般的に日本人は他者を信頼する傾向が高いと考えられがちであるが、それと反する研究結果も示されている。

山岸（2007）は、アメリカのように社会的な不確実性と機会コストの高い社会では、一般的信頼感を高めることにより新たな関係を築くことが適応的であるため、人々は高信頼者になると述べている。一方で、日本のように集団主義的で固定的コミットメント関係が社会に占める割合が高い環境では、信頼が必要とされる場面が少ないため、低信頼社会が形成されることを指摘している。

また、信頼醸成の方法に関する言及もみられる。

荒井（2004）は、信頼醸成の方法として、まず信頼に値しない行動は密室でとられることが多いことからも、信頼醸成には、組織や社会の透明性や情

報公開を促進することが重要であると指摘している。また、人間にはまったく知らない者よりすでに知っている者を信頼する傾向があるため、相互交流も大切であると述べている。

2 リスクコミュニケーションの成否と信頼

　リスクコミュニケーションは、ステークホルダー間のリスクに関する意見交換や了解事項の積み重ねのプロセスであり、その成否は、ステークホルダー間の理解と信頼のレベルが向上したか否かで判断される（和泉 2008：9）。また、リスクコミュニケーションの最終目的は、当該リスクに関する理解の増進と当事者間の信頼関係の構築である（木下 2004：7）。換言すると、「信頼と信用の醸成は、常にリスクコミュニケーションの基本的課題として強調される」（樹下 2008：74）ものであり、信頼と信用は住民の声に耳を傾け、彼らの立場に立って、彼らの認識や思いを理解しようと努めることにより醸成される。そのためには、情報の公開を積極的に行い、マイナスの要素も正直に提示し、情報を共有しなければならない。リスクコミュニケーションは、「それが関連のある問題と行動の理解の水準をあげ、関係者が利用できる知識の範囲内で適切な情報が与えられていると得心させられる程度までいけば成功している」（National Research Council 1989：31）と言える。

　ビクルンド（Viklund 2003）も、リスク認知に影響を与える要因として「信頼」を指摘している。また、リスク認知は知識量によっても影響される可能性があることを示唆している。

　宇田（2003）は、リスクコミュニケーションの際にまず重要となるのは信頼感の醸成であり、そのためにリスク管理者が十分に信頼に値するということを示す必要があることを指摘している。また、強固なコミットメント関係を形成することにより「安心」を築くのではなく、性格や人間性に根づいた「信頼」を築かなければならないと主張している。そのためには、リスク管理者が人間的に信頼できるということを示さなければならない。そして、調査結果を基に、リスクコミュニケーションが行われることにより、根拠なく

危険であると感じる人の割合を下げることができることを明らかにしている。
　しかし、リスクコミュニケーションの成功は必ずより良い決定に至るとは限らない。なぜなら、リスクコミュニケーションは、リスク管理の一部に過ぎないからである。よって、リスクコミュニケーションの成功により、論争上の問題が結果的に一致する必要もないし、また、個人的行為が統一される必要もないのである。さらに、専門知識についてのメッセージは、リスクコミュニケーションの過程にとって必要ではあるが、その過程を成功させるためには十分ではないのである（National Research Council 1989：33）。
　竹西ら（2008）によると、リスクコミュニケーションの成功が信頼関係の構築であるならば、「リスク管理者側からすると初発のリスクメッセージをどのように組み立てるかが、信頼を得られるかどうかの鍵」になる。リスクメッセージに示された手続き的公正は、管理者にとってはリスク問題に取り組む姿勢の表明であり、受け手にとっては管理者の意図を憶測する重要な手がかりの1つであるため、受け手は初発のリスクメッセージを基に管理者が信頼に値するかどうかを判断するものと推測される。
　リスクメッセージに対する評価に関し、吉野ら（2003）は7つの基準を示している。具体的には、①正確さ、②開示、③公正さ、④平易さ、⑤穏当さ、⑥一貫性、⑦明確さであり、これらの基準が有効であることの検証を行っている。
　中谷内・大沼（2003）は、リスク管理者への信頼を構成する要因は「能力への期待」と「意図への期待」に分けられ、前者より後者の影響力が強いことから、信頼の改善には、能力や専門性より「意図の期待」に影響する要素を整えることが重要であると指摘している。
　さらに中谷内（2004）は、信頼の非対称性原理および二重非対称性モデルについて言及している。非対称性原理とは、信頼を得るためには多くの肯定的実績の積み重ねが必要であり長い時間を要するのに対し、信頼を失うには1つの否定的な事実で十分であり、あっという間に信頼は失墜するというものである。つまり、リスクマネジメントにおいて信頼を得るためには、長期間にわたる安全実績とそれをもたらす多大な努力が必要であるが、崩壊は一

瞬の事故によって簡単に起こるのである。このことは、信頼醸成の難しさと、一方で崩壊は瞬時に起こることを意味する。ネガティブなできごとはポジティブなものよりも目立ちやすく、人々の信頼やリスク認知に大きく影響を及ぼすのである。一方で、二重非対称性モデルとは、信頼は悪くなる一方ではなく、事前の信頼がある程度高い場合には、それのレベルを維持したり、それを高めようとするような情報処理が行われるというものである。つまり、信頼は否定的な情報に傾くだけではなく、事前の信頼レベルが高ければ、否定的な情報に接してもそれは簡単には崩壊しないのである。

　しかし、たとえば、その人が実は信頼に足る行動をとるようになっていても、それに接する機会がなければ不信を挽回することはできない。私達の認知システムは選択的注意を行う傾向があり、先行する評価に整合するような情報はしっかりと処理するが、そうでない情報は無視したり、あるいは、不信をもつことに沿うようなかたちでの解釈が行われやすい。公衆はいったん不信感を抱くとそのあとにその機関から送られる情報を受け入れようとしなくなったり、あるいは「やはり信頼できない」ことの根拠になるような方向で情報を解釈しようとするのである。

　さらに中谷内は、コミュニケーションの成否に関し、説得しようという意図がみえたときにコミュニケーションは失敗すると指摘している。そのため、信頼を得るための具体的な方法の1つとして、リスク管理機関自身が事業計画や現状のリスクをアセスメントするのではなく、その業務を外部の研究機関に委託することを提案している。

　また、中谷内とG・スベトコビッチ（中谷内・George Cvetkovich 2008）は、手続きの公正さが信頼に与える影響に関して、それが個人的関心と関連があることを指摘している。具体的には、対象となる問題への関心が高いときには、社会的に導かれる結果が個人的に重要となるため、人はそこに関連する道義的な価値を守ろうと動機づけられる。一方、関心が低いときには結果の重要性が低下するため、価値を守ろうとする動機づけも弱くなると説明する。つまり、高い関心を抱く問題に対しては、その決定結果に示される道義的価値が重要となるが、関心が低い問題では、決定に携わる関係者の手続きの公

正さや科学的論拠など、決定手続きについての評価が重要性を増すことになる。関心が高い社会問題では道義的価値と信頼との結びつきが強くなるが、関心が低い問題では手続き的公正が重要になるのである。

加藤（2007）は、「信頼」とは、結局のところ行為者自身の主体性によってのみ可能になることを指摘したうえで、信頼するということは、「究極的には自分自身の選択を信頼しているだけ」であると述べている。つまり、信頼とは、あくまでも自分の責任において白紙委任を遂行することであり、将来における損害の可能性を認識しながらも、自分でそれを引き受けることである。換言すると、信頼するということはリスクを受け入れることであり、ここにリスクコミュニケーションと信頼との相関関係を確認することができる。

第4節　小括

本章では、環境施設や科学技術へのコンフリクト問題を対象とした先行研究の整理から、リスクコミュニケーション手法を用いた合意形成に関する研究および信頼とリスク認知との関係に関する研究を抽出し、コンフリクトの合意形成におけるリスクコミュニケーション手法を用いたリスク・マネジメントの有用性と信頼の醸成が合意形成に及ぼす効果について言及を行った。

リスクコミュニケーションの成否は、ステークホルダー間の理解と信頼のレベルが向上したか否かで判断される。したがって、リスクコミュニケーションの最終目的は、「当該リスクに関する理解の増進と当事者間の信頼関係の構築」（木下 2004：7）である。また、リスクコミュニケーションを成功へと導くためには、リスク管理者側は、住民などを説得しようとする意図をみせず、リスク管理者の自己利益の評価以外の要素に基づく意図への期待を高めるような姿勢が必要である。これらの姿勢に基づいて行われるリスクコミュニケーションは、社会問題の解決に向けて専門家を含めたステークホルダーが相互に貢献し、関係性を構築する契機になると考えられる。

上記に述べたリスクコミュニケーションを具体的な手法として活用するた

めの方法に関し言及しているものには、2002（平成14）に環境省から出された「自治体のための化学物質に関するリスクコミュニケーションマニュアル」がある。このマニュアルが作成された目的は、環境施設に対する市民からのコンフリクトなどに対し、自治体がどのような対応をすることが望ましいかを示すことにより、最終的には施設の建設を可能にする点にある。マニュアルには、環境施設建設にあたり、市民の対応窓口になる自治体がどのような手法を用いればコンフリクトを合意形成に導くことができるのかについて明確に述べられている。マニュアルに規定されている合意形成を目的としたリスクコミュニケーション手法の要素は、①地域住民との関係、②コミュニケーション方法、③意見交換、④基本的な姿勢、⑤連携、⑥マスメディア、⑦話し方、⑧窓口、⑨見学会、⑩対話の場の10要素である。

　これまで、精神障害者施設を含む社会福祉施設建設に際した住民説明会などでは、多くの場合、住民が「理解したからこそ受け入れない」ということはあり得ないことであると考えられ、受け入れてもらえない（反対運動などが発生する）ことは、住民が施設や障害者などを理解していないことによる不合理な感情に基づいた反発であると捉えられてきた。その結果、住民に施設の必要性や障害者について理解してもらうための説明を繰り返し行うという、一方的な「説得型コミュニケーション」である理解重視アプローチが主流であった。

　しかし、精神障害者施設において、施設建設にあたり施設側が精神障害および精神障害者への理解を求めることや近隣住民に施設の必要性を訴えることは、近隣住民を説得しようとする意図を前面に表出し、施設の能力や専門性を認めてもらうための「能力への期待」を高めようとする行為であると捉えられる。いくら「能力への期待」が高く評価されていても、人々から「われわれをだまそうとしている」と受け取られては広義の信頼は改善しない。その意味で、自分達をだましたりはしないであろうという「意図への期待」をある水準以上に上げることが信頼回復のための必要条件であるといえる。

　また、精神障害者施設建設の際、多くの場合で施設建設者側である福祉専門職（施設管理者および職員）が非専門家（住民）に対し、「いかに精神障害者

施設が必要であるか」や「精神障害者とはどのような人達であるのか（主に精神障害者は危険ではないということに関する説明）」など、施設建設の正当性を訴えるという方式で住民説明会は実施されてきた。そこで行われてきたコミュニケーションのほとんどは、精神障害者福祉に関する専門家から精神障害者や精神障害者施設が何であるのかを知らない非専門家への知識の伝授を目的としてきたのである。しかし、このようなコミュニケーションの方法は、合意形成を目指すうえで避けるべき方法であり、これまで、これらのコミュニケーションを重ねても住民の同意を得ることはほとんどの場合で困難をきわめていた。

そこで、精神障害者施設建設をめぐる従前の状況から脱却するためには、福祉専門職の立場から非専門家である住民への一方向的なメッセージの伝達を行うのではなく、リスクコミュニケーション手法を導入することにより、両者の間の双方向的、相互的なコミュニケーションを行うことが重要であると考える。換言すると、精神障害者施設建設をめぐるコンフリクト問題においても、理解重視アプローチに加えリスクコミュニケーション手法を適切なプロセスで活用すれば、合意形成の可能性は高まるものと考えられる。

また、リスクコミュニケーションの目的は、受け手の理解や認知の変化または合意形成などにとどまらず、リスク問題解決のパートナーを生み出すことでもある。精神障害者施設は「日常的な交流・連携と協力・共同を基盤にした『共同利用』を通して暮らしを守る」（井岡 2008：223）点に重要な役割がある。そのため、施設を建設しても周辺の住民との交流や協力がないのでは、施設の存在意義は半減する。しかし、リスクコミュニケーションの視点に立脚することにより、施設コンフリクトという問題を契機に住民は施設にとってのパートナーとなりうると考えられる。つまり、精神障害者施設を含む社会福祉施設建設におけるコンフリクト問題においても、基本的な原則を踏まえてリスクコミュニケーション手法を用いたコンフリクト・マネジメントを展開することにより、施設建設にまつわるリスクを住民が認知し、施設建設の合意形成を図っていくことが可能となるのである。

また、人々の科学リテラシーが上昇し、専門家的視点からリスクをみるこ

とができるようになれば、原子力施設や化学プラント、廃棄物焼却場の設置なども受容されるはずであるという考えも人々の理知的側面を重視しすぎたという側面の現れである。中谷内 (2003) は、このような考えがまったく誤りだとは言わないが、一方では相互関係の中での人間臭い感情面の理解を深めることも大切であると述べている。

中谷内・大沼 (2003) によると、信頼の醸成には「能力や専門性より意図への期待に影響する要素を整えることが重要である」ことから、合意形成には相手の人格の誠実さや自分自身の感情に基づいて相手の行動意図を評価することが有効であると推察する。

以上、これまでの議論を基に本研究における施設コンフリクトの合意形成におけるリスクコミュニケーション手法と信頼の側面による分析の視点を以下の4点に集約する。

(1) リスクコミュニケーションを実施する際に最終目標となるのは信頼の醸成であり、そのためにリスク管理者が十分に信頼に値するということを示す必要がある
(2) リスクコミュニケーション手法を用いて醸成するものは「理解」および「信頼」である。また、「信頼」を構築することにより、その後「理解」も醸成される
(3) 金銭的に補償することや代替案の提示だけでは信頼は醸成されない
(4) リスク管理者は住民らと幾度となく意見交換の場を設け、お互いの距離を物理的・心理的に縮めていくことが重要である。また、意見交換の際にはリスクコミュニケーションの原則に沿って信頼を醸成することが目的となる

【注】
(1) 集団間コンフリクトが発生し、それに「勝つ」という方向づけが生じると、それ以外の相互に受容可能な解決策を見出すという関心が失われてしまう。メンバーは同士の

結束を固め、精神を高揚させ、勝つために動き出す。そうなると、集団の意思決定に疑問を唱えたり、再吟味をすることは許されなくなる。疑いをもつメンバーに圧力がかかるか、あるいは集団から追放される。多様性や不一致をなくしてしまうということは、結局、もっとも独創的で最善の解決を導く過程を消去してしまうことになる。また、ウィン＝ルーズ抗争では、集団のリーダーシップが急速に一人またはごく少数の人間に移っていく。そのため、リーダーは攻撃的あるいは自分の意見をはっきりと表明する人になりがちである。さらに、ウィン＝ルーズ抗争では、相対立する集団への判断と認知過程のゆがみが生じる。各集団は他集団のメンバーに敵意の態度を示し、それがさらに彼らの感情や認知に対するゆがみを引き起こす。この認知のゆがみはコンフリクトを悪化させる。R. Likert and J.G. Likert (1976), *New Ways of Managing Conflict*, (三隅二不二監訳, (1988)『コンフリクトの行動科学——対立管理の新しいアプローチ——』, ダイヤモンド社, 56)

(2)　Covello, V.T., McCallum, D. & Pavlova, M. (1989) Principles and Guidelines for Improving Risk Communication, in Covello, et al. (eds.), *Effective Risk Communication*, New York: Plenum Press. などに定義がみられる。

(3)　stakeholder（利害関係者）。組織体やプロジェクトにおいて、その意思決定に関与しているか、その活動の実施（あるいは不実施）に影響を受ける個人または法人・団体のこと。

(4)　リスクの特性についてのメッセージのことを意味する。

(5)　「物言わぬ多数派」または「静かな多数派」という意味であり、公の場で意思表示をすることのない大衆の多数派を意味する。

(6)　従来、一般市民のリスク認知の問題として研究されてきたものである。メッセージ内で客観的分析結果やその数値をどのように提示すれば、市民のリスク受容が進むのかということが主たる問題設定である。竹西他 (2008),「リスクメッセージの心理的公正基準：管理者への手続き的公正査定における事実性と配慮性」,『社会心理学研究』第24巻第1号, 24.

(7)　リスクメッセージとは離れたかたちで、主としてリスク管理者に対する信頼の研究としてなされてきた。竹西他 (2008),「リスクメッセージの心理的公正基準：管理者への手続き的公正査定における事実性と配慮性」,『社会心理学研究』第24巻第1号, 24.

(8)　「針千本マシン」が人間の喉に埋め込まれ、その人間が約束を破れば必ず千本の針を呑み込むようになっているとすれば、その人間は約束を守った方が自分にとって良いこととなるため、自己利益に基づいて約束を守るという例えである。山岸俊男 (1998),『信頼の構造——こころと社会の進化ゲーム』, 東京大学出版会, 38-39.

(9)　能力認知と公正さ認知が信頼をもたらすという、イェールコミュニケーション研究プログラム以来の伝統的な見解のことを指す。中谷内一也・George Cvetkovich (2008)「リスク管理者への信頼：SVSモデルと伝統的信頼モデルの統合」『社会心理学研究』第23巻第3号, 259.

第3章 精神障害者施設コンフリクトの実態

本章では、精神障害者施設における施設コンフリクトの発生状況の実態に関し、過去に実施された全国調査および先行研究より、1980年代および1990年代の状況を確認する。2000年以降の動向に関しては既存の調査および研究が存在しないため、筆者が「全国精神障害者地域生活支援協議会」に加入している全施設・事業所[1]を対象としたアンケート調査を実施し、検証を行う。

第1節　全国調査にみる精神障害者施設コンフリクトの動向——1980年代〜1990年代

1　精神障害者施設コンフリクトの発生状況

精神障害者施設におけるコンフリクトの実態に関する全国的な調査としては、1988（昭和63）年に国立精神・神経センター精神保健研究所が実施した調査（以下、国立精研調査）と1998（平成10）年に毎日新聞が実施した調査（以下、毎日新聞調査）の2つがある。

国立精研調査の調査対象は、①都道府県（および政令指定都市）障害福祉主管課（57団体）、②精神保健センター（センターが設置されていない都道府県・政令指定都市の場合は精神保健主管課）（48機関・団体）、③（都道府県および政令指定都市）社会福祉協議会（57団体）、④（都道府県および政令指定都市）精神薄弱者（現知的障害者）育成会（48団体）、⑤（都道府県）精神障害者家族会（41団体）の計251機関・団体である。この他にも、全国規模の団体として、日本重症児福祉協会と日本精神薄弱者愛護協会、全国肢体不自由児施設運営協議会の3団体にも同様の調査を実施している。

また、この調査で対象とされている問題事例は調査時点から直近10年の間に発生したもので、障害者（身体障害者、知的障害者、精神障害者）の利用や入所を目的とした社会福祉施設および社会復帰施設であり、すでに設立・開所されているものとされている。また、調査当時は設立中であったものや住

民からの反対運動のため設立を見合わせたものも含むとされている。さらに問題の中身としては、地域住民とのコンフリクトのために

(1) 設立を中止した（している）
(2) 開所の時期が1年以上延期された（している）
(3) 移転を余儀なくされた
(4) 利用者の利用が甚だしく制限されている
(5) 地域住民とのコンフリクトがマスコミ（地方紙を含む）に取り上げられた

ものとし、施設を設置・運営していくうえで影響があったものを対象としている。

なお、調査実施期間は、関東地方が1987年2～3月、その他の地方は1987年10月から1988年2月の間である。

調査結果については、調査を依頼した254団体中、204団体からの回答が得られている（回収率80.3％）。さらに回収率を種類別にみてみると、精神保健センター（あるいは精神保健主管）回収率97.9％、障害福祉主管課回収率91.2％となっており、行政機関の回収率が高いことがわかる。また、精神障害者家族会回収率80.5％、精神薄弱者育成会回収率81.3％、社会福祉協議会回収率56.1％である。地方別での差異は生じていない。

当該調査は、全体の回収率が80％超であること、各都道府県の精神障害者領域から回答が得られていることから、都道府県レベルで発生した問題事例については、ほぼその全体像を把握することが可能であると言える。

当該調査で明らかになった問題事例は66事例である。そのうち、回答内容から判断して、問題が軽微であり問題事例に値しないものが4事例含まれ、最終的には62事例が分析対象とされている。

問題事例に関して、精神障害者施設とその他の障害者施設を比較すると、精神障害者以外の施設では、住民投票や署名、訴訟などの公的な手続きによって住民が自らの意志を表明している場合が多い。一方で、精神障害者施

設では、住民の意向に設置主体や行政が敏感に反応し速やかに住民側の要請に従う場合が多いことがわかる。

これを小規模作業所についてみると、知的障害者の小規模作業所数は、調査時点で全国に1,658ヶ所あり、この数は精神障害者の小規模作業所の約4倍の数に相当するにもかかわらず、問題事例は2事例にとどまっている。精神障害者を対象とした作業所が他施設に比べ、より問題事例となりやすいことが指摘できる。さらに、精神障害者の施設に対して地域住民は、「精神障害者」という理由から反対運動を起こすということが明らかにされている。

次に、毎日新聞調査では、1989（平成元）年から1999（平成11）年までに発生した問題事例を対象としている。本調査では、対象施設を精神障害者施設に限定して調査を実施している。

国立精研調査と毎日新聞調査を比較してみると、毎日新聞調査が精神障害者施設に対象を絞り調査を行っているのに対して、国立精研調査では、身体障害者施設および知的障害者施設を含んだ障害者施設を対象にしている点で違いがみられる。よって、この2つの調査を比較し、検証することには限界があるように思われるかもしれない。しかし、いずれの調査も、10年間の単位で調査を実施していることから、この2つの調査を一連のものとして理解することにより、1978（昭和53）年から1988（昭和63）年までの1980年代の10年間と1989（平成元年）から1998（平成10）年までの1990年代の10年間の変化に関し把握することが可能となる。以下、国立精研調査から精神障害者施設に関する結果を抜粋し、両者の調査結果について比較を行う。

まず、施設コンフリクト発生件数についてみてみると、1978年から1887年までの反対件数は32件、1989年から1998年までの反対件数は83件である。この数を単純に比較すると、1990年代のコンフリクト発生数は1980年代の2倍以上の増加となっていることがわかる。ただ、この数は年代による精神障害者社会復帰施設建設数の違いが関係しているため、一概に増加したとは言えない。

次に、コンフリクト発生後の施設の動向を比較してみると、

(1) 計画どおり設置：国立精研調査21.2%、毎日新聞調査19.3%
(2) 条件付きの設置：国立精研調査21.9%、毎日新聞調査10.8%
(3) 設置場所の変更：国立精研調査31.3%、毎日新聞調査36.1%
(4) 計画断念　　　：国立精研調査18.8%、毎日新聞調査14.5%
(5) 協議継続中　　：国立精研調査6.3%、毎日新聞調査19.3%

となっている。両調査において、条件付きかどうかは問わず結果的に施設建設予定地に施設を開設できた割合に対して、場所の変更を強いられた、または結局、施設建設を断念せざるを得なかった施設の数が多くなっており、その割合は50%近くに上っている。

　反対理由に関しては、両調査に共通して「(精神障害者への) 危険視、治安上の不安」「住環境の悪化」「町のイメージダウンにつながる」といった住民側の精神障害者観に基づく理由に加え、「事前の了解を取っていない」「説明が不十分」といった設置主体者や行政への手続き上の不満もみられる。

　さらに、国立精研調査をより詳しく分析する。精神障害者施設における問題事例と他の障害者施設における問題事例に関して比較を行い、その動向をみてみると、精神障害者施設における問題事例は比較的新しく、1981年以降に目立って増加している。これに対して、その他の障害者施設では1982年以前にはコンフリクト発生の報告があるものの、それ以後は認められていない。

　身体障害者および知的障害者への理解は、1981年の国際障害者年以降、啓発活動が活発になったこともあり前進している。しかし、先に述べた小規模作業所における知的障害者を対象としたものと精神障害者を対象としたものの施設コンフリクト発生率の違いや施設コンフリクトの帰結、反対理由から推察すると、精神障害者施設に関しては、住民の意識の変化はこの20年間ほとんどみられないということが指摘できる。

　なぜ国際障害者年以降も精神障害者への住民意識は変化をしなかったのであろうか。その理由として、小澤 (2001) は2つの要因を挙げている。1点目は、「身体障害者に比べて精神障害への理解のしにくさがあり、市民啓発の

取り組みがむずかしいこと」であり、2点目は、「身体障害者は国際障害者年以降、次々と社会参加の制度が登場したのに対して、精神障害者は最近まで障害者福祉の課題として位置づけられてこなかったこと」である。

果たして2000年以降、住民意識に変化はみられるのであろうか。次節では、2000年以降の施設コンフリクト発生状況を明らかにするとともに、住民意識の変化も含め施設コンフリクトの動向に関し言及する。

2 合意形成プロセスの方針

ここで、田中他による「近年に建設された施設ではなく、1981（昭和56）年頃に建設された施設に関しては、住民側の要求に応じ、きわめて厳しい確認事項にも応じることが施設の存続につながっている」（田中他 1990）との指摘を取り上げたい。1980年代までの施設コンフリクト合意形成の方法は、住民側からの要求に施設側が従い、譲歩することにあるとされている。そこで、以下、精神障害者施設におけるコンフリクトの合意形成プロセスに関し、1980年代までの合意形成プロセスと1990年代の合意形成プロセスとの相違点に焦点をあて、施設コンフリクト合意形成プロセスについて考察を行う。

まず、1980年代までの合意形成プロセスとして古川らは、

(1) 施設新設予定地域からの強力な反対運動による頓挫、または同意と引き換えの譲歩
(2) 施設建設問題をきっかけとして、施設新設などの代償として地域の社会資本の整備を要求する住民運動が誘発される
(3) 一様に見える施設建設反対運動のなかに、多様な契機と運動の目標が見られる

という3点の特徴を指摘している（古川他 1993）。

さらに、施設コンフリクト発生から合意形成に至るプロセスとして、初めは迷惑施設であっても地域住民の生活ニーズに適合した施設、整備や機能を

もつ「複合化多機能化」した「補償型施設」[2]を設立し、それがその後に「インフラストラクチャー（生活環境基盤）型施設」[3]を展望するなかで、施設コンフリクトの克服を図っていくことを指摘している。

次に、1990年代以降の施設コンフリクトの合意形成プロセスとして、大島は以下の6点を挙げている（大島 1992）。

(1) 施設建設者側の地域に対する誠実かつ熱心な働きかけを継続して行うこと
(2) 施設及び施設利用者と地域住民とのトラブルを防ぐこと
(3) 地域住民のニーズに合致した働きかけをすること
(4) 施設の公開性を高め、地域の中で民主的な運営を目指すこと
(5) 社会における一般的な人間関係を形成すること
(6) 理論的に道筋を立てて施設についての説明を地域住民に行っていくこと

さらに、田中は施設コンフリクトの発生要因について、「住民にとっては身近な生活環境問題としての精神障害者の特異な存在」があり、地域住民は「総論賛成、各論反対の立場であり、コンフリクトには『よそ者』への反発、白眼視が横たわっている」（田中 1996）と述べている。そして、上記のような要因により発生した施設コンフリクトの解決プロセスに関し、まずその前提として「潜入型や病院内設置のやり方はすでに時代遅れであるだけでなく、精神障害者のノーマライゼーションをむしろ妨げるやり方でもある」「プライベートな病気や障害の内容まで細かく説明する必要はない」（田中 1996）と指摘している。そのうえで、

(1) 地域に根ざした取り組みをすること
(2) 施設や事業運営などに様々な立場の地元住民の代表に参加してもらうこと
(3) 実際の活動を通しての理解を得る（見て、知ってもらう）こと

という施設コンフリクトの合意形成プロセスについて言及している（田中 1996）。

また、新保は施設コンフリクトの合意形成プロセスについては、「（グループホームや作業所の活動を通しての）接触体験の必要性」を指摘している。さらに、小澤（2001）の調査によると、「長い間見慣れているので恐怖感はない。精神障害者だからどうということもない」「子ども達が（精神障害者施設を）地域と異質のものという印象をもってはいない」「年中見慣れていると、当たり前という感覚になってくる」といった近隣住民からの発言が確認されている。

以上の事柄から、小澤は施設コンフリクトの合意形成プロセスを

(1) 障害者を障害のあるひとりの人間（人格をもった存在）として理解する意識を形成すること（障害者集団という見方ではなく、個別的なひとりの人として捉える意識を形成する）
(2) 障害者の行動を特別視しない意識を形成すること

の2点に集約している。このような共感的な障害者観は、施設や障害者自身との関わりによって地域住民の意識の中で段階的に形成されるものであり、障害者に対する偏見が長期間の否定的な情報による学習によって生じたのと同様に、共感的な障害者観も長期間の学習により生じると指摘している。

また、渋谷（2000）は精神障害者施設が地域に受け入れられるプロセスについて、日頃から安心感や信頼感のある人から誠意ある説明を受けることにより、受け入れる場合があること、精神障害者施設と地域住民とをつなぐ役割を果たす存在が必要であることを指摘し、さらに、この役割を担えるのは、行政や地域の社会福祉協議会といった機関や団体であると述べている。

ここで、精神障害者施設建設に深く関係があると思われる精神保健福祉関連の法律をみると、精神障害者施設が初めて法律上に規定されたのは、1987（昭和62）年の「精神保健法」である。本法律で規定された精神障害者施設は、「精神障害者生活訓練施設」および「精神障害者授産施設」であった。1992

(平成4)年には、精神障害者グループホームの運営に対し、国から補助金が交付されることとなり、1993（平成5）年にはグループホームが法定化され、第2種社会福祉事業として位置づけられた。そして、1995（平成7）年に制定された「精神保健および精神障害者福祉に関する法律（以下、精神保健福祉法）」では、精神障害者施設に、「精神障害者福祉工場」「精神障害者福祉ホーム」が追加された。1999（平成11）年の精神保健福祉法改正では、「精神障害者地域生活支援センター」が精神障害者社会復帰施設に加えられている。また、1995（平成7）年の障害者プランで初めて精神障害者の社会復帰施設などの具体的数値目標が示されたことにより、各自治体は本格的に精神障害者施設建設への取り組みに着手することとなった。

　1990年以降、多くの精神障害者施設は法律の裏づけによりその建設が理論上は可能となったが、「精神障害者社会復帰施設の設備及び運営に関する基準」には、施設建設の際に「近隣住民の同意を得る」ことが明記された。そのため、施設側は補償措置などによる合意形成ではなく、近隣住民に理解を得る必要が生じた。さらに、法律上に規定された精神障害者施設には、「精神障害者社会復帰施設の設備及び運営に関する基準」の第2条により、以下の基本方針が定められた。

(1) 精神障害者社会復帰施設は、利用者に対し、健全な環境の下で、社会福祉事業に関する熱意及び能力を有する職員による適切な処遇を行うよう努めなければならない
(2) 精神障害者社会復帰施設は、利用者の意思及び人格を尊重し、常にその者の立場に立って処遇を行うよう努めなければならない
(3) 精神障害者社会復帰施設は、利用者の人権の擁護、虐待の防止等のため、責任者を設置する等必要な体制の整備を行うとともに、その職員に対し、研修を実施する等の措置を講ずるよう努めなければならない

　さらに、第9条には、「精神障害者社会復帰施設は、その運営にあたっては、

地域住民又はその自発的な活動等との連携及び協力を行う等の地域との積極的な交流に努めなければならない」という地域との連携に関する事柄も規定されている。

　法律などに規定されている事柄からもわかるように、施設建設後の近隣住民との関係性は施設側にとって重要な要素となり、そのため、1990年代以降は近隣住民に理解を得たうえで施設を建設する必要性が高まったものと考えられる。

　以上、施設コンフリクトに関する先行研究および関連法より、1980年代と1990年代における合意形成の方針について整理を行った。

　1980年代までの施設コンフリクトの合意形成は、施設建設に同意することに対し代替施設の建設などの見返りを地域住民が要求する、施設側に建設条件の譲歩を求めるなどの引き換え条件がみられた。また、そのような条件を履行できない場合には、施設新設予定地域からの強力な反対運動による計画の頓挫という結末に至るケースが多くみられた。さらには、施設建設問題をきっかけとして、施設新設などの代償として地域の社会資本の整備を要求する住民運動が誘発されている。

　それに対し、1990年代の施設コンフリクトの合意形成には、1980年代までとは異なるプロセスが確認された。具体的には、施設建設者側が地域に対して道筋を立てて誠実で熱心な働きかけを継続して行う、地域住民に実際の施設の活動をみてもらうことなどにより、施設コンフリクトは合意形成へと向かっていく。つまり、1990年代は、地域住民が精神障害者を知り、理解を深めることによって受け入れていくことによる合意形成となっていることが確認された。

第2節　精神障害者施設コンフリクトの発生状況および住民意識の変化——2000年〜2010年

　精神障害者施設におけるコンフリクト発生状況は、1978年から1987年で

は32件、1989年から1998年までは83件であることが調査により明らかにされている。しかし、1999年以降、全国的な動向を把握するための調査は実施されていないため、実態を把握することが困難な状況である。そこで、2000年からの10年間のコンフリクト発生状況を把握することを目的に全国調査を実施する。さらに、施設コンフリクトが発生した施設はどのような対処をしたのか、また、対処の結果どのような反応がみられたのかを検証し、コンフリクト発生から合意形成に至るプロセス（手段、方法、要因）と合意形成との関連性について分析を行う。

1　調査の概要

　（1）調査対象施設：全国精神障害者地域生活支援協議会（以下、ami）[4]に加入している全施設・事業所。
　（2）調査方法および調査実施時期：郵送法により実施。調査期間は2010年7月～8月。
　（3）回収状況：調査票発送数445票、回収247票、有効回答数247票、有効回収率55.5％

2　施設・事業所の状況

（1）施設・事業所の設置運営主体

　施設の設置主体では、県・市町村による公設のものが26施設・事業所（10.5％）、社会福祉法人によるものが91施設・事業所（36.8％）であり、約半数をこの二者が占めている。また、NPO法人によるものが99施設・事業所（40.1％）で、上記二者およびNPO法人の合計が全体の約9割に上る（表3－1）。
　また施設運営主体では、NPO法人によるものが109施設・事業所（44.1％）ともっとも多い。次いで社会福祉法人によるものが97施設・事業所（39.3％）となっている。両者で全体の約8割を占めている。なお、設置主体は公設であるが、運営主体がNPO法人や社会福祉法人などの公設民営の施設・事業

表3-1 設置主体

	施設・事業所数	%
県・市町村	26	10.5
社会福祉法人	91	36.8
医療法人	16	6.5
NPO法人	99	40.1
その他	15	6.1
合計	247	100.0

表3-2 運営主体

	施設・事業所数	%
県・市町村	3	1.2
社会福祉法人	97	39.3
医療法人	19	7.7
NPO法人	109	44.1
その他	17	6.9
合計	247	100.0

表3-3 利用定員数

	施設・事業所数	%
20人未満	135	44.1
20～30人	105	34.3
31～40人	27	8.8
41人以上	38	12.4
合計	306	100.0

所は23施設・事業所である（表3-2）。

(2) 設立の背景

設立の背景は、「当事者や家族などによる働きかけの結果設立」[5]によるものが137施設・事業所（55.5％）で半数を占めている。次いで、「設立者の信念により設立」が59施設・事業所（23.9％）であり、「行政の福祉計画に基づいて設立」が23施設・事業所（9.3％）となっている。さらに施設種別からみると、「当事者や家族などによる働きかけの結果設立」は作業所および地域生活支援センター・地域活動支援センター[6]に集中しており、「設立者の信念により設立」はグループホーム、生活訓練施設、福祉ホーム[7]などの医療法人設立のものが大部分を占めている。

(3) 施設の規模

施設の規模を利用定員数でみると、20人未満の規模の施設・事業所が135施設・事業所（44.1％）を占めている。次いで、20～30人規模の施設・事業所が105施設・事業所（34.3％）となっている（表3-3）。

(4) 施設・事業所種別

施設・事業所種別は、作業所が86施設（34.8％）、地域生活支援センター・

表3-4 施設・事業所種別

	施設・事業所数	%
地域生活支援センター・地域活動支援センター	65	26.3
作業所	86	34.8
グループホーム	34	13.8
就労継続支援B	24	9.7
相談支援事業所	2	0.8
授産施設	13	5.3
生活訓練施設	4	1.6
福祉ホーム	3	1.2
その他	16	6.5
合計	247	100.0

地域活動支援センターが65施設・事業所(26.3%)であり、この二者で全体の約6割を占めている(表3-4)。

(5) 施設・事業所形態

施設・事業所を形態別にみると、入所型41施設・事業所(16.6%)、通所型200施設・事業所(81.0%)となっており、大半が通所型の施設・事業所である。

3 施設・事業所立地地域の概況

(1) 用地の取得

施設立地場所の用地取得状況をみると、「公有地」40施設・事業所(16.2%)、「民有地の寄付」4施設・事業所(1.6%)、「設立者の保有地」21施設・事業所(8.5%)、「民有地の購入」13施設・事業所(5.3%)、「民有地の借り上げ」116施設・事業所(47.0%)となっており、約半数の施設・事業所が民有地を借りて施設を運営している状況である(表3-5)。

(2) 建物

建物の状況をみると、「賃貸」132施設・事業所（53.4%）と半数が新たに建物を借りて施設・事業所を運営している。次いで、「新規に建設」41施設・事業所（16.6%）、「既存の建物を転用」39施設・事業所（15.8%）、「既存の建物を改築」32施設・事業所（13.0%）となっている（表3-6）。施設種別との関係では、生活訓練施設と福祉ホームの多くは新規に建物を建設していることから、医療法人設立の傾向の高い生活訓練施設や福祉ホームでは、新たに建物を建設する傾向がうかがえる。一方、作業所、グループホームはともに6割強が賃貸となっている。

表3-5 用地の取得

	施設・事業所数	%
公有地	40	16.2
民有地の寄付	4	1.6
設立者の保有地	21	8.5
民有地の購入	13	5.3
民有地の借り上げ	116	47.0
その他	53	21.4
合計	247	100.0

表3-6 建物

	施設・事業所数	%
新規に建設	41	16.6
既存の建物を転用	39	15.8
既存の建物を改築	32	13.0
（新規に）賃貸	132	53.4
その他	3	1.2
合計	247	100.0

表3-7 施設・事業所周辺の地域特性

	施設・事業所数	%
繁華街	29	11.7
古くからの住宅街	121	49.0
新興住宅街	13	5.3
工場などが多い地域	8	3.2
農地が多く残っている地域	27	10.9
その他	49	19.9
合計	247	100.0

(3) 施設・事業所周辺の地域特性

「繁華街」29施設事業所（11.7%）、「古くからの住宅街」121施設・事業所（49.0%）、「新興住宅街」13施設・事業所（5.3%）、「工場などが多い地域」8施設・事業所（3.2%）、「農地が多く残っている地域」27施設・事業所（10.9%）、その他46施設・事業所（18.6%）であり、古くからの住宅街に約半数の施設・事業所が立地している（表3-7）。

(4) 建物と周辺地域の特性

新規に建設した施設・事業所の約4割が「農地が多く残っている地域」

表3−8　建物と周辺地域の特性

	周辺の地域特性						合計
	繁華街	古くからの住宅街	新興住宅街	工場などが多い地域	農地が多く残っている地域	その他	
新規に建設	2	14	3	2	18	12	51
	6.1%	9.0%	23.1%	25.0%	41.9%	23.5%	16.8%
既存の建物を転用	9	25	2	2	7	7	52
	27.3%	16.1%	15.4%	25.0%	16.3%	13.7%	17.2%
既存の建物を改築	3	21	3	0	4	8	39
	9.1%	13.5%	23.1%	0.0%	9.3%	15.7%	12.9%
賃貸	19	93	5	4	13	23	157
	57.6%	60.0%	38.5%	50.0%	30.2%	45.1%	51.8%
その他	0	2	0	0	1	1	4
	0.0%	1.3%	0.0%	0.0%	2.3%	2.0%	1.3%
合計	33	155	13	8	43	51	303
	100.0%	100.0%	100.0%	100.0%	100.0%	100.0%	100.0%

に立地している。次いで、「古くからの住宅街」となっている。また、賃貸の場合には、「古くからの住宅街」が高い値を示していることがわかる（表3−8）。

（5）現在の場所に施設・事業所を設置した理由

　現在の場所を選定した理由に関しては、「土地の取得がしやすいから」34施設・事業所（13.8%）、「住民からの反対運動等が起こりにくい場所だから」32施設・事業所（13%）、「交通の便が良いから」100施設・事業所（40.5%）、「地域のなかに関連施設や社会資源があるから」68施設・事業所（27.5%）、「人との交流がしやすい（交流の機会が得られやすい）場所だから」61施設・事業所（24.7%）、その他107施設・事業所（43.3%）である。施設や資源も含めた他との交流がしやすいことを理由に場所を選定している施設・事業所が229施設・事業所で大部分を占めている。

4 施設・事業所と地域との関係

(1) 施設・事業所開設の説明時期

施設・事業所開設にあたっての地域住民への説明の時期は、「施設・事業所開設前」が57施設・事業所（23.1%）、「施設・事業所開設の時点」が16施設・事業所（6.5%）、「施設・事業所の建物着工時点」が10施設・事業所（4.0%）となっており、「特に説明は行わなかった」が138施設・事業所（55.9%）で半数以上である（表3-9）。

表3-9 地域住民に対する説明の時期

	施設・事業所数	%
施設開設前	57	23.1
建物の建設着工時点	10	4.0
施設開設の時点	16	6.5
特に説明は行わなかった	138	55.9
その他	26	10.5
合計	247	100.0

(2) 説明の方法

施設・事業所開設にあたり説明を行わなかった138施設・事業所を除く109施設・事業所における説明の方法をみると、「施設周辺在住の住民宅を訪問」58施設・事業所、「地元の有力者を訪問」56施設・事業所、「チラシや回覧板等を活用」20施設・事業所、「施設の現地説明会を実施」18施設・事業所、「都道府県・市町村主催の説明会を開催」14施設・事業所の順で多く、複数の方法を採用している施設・事業所が多くみられる。

(3) 苦情や反対運動の有無と苦情の内容

施設・事業所開設への地域住民からの反対運動などがあった施設・事業所は26施設・事業所で全体の1割である。苦情の内容は「精神障害者への不安」が15施設・事業所（57.7%）ともっとも多く、その他では「建物や施設・事業所の活動に対する不満」「施設・事業所の運営に対する注文」が各2施設・事業所、「施設・事業所利用者の素行に対する苦情」1施設・事業所、「町内会と施設・事業所運営者との確執」が1施設・事業所であった（表3-10）。

なお、具体的な苦情の内容は以下のとおりである。（　）は筆者加筆。

・当場所で行うバザーがうるさい、喫煙の問題（マンション周辺での喫煙）
・建築スタート以前の説明会席上、入居する方々が問題を起こしやすいのではないか不安（との声が上がる）
・「危険ではないか」「(当事者の存在が) 不安」

表3－10　地域住民からの苦情や反対運動の有無

	施設・事業所数	％
苦情や反対運動はなかった	212	85.8
苦情や反対運動があった	26	10.5
不明	9	3.6
合計	247	100.0

・精神障害者が町内を歩くことは認めない。送迎車で駅から施設まで移動すること
・何をするのかわからない人が集まるのが不安。周辺を歩いていてもどの人が障害者かわからないのは困る。送迎して欲しい、など。反対の署名を集めて要望書が届いた
・反対のための町内会の発足と集会、反対の署名と市議会での陳情、市有地無償貸与差し止め監査請求、「建設反対」の看板、ポスターの掲示
・「反対する会」が組織される。撤退を求めるのぼりを揚げ、工事着工に激しく反対され、質問書への回答を求められる。近隣住民、近隣学校の保護者の多数から施設に対する「お願い書」「反対署名」が提出されるなど
・説明会のとき、障害者に対する無理解な罵倒発言が多かった
・当時、中心部に開設の予定だったが、学校の職員等より何かあっては困るとの声があった
・隣接する保育園の近くの道路で放尿を行ったために注意を受ける
・治安の乱れや店は営業妨害という論旨（での苦情や反対運動）
・何かあったら誰がどのように責任を取るのかなど
・反対ののぼり、ポスターの掲示、シャッター前での座り込み
・火事、不測の事態への恐れ、「出て行って欲しい」

（4）苦情や反対運動への対応

　住民からの苦情や反対運動への施設・事業所側の対応をみると、「説明会の開催」が21施設・事業所でもっとも多く、次いで「（説明会は開催せず）施設・事業所の理事長および施設長が説明を行った」が20施設・事業所、「（説明会は開催せず）施設・事業所職員が説明を行った」15施設・事業所、「都道府県・市町村による調停斡旋」9施設・事業所、「町内会の仲立ち」8施設・事業所、「施設・事業所運営への住民参加」および「チラシ等を活用した広報活動」が6施設・事業所、「有力者による調停斡旋」4施設・事業所、「マスコミが取り上げた」3施設・事業所、「関係機関による調停斡旋」が2施設・事業所の順となっている。また、苦情や反対運動があった26施設のうち、何も対応をしなかったという施設・事業所はみられなかった。

（5）苦情や反対運動への対応の結果

　苦情や反対運動への対応の結果は、「予定どおり施設・事業所を開設」が20施設・事業所でもっとも多いが、何らかの譲歩を余儀なくされた施設・事業所もみられる。具体的には、「地域住民から出された交換条件を受け入れた」11施設・事業所、「施設・事業所開設場所の変更」8施設・事業所、「施設・事業所開設時期の延期」5施設・事業所、「事業運営内容の変更」および「施設・事業所設計の変更」3施設・事業所である。1施設・事業所においては「地域住民が施設・事業所を利用できる場所の確保及び追加」を迫られている。1990年代にはみられた「和解金の支払い」は、本調査ではみられなかった。

5　地域との関係に対する施設・事業所側の意識

　現在の地域との関係性を施設・事業所側はどのように捉えているのかをみると、「施設や施設利用者について理解してもらえている」と回答した施設・事業所が142施設・事業所（46.4%）と全体の約半数を占めており、「相互に援助し合い、うまくいっている」の32施設・事業所（10.5%）を合わせ

表3－11　施設・事業所と地域との現在の関係

	施設・事業所数	%
施設や施設利用者について理解してもらえている	142	46.4
相互に援助し合い、うまくいっている	32	10.5
地域からの援助を受けることが多い	18	5.9
地域に貢献している	9	2.9
相互不干渉、関係はない	65	21.2
苦情をもち込まれることが多い	1	0.3
その他	37	12.1
合計	304	99.3

ると6割弱の施設・事業所で地域との良好な関係性が構築されている。一方で、「相互不干渉、関係はない」とした施設・事業所は65施設・事業所（21.2％）で全体の4分の1の施設・事業所では地域との関係性が構築されていない（表3－11）。

施設種別との関連で主だった特徴はみられないが、「施設や施設利用者について理解してもらえている」とした施設・事業所は作業所、就労継続支援B型、地域生活支援センター・地域活動支援センターの順で多く、「相互不干渉、関係はない」とした施設・事業所は福祉ホーム、グループホームの順で高い割合が確認された。

第3節　施設コンフリクト発生要因の検討

1　施設コンフリクトに影響を及ぼす諸要因

(1) 種別と施設コンフリクト発生との関連性

施設種別ごとの施設コンフリクト発生の有無をみると、施設形態で区分した場合、入所施設における施設コンフリクト発生率が高く（福祉ホーム33.3％、生活訓練施設25.0％、グループホーム18.8％）、通所施設で低い値を示した（作業所9.4％、地域生活支援センター・地域活動支援センター11.1％）。また、就労継続支援

表3-12　種別と地域住民からの苦情や反対運動の有無

n=247

			地域住民からの苦情や反対運動の有無	
			苦情や反対運動はなかった	苦情や反対運動があった
種別	地域生活支援センター・地域活動支援センター	度数（%）	56 (88.9%)	7 (11.1%)
	作業所		77 (90.6%)	8 (9.4%)
	グループホーム		26 (81.3%)	6 (18.8%)
	就労継続支援B		21 (100.0%)	0 (0.0%)
	相談支援事業所		1 (100.0%)	0 (0.0%)
	授産施設		11 (84.6%)	2 (15.4%)
	生活訓練施設		3 (75.0%)	1 (25.0%)
	福祉ホーム		2 (66.7%)	1 (33.3%)
	その他		24 (96.0%)	1 (4.0%)
合計			221	26

表3-13　用地の取得方法と地域住民からの苦情や反対運動の有無

n=247

			地域住民からの苦情や反対運動の有無	
			苦情や反対運動はなかった	苦情や反対運動があった
用地の取得方法	公有地	度数（%）	34 (87.2%)	5 (12.8%)
	民有地の寄付		4 (100.0%)	0 (0.0%)
	設立者の保有地		17 (89.5%)	2 (10.5%)
	民有地の購入		6 (50.0%)	6 (50.0%)
	民有地の借り上げ		104 (92.9%)	8 (7.1%)
	その他		56 (91.8%)	5 (8.2%)
合計			221	26

Bおよび相談支援事業所では苦情や反対運動はみられない（表3-12）。

(2) 用地と施設コンフリクト発生との関連性

用地の取得方法と施設コンフリクト発生との関連性をみると、「民有地の購入」50.0％、「公有地」12.8％、「設立者の保有地」10.5％の順で発生率が高くなっている（表3-13）。

表3-14 用地の取得方法と施設・事業所種別

	用地の取得方法						合計
	公有地	民有地の寄付	設立者の保有地	民有地の購入	民有地の借り上げ	その他	
地域生活支援センター・地域活動支援センター	19	1	8	5	32	16	81
	38.0%	25.0%	25.8%	29.4%	23.5%	28.1%	27.5%
作業所	13	0	4	3	48	21	89
	26.0%	0.0%	12.9%	17.6%	35.3%	36.8%	30.2%
グループホーム	1	0	8	3	20	13	45
	2.0%	0.0%	25.8%	17.6%	14.7%	22.8%	15.3%
就労継続支援B	6	1	2	1	10	2	22
	12.0%	25.0%	6.5%	5.9%	7.4%	3.5%	7.5%
相談支援事業所	0	0	0	0	3	0	3
	0.0%	0.0%	0.0%	0.0%	2.2%	0.0%	1.0%
授産施設	4	0	1	1	13	3	22
	8.0%	0.0%	3.2%	5.9%	9.6%	5.3%	7.5%
生活訓練施設	1	1	4	1	2	0	9
	2.0%	25.0%	12.9%	5.9%	1.5%	0.0%	3.1%
福祉ホーム	0	0	2	1	1	1	5
	0.0%	0.0%	6.5%	5.9%	0.7%	1.8%	1.7%
その他	6	1	2	2	7	1	19
	12.0%	25.0%	6.5%	11.8%	5.1%	1.8%	6.4%
合計	50	4	31	17	136	57	295
	100.0%	100.0%	100.0%	100.0%	100.0%	100.0%	100.0%

表3-15 周辺の地域特性と地域住民からの苦情や反対運動の有無

n =247

			地域住民からの苦情や反対運動の有無	
			苦情や反対運動はなかった	苦情や反対運動があった
周辺の地域特性	繁華街	度数(%)	26 (96.3%)	1 (3.7%)
	古くからの住宅街		105 (89.7%)	12 (10.3%)
	新興住宅街		10 (76.9%)	3 (23.1%)
	工場などが多い地域		8 (100.0%)	0 (0.0%)
	農地が多く残っている地域		23 (88.5%)	3 (11.5%)
	その他		49 (87.5%)	7 (12.5%)
合計			221	26

なお、用地の取得方法をみると、市からの委託が多くみられる地域生活支援センター・地域活動支援センターにおいて公有地の割合が高くなっている（表3-14）。

（3）地域特性と施設コンフリクト発生との関連性
　施設コンフリクト発生の割合がもっとも高い地域特性は「新興住宅街」（23.1％）である。また、施設・事業所がもっとも多く立地している「古くからの住宅街」では、105件中12件（10.3％）で施設コンフリクトが発生しており、「農地が多く残っている地域」では23件中3件（11.5％）であった（表3-15、3-16）。

（4）住民への説明の時期と施設コンフリクト発生との関連性
　住民に対する説明の時期と施設コンフリクト発生との関連性では、施設開設前に説明会を実施した施設・事業所で18ヶ所（全コンフリクト発生施設の69.2％）と高い値がみられた。次いで、施設開設の時点4ヶ所（15.4％）、施設の建設着工時点1ヶ所であり、説明会を実施しなかった136施設・事業所のうち施設コンフリクトが発生したのは3施設・事業所のみであった。

2　施設コンフリクトへの対応と帰結

　施設コンフリクトへの施設・事業所側の対応とその結果および現在の両者の関係性をみると、対応の類型は、①仲介者による介入、②仲介者による介入およびその他の複数の対応の導入、③理事長および施設長など、施設関係者による説明または説明会の実施、④何も対応しないの4類型である。
　また、施設コンフリクトが発生した全26施設・事業所のうち、15施設・事業所で仲介者による介入がみられる。なお、仲介者の内訳は、「行政」8施設・事業所（地域生活支援センター・地域活動支援センター3ヶ所、グループホーム2ヶ所、就労継続支援B型2ヶ所、通所授産施設1ヶ所）、「町内会」4施設・事業所（地域生活支援センター・地域活動支援センター1ヶ所、グループホーム1ヶ所、就労継続支援

第3章　精神障害者施設コンフリクトの実態 | 93

表3−16　周辺の地域特性と施設・事業所種別

	周辺の地域特性						合計
	繁華街	古くからの住宅街	新興住宅街	工場などが多い地域	農地が多く残っている地域	その他	
地域生活支援センター・地域活動支援センター	13	44	3	1	13	9	83
	39.4%	28.6%	23.1%	12.5%	30.2%	17.6%	27.5%
作業所	8	48	2	3	9	21	91
	24.2%	31.2%	15.4%	37.5%	20.9%	41.2%	30.1%
グループホーム	0	31	3	0	5	6	45
	0.0%	20.1%	23.1%	0.0%	11.6%	11.8%	14.9%
就労継続支援B	7	8	1	1	4	3	24
	21.2%	5.2%	7.7%	12.5%	9.3%	5.9%	7.9%
相談支援事業所	0	3	0	0	0	0	3
	0.0%	1.9%	0.0%	0.0%	0.0%	0.0%	1.0%
授産施設	3	13	1	1	2	4	24
	9.1%	8.4%	7.7%	12.5%	4.7%	7.8%	7.9%
生活訓練施設	0	2	0	0	5	2	9
	0.0%	1.3%	0.0%	0.0%	11.6%	3.9%	3.0%
福祉ホーム	1	1	1	0	0	2	5
	3.0%	0.6%	7.7%	0.0%	0.0%	3.9%	1.7%
その他	1	4	2	2	5	4	18
	3.0%	2.6%	15.4%	25.0%	11.6%	7.8%	6.0%
合計	33	154	13	8	43	51	302
	100.0%	100.0%	100.0%	100.0%	100.0%	100.0%	100.0%

B型1ヶ所、小規模通所授産施設1ヶ所)、「有力者」2施設・事業所（地域生活支援センター・地域活動支援センター1ヶ所、就労継続支援B型1ヶ所）、「関係機関」1施設・事業所（グループホーム）であり、行政が仲介者として介入している事例が半数以上ともっとも多くみられた。仲介者による介入を行った施設・事業所種別をみると、地域生活支援センター・地域活動支援センター5施設・事業所、就労継続支援B型4事業所、グループホーム4施設・事業所、授産施設2施設となっている。

　施設・事業所それぞれの対応の帰結では、①の対応を行った4施設・事業

所はすべて予定どおり施設・事業所を建設し、現在も良好な関係性を構築している（1施設は施設コンフリクト発生後、市の所有地に土地の変更を行っている）。②の対応を行った11施設・事業所では、3施設・事業所が予定どおり施設・事業所を建設し、現在も良好な関係性を構築している。4施設・事業所では施設建設場所を変更している。3施設・事業所は地域住民から出された交換条件に従うことで施設・事業所を建設したものの、そのうち2施設・事業所は現在も地域住民との関係はなく、相互不干渉である。③の対応を行った8施設・事業所のうち、2施設・事業所で予定どおり建設し現在の関係性も良好である。3施設は建設場所の変更を余儀なくされ、1施設は地域住民から出された交換条件に従うことで施設・事業所を建設し、現在は良好な関係性を構築している。また、1施設では施設建設の延期および地域住民から出された交換条件に従い建設を行い、現在の関係性は良好である。さらに、1施設では、予定どおり施設・事業所を建設したものの、現在の関係性は悪い。3施設・事業所は当該設問に対し回答がなかった。

　また、施設コンフリクトを乗り越え建設に至った14施設・事業所における現在の地域との関係性をみると、11施設・事業所で良好な関係性を構築している。さらに、良好な関係性の中身を具体的にみると、「相互に援助し合っている」という施設・事業所が半数以上に上り、次いで「施設や施設利用者について理解してもらえている」「地域からの援助を受けることが多い」といった回答が多くなっている。

第4節　考察

1　年代による施設コンフリクト動向の変遷

　まず、精神障害者施設におけるコンフリクトの実態に関する全国的な調査である、1988（昭和63）年の国立精研調査および1998（平成10）年の毎日新聞調査で明らかにされている、精神障害者施設におけるコンフリクトの発生状

況の推移をみると、1978年から1887年までは32件、1989年から1998年までは83件、2000年から2010年までは26件となっている。この数だけを比較すると、1990年代のコンフリクト発生数は1980年代の2倍以上の増加、2000年代には1990年代の約3分の1になっている。この発生件数の背景には、精神保健福祉に関する法律の変遷とそれに伴う精神障害者施設の建設が存在する。

　1987（昭和62）年度より、精神障害者小規模作業所運営助成事業が予算化された。1986（昭和61）年には、公衆衛生審議会から厚生大臣（現、厚生労働大臣）に「精神障害者の社会復帰に関する意見」が出され、この意見書には、精神障害者の社会復帰に加えて、社会参加の推進、社会復帰のための昼間の活動と居住施設の充実、従来よりも小規模化してより多くの施設を整備することに関する項目がみられる。また、精神科ソーシャルワーカーを中心としたマンパワーの充実、地域精神保健医療・福祉システムの確立の必要性、市区町村の役割などに関しても言及がみられる。

　1987（昭和62）年9月には、精神障害者の人権擁護と社会復帰の促進を主眼として1950（昭和25）年から続いていた精神衛生法を改正し、「精神保健法」が制定された。本法律には、精神障害者社会復帰施設に関する規定が創設され、精神障害者生活訓練施設や精神障害者授産施設が規定された。さらに、1992（平成4）年には、精神障害者地域生活援助事業として、精神障害者グループホームの運営に対し、国から補助金が交付されることとなった。

　1993（平成5）年には、精神病院から社会復帰へ、さらに地域社会へという流れを促進することを目的として、精神保健法が改正された。そのなかで、社会復帰の促進を図るために地域住民の理解と協力を得るという施設の努力規定が設けられた。また、グループホームが法定化され、第2種社会福祉事業として位置づけられた。そして、1995（平成7）年には精神保健法が改正され、「精神保健および精神障害者福祉に関する法律（精神保健福祉法）」[8]が成立し、同年7月1日から施行された。本法律では、精神障害者社会復帰施設のなかに、それまで規定されていた精神障害者生活訓練施設、精神障害者授産施設に加えて、精神障害者福祉工場、精神障害者福祉ホームが追加された。

また、1995（平成7）年の障害者プランでは、初めて精神障害者の社会復帰施設等の具体的数値目標が示されている。

このような法律の変遷を受け、1990年代には精神障害者施設の建設がピークに達する。さらに、1993（平成5）年の精神保健法改正時に社会復帰の促進を図るための施設の努力規定（地域住民の理解と協力を得る）が設けられたことにより、施設側は施設建設にあたり、近隣住民の同意を得るために説明会などを実施することが事実上、求められることとなった。

施設建設数の多さと地域住民への説明会などによる同意の必須化により、1990年代の施設コンフリクト発生数はきわめて高い値になっている。一方、施設建設総数と施設コンフリクト発生数との割合では、2000年代も高い値を示している。具体的には、2000年以降に設立もしくは開設（法人化）された154施設・事業所のうち、26施設・事業所で施設コンフリクトが発生しているのである。

次に、施設コンフリクト発生後の施設の年代ごとの動向を比較すると、

(1) 計画どおり設置：1980年代 21.2％、1990年代 19.3％、2000年代 30.8％
(2) 条件付きの設置：1980年代 21.9％、1990年代 10.8％、2000年代 34.6％
(3) 設置場所の変更：1980年代 31.3％、1990年代 36.1％、2000年代 23.1％
(4) 計画断念　　　：1980年代 18.8％、1990年代 14.5％、2000年代 3.8％
(5) 協議継続中　　：1980年代 6.3％、1990年代 19.3％、2000年代 3.8％

となっている。

2　施設コンフリクト発生と施設の基本属性との相関

施設コンフリクトの発生を防ぐための地域特性として、先行研究では「地域に生活している住民よりも、施設が先住していることが施設コンフリクト発生を防ぐ条件であり、施設建設後に住宅が建ち、交通や地域環境も整備されることが、施設が地域に根づくことの基盤づくりに多大な影響を及ぼす」

(中村 1989) ことが指摘されている。また、大島 (1992) は、「公有地への施設建設の場合には、その土地を直接的に住民の利益になるように利用したいという住民側の希望があり、事態はより一層困難なものになる」と述べている。一方で、社会福祉施設は「日常的な交流・連携と協力・共同を基盤にした『共同利用』を通して暮らしを守る」(井岡 2008) ことが重要な要素であるため、人との交流を図ることのできる場所に建設することに意義があるとされている。

本調査では、回答を得た全施設・事業所の約半数が「古くからの住宅街」に立地しており、新規に建物を建設した施設・事業所の約4割が「農地が多く残っている地域」に立地している。施設・事業所は日常的に他者との交流が図れる場所に建設すべきであることは認識しているものの、土地の取得のしやすさや多くの住民が生活している場所を避けて土地を選択しているという実情が明らかになった。

また、施設コンフリクト発生と地域特性との関連では、施設コンフリクト発生の割合がもっとも多い地域特性は「新興住宅街」(23.1%) であった。施設・事業所がもっとも多く立地している「古くからの住宅街」では、105件中12件 (10.3%) で施設コンフリクトが発生していた。さらに、新規に建物を建設した施設・事業所の約4割が立地している「農地が多く残っている地域」では23件中3件 (11.5%) の発生であった。本調査結果からは、先行研究において施設コンフリクトが起こりやすい地域性として指摘がみられる「古くからの住宅街」よりも、新興住宅街における発生率の方が高い値が示された。

次に、用地の取得方法と施設コンフリクト発生との関連では、公有地での施設コンフリクト発生は12.8%であり、他と比べて高い割合であるとは言えない。一方、民有地を購入して建設した場合の発生率は50.0%であり、きわめて高い値を示している。本結果は、先行研究にみられる、「公有地では施設コンフリクトが発生しやすい」という定説を支持するものではなく、133施設・事業所 (53.8%) が民有地に建設していることからも、2000年以降の施設・事業所建設では、民有地を活用して建設する際の施設コンフリクト発

生に留意する必要性があることを指摘することができる。

　また、施設コンフリクト発生と施設種別との関連では、入所施設における施設コンフリクトの発生率が高く（福祉ホーム33.3％、生活訓練施設25.0％、グループホーム18.8％）、通所施設で低い値を示した（作業所9.4％、地域生活支援センター・地域活動支援センター11.1％）。現在の両者の関係性においても、「施設や施設利用者について理解してもらえている」とした施設・事業所は、通所型である作業所、就労継続支援B型、地域生活支援センター・地域活動支援センターの順で多く、「相互不干渉、関係はない」とした施設・事業所は、入所型である福祉ホーム、グループホームの順で高い割合が示された。これらの結果からは、終日利用する施設・事業所ではなく、利用時間が決まっている施設・事業所の方が地域住民から受け入れられやすいことがわかる。

3　施設開設における住民説明の意義

　先行研究では、住民側から「説明会を開催して欲しい」との要求が出されても、説明会を開かないことが重要だとの主張がみられる。本調査においても、138施設・事業所（55.9％）では住民への説明会は実施されていなかった。なお、住民への説明を実施した施設・事業所は83ヶ所であった。また、その具体的な実施時期は、「施設・事業所開設前」が57施設・事業所（23.1％）、「施設・事業所開設の時点」が16施設・事業所（6.5％）、「施設・事業所の建物着工時点」が10施設・事業所（4.0％）であった。

　住民に対する説明の時期と施設コンフリクト発生との関連性では、施設開設前に説明会を実施した施設・事業所で18ヶ所（全コンフリクト発生施設の69.2％）と高い値がみられた。次いで、施設開設の時点4ヶ所（15.4％）、施設の建設着工時点1ヶ所であり、説明会を実施しなかった136施設・事業所のうち施設コンフリクトが発生したのは3施設・事業所のみであり、単純に調査結果の数だけをみると先行研究にみられる指摘を支持する結果となった。しかし、施設コンフリクトには両者の関係性をより良いものに導く要素があり、避けるべきものではないという施設コンフリクトの機能や第2章で述べ

たリスクコミュニケーション手法の有用性を考慮すると、施設建設に関する住民との話し合いの場を回避せずに、その問題に対応することも必要であると考えられる。

4 施設コンフリクトへの対応と発生後の関係
　　──施設コンフリクト合意形成プロセス

　1980年代までの施設コンフリクトの合意形成では、施設建設同意への交換条件として代替施設の建設などを地域住民が要求する、施設側に建設条件の譲歩を求めるなどの行為がみられた。また、1990年代の施設コンフリクトの合意形成では、施設建設者側の地域住民への誠実かつ熱心な働きかけや地域住民が施設の活動を実際にみる機会を設けることなどが行われていた。このように、1980年代までと1990年代とでは、合意形成プロセスに違いがあることが確認された。

　では、2000年以降はどのような合意形成プロセスを経ているのだろうか。

　本調査結果における施設コンフリクトへの施設・事業所側の対応は、①仲介者による介入、②仲介者による介入およびその他の複数の対応の導入、③理事長および施設長など、施設関係者による説明または説明会の実施、④何も対応しない、の4類型に整理することができる。また、施設コンフリクトが発生した全26施設・事業所のうち、15施設・事業所で仲介者による介入がみられた。

　先行研究において、施設コンフリクトにおける仲介者の役割を指摘しているのは、和田（1992）および古川（1993）である。和田は、施設コンフリクトの解決プロセスとして、コンフリクト当事者同士が接触しないことを指摘し、接触しないことにより新たなコンフリクトの発生を防ぐべきであると述べている。そして、コンフリクト当事者間の妥協点として、それぞれの利害を客観的に考慮することのできる第三者の介入や仲介が大きな役割を果たすとしている。

　古川は、1989（平成元）年に埼玉県および横浜市で実施したアンケート調

査結果から、仲介者の役割を指摘している。埼玉県では、施設開設までの間に近隣住民からの苦情も含めた施設コンフリクト発生数68件中、仲介者が介入した事例は27件（39.7%）であり、仲介者の内訳は、地元の有力者17件、自治体10件である。横浜市では、施設コンフリクト発生数29件中、仲介者が介入した事例は8件（27.6%）であり、内訳は、地元の有力者4件、自治体4件である。古川は、これらの調査結果をもって、仲介者の役割の重要性を強調している。なお、仲介者による介入の結果、どのような状態に至ったのか、その後の関係性はどのようになっているのかについては分析が行われていない。

　本調査結果における施設・事業所それぞれの対応の帰結では、仲介者が介入した15施設・事業所のうち、10施設・事業所で開設に至っており、そのうち8施設・事業所は現在の関係性は良好である。また、仲介者による介入のみの対応を行った4施設・事業所では、すべて予定どおり施設・事業所を建設し、現在も良好な関係性を構築している。また、仲介者の内訳は、半数強の8施設・事業所で行政が仲介者として介入していた。本調査をみる限り、仲介者による介入は施設・事業所の開設や開設後の経過に良い影響を与えていることがうかがえる。

　また、施設コンフリクトを乗り越え建設に至った14施設・事業所における現在の地域との関係性をみると、11施設・事業所で良好な関係性を構築している。さらに、良好な関係性の中身を具体的にみると、「施設や施設利用者について理解してもらえている」という回答よりも、「相互に援助し合っている」と回答した施設・事業所が多く、全体の半数に上る。

　本調査結果からは、施設コンフリクトを乗り越えたことにより施設や精神障害者への「理解」が深まることよりも、地域に新たな「相互に援助し合う」ことのできる社会的資本が存在し、さらに、社会的資本を中心とした人と人との相互支援の発生が確認された。先行研究においても、施設コンフリクトの経験を通じて、施設および地域が変化する可能性があることや長いプロセスを経て合意形成に至った施設が、当初考えられていたよりも地域社会関係をより一層発展的に形成している事例を提示している（古川 1993）。

つまり、施設コンフリクト発生から合意形成に至るプロセスの選択によっては、施設コンフリクト発生の結果、発生以前にはみられなかった地域住民と施設との関係性が形成され、一度形成された関係性はその後トラブルなどが発生したとしても、壊れる可能性はきわめて低いことが指摘できる。

従来は、施設建設におけるコンフリクトでは、施設関係者が地域住民に対応することにより、精神障害者および精神障害者施設への「理解」を得ることに注目が集まっていたが、施設コンフリクト解消のための糸口として仲介者の存在はきわめて重要であり、また、仲介者としては行政の介入が多くみられる。しかし、施設建設後の両者の関係性を構築していくのは当事者である施設と住民であり、また、関係性が構築されたあとは両者が直接対話を行い、関係性を継続していくことが望ましいため、行政は施設建設に至るまでの仲介者としての役割が求められる。

次章以降、具体的事例における仲介者の役割（誰がその役割を担っているのか、また、その機能はどのようなものであるのかなど）について検証を行う。

【注】
(1) 2005（平成17）年の「障害者自立支援法」施行により、精神保健福祉法上の精神障害者社会復帰施設が自立支援法上の事業体系に移行するため、施設および事業所と表記している。
(2) 地域住民は、施設を地域社会に適合的とは考えないが、生活ニーズに適合的な施設・設備や機能を福祉施設が有するならば、施設建設を承認する。
(3) 地域住民は、福祉に理解をもち地域に施設があることを当然のことと考え、施設にも積極的に関わりをもつ。
(4) 2009年の全国精神障害者社会復帰施設協会の解散により、現在、amiは精神障害者施設を対象とした唯一の全国組織であるが、加盟率は作業所も含めた全精神障害者施設の約半数程度である。
(5) 公共団体や既存の社会福祉法人などに働きかけて設立のほか、家族が自らNPO法人や社会福祉法人などを立ち上げて設立したものも含まれる。
(6) 地域生活支援センターとは、障害者自立支援法成立以前の旧精神保健福祉法第50条の2第6項に定められている「精神障害者地域生活支援センター」が法的根拠である。一方、地域活動支援センターとは、障害者自立支援法成立後に設けられたものであり、

障害者自立支援法の施行により、旧地域生活支援センターが地域活動支援センターに移行したものも多い。
(7) 精神障害者地域生活援助事業（グループホーム）は、地域において共同生活を営む精神障害者に対し、食事の世話などの生活援助体制を備えた形態での生活を望む精神障害者に対し、日常生活における援助などを行うことにより、精神障害者の自立生活を助長することを目的とするものである。精神障害者地域生活援助事業実施要綱に定められており、利用期間に制限はない。一方、精神障害者福祉ホームとは、旧精神保健福祉法上に定められている社会復帰施設の1つであり、一定程度の自活能力はあるものの住居の確保が困難な精神障害者に対し、原則として2年間程度、生活の場を提供する一方、生活技術や対人関係、作業訓練について助言や指導を行いながら自立の促進を図る施設である。
(8) 精神保健福祉法に規定のある、精神障害者社会復帰施設とは、精神障害者生活訓練施設、精神障害者授産施設、精神障害者福祉ホーム、精神障害者福祉工場、精神障害者地域生活支援センターである。なお、これらの施設は、平成24年3月31日をもって、障害者自立支援法上に規定のある事業体系に移行した。

第4章　仲介者の介入による
信頼の醸成と合意形成
　　──高知県精神障害者授産施設の事例から

第1節　研究方法

1　調査対象および調査方法

　調査対象施設は高知県A市にある「社会福祉法人B施設」(以下、B施設)である。B施設は、精神障害者を対象とした授産施設であり、設立は1998年11月である。

　調査対象者は、反対派代表住民および賛成派代表住民、A市行政担当者、県職員、地域住民、当事者、家族会代表、ボランティア、法人評議員、障害者福祉関係者、現在のB施設利用者、スタッフ、施設長の計14名であり、詳細は以下のとおり。なお、調査期間は、2010年3月から8月である。

　　［B施設関係者］
　　　施設長　　　　　　　　　　T氏（60代・男性）
　　　施設職員　　　　　　　　　T氏（40代・女性）
　　　施設利用者　　　　　　　　H氏（30代・女性）
　　　施設利用者　　　　　　　　S氏（40代・男性）
　　　評議員　　　　　　　　　　S氏（50代・男性）
　　［行政・自治体関係者］　※肩書きは当時のもの
　　　県担当課長補佐　　　　　　M氏（60代・男性）
　　　市担当課副部長　　　　　　I氏（60代・男性）
　　　市職員　　　　　　　　　　Y氏（50代・男性）
　　　精神保健センター保健師　　W氏（50代・女性）
　　［地域住民］
　　　B施設ドキュメンタリー撮影者　A氏（70代・男性）
　　　反対派代表住民　　　　　　S氏（80代・男性）
　　　賛成派代表住民　　　　　　N氏（60代・女性）
　　　地域在住の当事者・牧師　　H氏（40代・男性）

医療機関福祉職　　　　　　　　　　I氏（40代・男性）

　基本的に聞き取り回数は1回としたが、対象者によっては必要に応じて数回実施した。インタビュー方法は半構造的方法を採用した。また、記録のためのICレコーダー使用の了解を得たうえで、面接の内容は原則録音した。調査対象者の選定は、まず、施設長からインタビューを開始し、順次、施設職員、利用者、関係者、地域住民へと対象を広げる方法を採用した。
　倫理的配慮として、インタビュー依頼の際、本研究の趣旨、目的などの説明を行ったが、面接時にも調査趣旨を記述した説明用紙を使い、調査の目的などについて再度説明を行った。

2　分析の視角

　ヒヤリング・レコードは、以下の要領で抽出した。

(1) 本研究の性格を浮き彫りにしている陳述を抜粋し、採用した。本研究とは関係性を見出すことができない発言内容に関しては、記録には掲載していない
(2) 事実関係や状況の認識において違いのあるものに関しては、相違点が明らかとなるかたちで提示した
(3) 明らかに事実誤認であると認められるものや、ある事象に対する一方的な解釈に関しては、必要と思われるもの以外、基本的には削除した

　さらに、施設コンフリクト発生時から合意形成に至るまでの全体像を把握するため、当該問題に関して語られている箇所を抜き出し、その内容についてそれぞれの立場からの発言に共通する部分と、特殊性のある部分を整理した。また、関連する地域特性および施設の属性について考察を行った。基本的には、調査対象者の発言に根ざして分析を進め、その全体像および特徴を

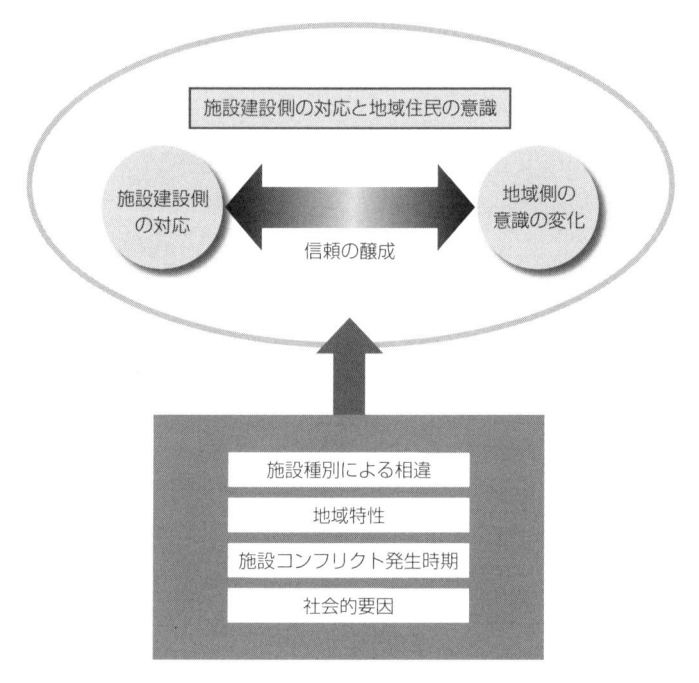

図4-1　施設コンフリクト要因-分析枠組み

示した（図4-1）。

第2節　結果

1　調査対象地域の概要

　高知県には、日本最後の清流と言われる四万十川のほか、多くの清流があり、室戸岬や足摺岬などの多くの天然の観光資源を有する。高知市から香南市・香美市土佐山田町南部に至る香長平野および南西部の四万十市周辺のほかは、大部分が海の近くまで山が迫る典型的な山国である。山地率は89％であり、全国平均の54％と比べると高い割合を示している。地質的には四万十

帯と呼ばれる堆積岩が多い地域であり、土砂災害の発生が多い。一方、県西部を流れる四万十川をはじめ水量豊富な河川が多く存在する。気候は温暖多雨で台風の襲来も多い。これまで、高知県南西部の山間は大々的な開発が行われることがなく、そのため、豊かな山林と大きな川が残されている。

年間の日照時間は2,000時間を超え、常に全国1、2位である。一方、年間降水量も日本有数である。「よく晴れるが降るときには一気に降る気候」が土佐人の気質に影響を与えているとされている。

県内総生産額は2兆3,223億円（全国第46位）、一人あたり県民所得は約237万円（全国第45位）と経済規模の小さな自治体であり、財政力指数も全国最下位である。

B施設の位置するA市は、高知県の中心都市であると同時に、四国太平洋側の中心都市である。県内最大の商業地をもつと同時に、県内の人口の約40％を占める一極集中型の都市である。酒類の消費量が多い都市の1つでもあり、名物にはよさこい鳴子踊りなどがある。A市民の気風とされる要素として、女性はハチキン[1]、男性はイゴッソウ[2]などと称されることがある。

2　調査対象施設の基本属性

(1) 施設所在地：高知県A市
(2) 施設設置年月：1997年11月
(3) 施設種別（精神保健福祉法上の体系）：精神障害者通所授産施設
(4) 設立の背景：設立者（現施設長）の信念により設立
(5) 施設の設置主体：社会福祉法人B施設
(6) 施設の運営主体：同上
(7) 施設の規模：20〜30名（現在の利用者数、25名）
(8) 用地の取得方法：公有地
(9) 建物：新規に建設
(10) 施設周辺の地域特性：古くからの住宅街
(11) 現在の場所に施設を設置した理由：交通の便が良い、人との交流

がしやすい場所
　（12）施設建設までに要した期間：3年

3　調査結果

　施設コンフリクト発生から合意形成に至るまでの全体像を示すため、調査対象者の発言を分類したところ、8カテゴリ、34のサブカテゴリが抽出された（表4－1）。8カテゴリは、「建設反対の理由」「反対派と賛成派」「行政の役割」「マスコミの影響」「調印」「現在のB施設と地域住民との関係」「土佐人気質」「高知県における問題の位置づけ」であり、それぞれに具体的なサブカテゴリが抽出された。それらの関係性を表したものが図4－2である。それぞれについては実例をあげて説明を行い、当該問題の全体像を提示する。

(1)「建設反対の理由」
①町内会執行部が勝手に決めた
　B施設の建設を町内会の執行部数名が市長との話し合いで勝手に決めてきたことに対する不満。
　　　「町内会の執行部5～6名が市長との話し合いで勝手に決めてきたきね。こんな大きなことを町内会の総会も開かずになぜ勝手に決めたのか。こんなことを町内会として認めるわけにはいかないということですよ」（住民　S氏）
②明確な反対理由はない
　B施設建設に対する明確な理由はなかったが、建設には反対した。
　　　「反対の人達は施設に対してではなくて、そのやり方に反発していたのではないかと思う。明確に反対理由があったわけではなかった」
　　　（住民　I氏）
③町内会の内部でもめごとが起こった
　B施設とのコンフリクト発生以前に、町内会内部で当該問題をめぐるコンフリクトが発生した。

第 4 章　仲介者の介入による信頼の醸成と合意形成　109

表4－1　施設コンフリクト発生から合意形成に至るまでに影響を与えた要素のカテゴリ

《カテゴリ》	《サブカテゴリ》
《建設反対の理由》	1　〈町内会執行部が勝手に決めた〉
	2　〈明確な反対理由はない〉
	3　〈町内会の内部でもめごとが起こった〉
	4　〈漠然とした理由で反対〉
	5　〈ウラメのイメージ〉
	6　〈精神障害者による事件の報道〉
	7　〈理解できない〉
《反対派と賛成派》	1　〈反対派と賛成派に町内会分裂〉
	2　〈それぞれの派のボス的存在〉
	3　〈賛成派が反対派を刺激〉
	4　〈それぞれの署名活動〉
	5　〈関心を寄せているのは反対派〉
	6　〈嫌がらせ〉
《行政の役割》	1　〈施設建設への大きな役割〉
	2　〈高知県だけ精神障害者施設がない〉
	3　〈行政の姿勢〉
	4　〈調整役の役割〉
	5　〈官民一体〉
	6　〈バスツアーの実施〉
	7　〈地元整備〉
	8　〈交渉力の違い〉
	9　〈両方から恨まれる〉
	10　〈まとまれる人材〉
	11　〈担当者への信頼〉
	12　〈イメージの変化〉
《マスコミの影響》	1　〈行政が意図的にマスコミを利用〉
	2　〈マスコミの使い方〉
《調印》	1　〈年1回の連絡会の実施〉
	2　〈市長の宣言により設立〉
《現在のB施設と地域住民との関係》	1　〈反対派と賛成派の緊迫した雰囲気〉
	2　〈2つの町内会加入を断念〉
	3　〈メンバー、スタッフの努力〉
《土佐人気質》	1　〈県民性〉
《高知県における問題の位置づけ》	1　〈高知県のモデル〉

[a.建設反対の理由]（t1〜t4）

《①方法に対する反感》
〈1.町内会執行部が勝手に決めた〉
〈2.明確な反対理由はない〉
〈3.町内会の内部でもめごとが起こった〉

《②イメージからくる拒絶》
〈4.漠然とした理由で反対〉
〈5.ウラメのイメージ〉
〈6.精神障害者による事件の報道〉
〈7.理解できない〉

[b.反対派と賛成派]（t3〜t6）
〈8.反対派と賛成派に町内会分裂〉
〈9.それぞれの派のボスの存在〉
〈10.賛成派が反対派を刺激〉
〈11.それぞれの署名活動〉
〈12.関心を寄せているのは反対派〉
〈13.嫌がらせ〉

[H.土佐人気質]（t6、t7）
〈34.県民性〉

[c.行政の役割]（t1〜t6）
《③行政の取り組み》
〈14.施設建設への大きな役割〉
〈15.高知県だけ精神障害者施設がない〉
〈16.行政の姿勢〉
〈17.調整役の役割〉
〈18.官民一体〉
〈19.バスツアーの実施〉
〈20.地元整備〉
〈21.交渉力の違い〉
〈22.両方から恨まれる〉
〈23.まとまれる人材〉

《④調整役としての行政》
〈24.担当者への信頼〉
〈25.イメージの変化〉

[d.マスコミの影響]（t1〜6）
《⑤意図的なマスコミの利用》
〈28.行政が意図的にマスコミを利用〉

《⑥発信者と受信者の認識の相違》
〈29.マスコミの使い方〉

[E.調印]（t6）
〈26.年1回の連絡会の実施〉
〈27.市長の宣言により設立〉

[F.現在のB施設と地域住民との関係]（t7）
〈30.反対派と賛成派の緊迫した雰囲気〉
〈31.2つの町内会加入を断念〉
〈32.メンバー、スタッフの努力〉

[H.土佐人気質]（t6、t7）
〈33.県民性〉

[G.高知県における問題の位置づけ]（t6、t7）
〈34.高知県のモデル〉

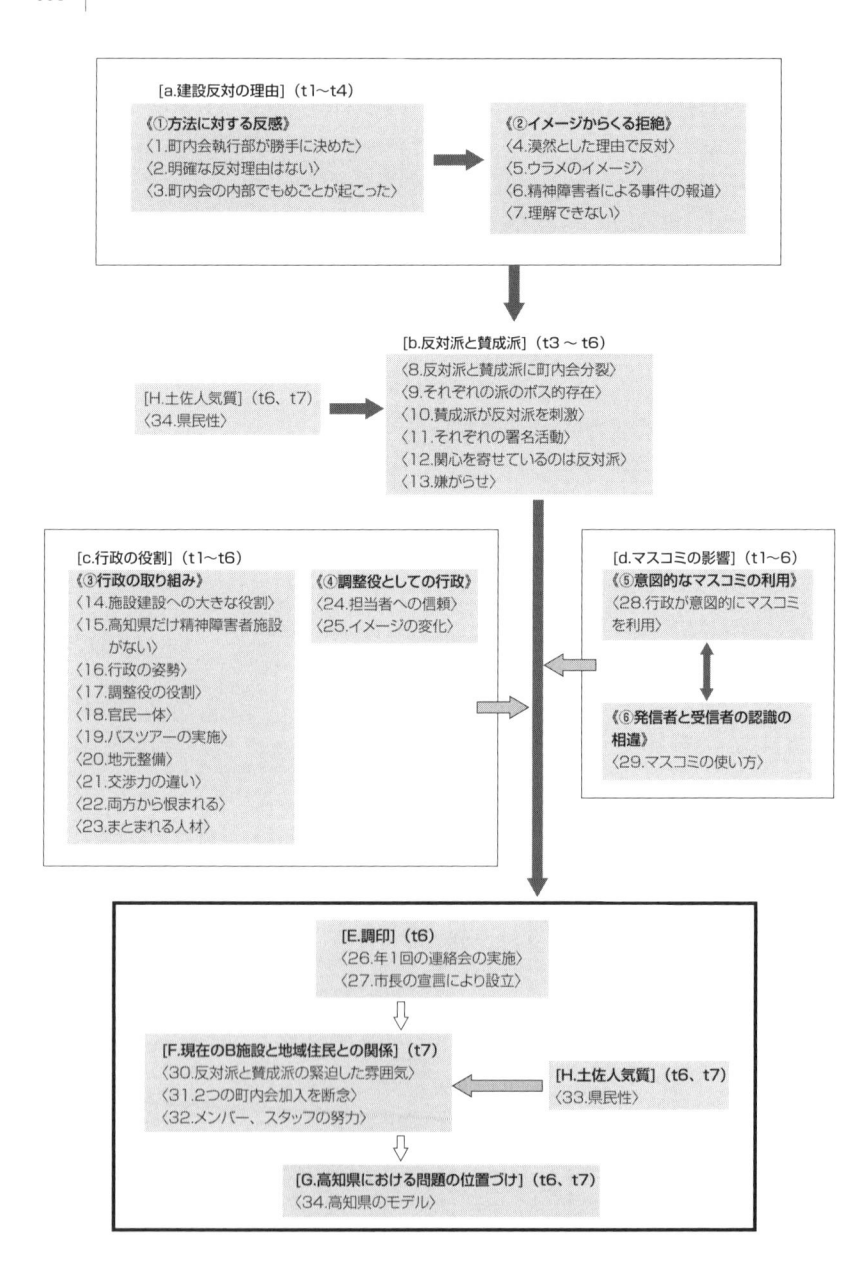

図4－2　カテゴリ・サブカテゴリ概念図

> 「まずは、町内会の内部でもめごとが起こったわけです。それで自分達は反対派に回ったわけ。そこから話がこじれた。最初からざっくばらんな話し合いがあればここまで話はこじれなかったのに」（住民Ｓ氏）

④漠然とした理由で反対

何となく、「精神障害者は怖い」というイメージからＢ施設建設に反対していた。

> 「反対住民も漠然とした理由で反対していたと思いますよ。イメージで反対してたのと違うか」（行政関係者　Ｍ氏）

⑤ウラメのイメージ

古くからＡ市にある精神病院（通称、ウラメ）のイメージ（マイナスのイメージ）がＡ市民のなかには根強くあるため、ウラメと同じ精神障害者が利用するＢ施設に対しても反対の念が強かった。

> 「Ａ市の人にとって精神障害者はウラメのイメージなんですよ。ウラメは人里離れたところにある精神病院という名の隔離施設です。そこにいるような人が20人来ると住民は思っていました」（行政関係者Ｙ氏）

> 「自分が生まれ育ったところの近くには精神障害者の施設があってね。そこにあったのは再起不能のいわゆるきちがいの施設だった。絶対に治らないという人達ばかりで、朝からワーワー騒いだり歌を歌ったりしていて。施設から畑に行けば逃走したり、村の人に危害を加えたりするのをみて育ったからね。実際にそういうことをみたり聞いたりして育ったから、町内会にそんな施設を作るのには反対だった」（住民　Ｓ氏）

⑥精神障害者による事件の報道

マスコミを通して流れる精神障害者による事件の報道がＢ施設に対する建設反対に影響を与えていた。

> 「新聞で精神障害者の起こした事件が報道されると、それを取り上げて反対住民から『ほらみてみろ』と言われました」（行政関係者　Ｙ

氏)

⑦理解できない

　精神障害者がどのような人達なのか理解できないため、Ｂ施設建設に対し反対していた。

　　　「精神障害者に対してはみんなまったく認識がなかった。だから精神障害者施設で何か問題が起こったときにどうするのかというようないろんな心配があった」(住民　Ｓ氏)

　　　「頭ではわかっていても実際にかかわってみないと理解できないもんでしょ。当時の県の部長があるとき『やっぱり精神障害者は怖いもんなぁ』と言ったんです。そのような立場にある人でもそうなんだから、一般の人が怖いと思って反対するのは当たり前」(行政関係者　Ｗ氏)

　　　「精神障害者が来たら生活が脅かされる、生活が乱れる、自分達は健常者だから正しい、テレビがうつらなくなったのはＢ施設の建設のせいだ、とかの理由で反対運動が起こっていましたよ」(住民　Ａ氏)

(2)「反対派と賛成派」

①反対派と賛成派に町内会分裂

　Ｂ施設建設をめぐって、町内会が「施設建設反対派」と「施設建設賛成派」に分裂した。

　　　「町内会の会合に行って、反対があがるということは頭の中になかったんよ。家族３人で施設の模型図の前が空いていたからそこに座った。経緯を話す前にもう反対者から『そんなものいらん！』なんかの野次が飛び出してね。そのときに初めて反対者いることがわかった。自分達３人以外はね、みんな反対だった。反対者は『地価が下がる』と言っていたんだけど、それを聞いて、自分は逆じゃないかと思ったわけよね。そういう施設ができれば市は道や川の整備をしたりするから、むしろ地価は下がらないんじゃないかと思ったの。そうしたら、反対者からは『家のないものにはわからない』と言われたても

う腹が立った。その次には犯罪が起こるということを言い出した。それで、本当にそうなのか警察に調べに行って、次のときに犯罪率は一般の人の方がよっぽど高いことを伝えてやったんよ。で、その後、家族それぞれの知り合いにお願いしてB施設を建設するための資金を作るバザーを開催した。バザー用品はトラック4台分集まったんよ。一日で6千人集めることができたけね。このバザーから正面を切って賛成派の活動を始めたわけです。娘に『まるさんかくしかく』っていう名前の会報を作らせて、それに精神障害者について書かせて2ヶ月に一回300軒に配って歩いたよ。自分の実費で行ったんだから。一軒一軒話に行って、当時の町内会長が賛成してくれて、近所の人達も賛成してくれた」(住民　N氏)

「自治会が分かれてまで施設を作ることが良いことであるわけがないですよ」(住民　I氏)

「この問題で町内会が2つに割れたよね。まあ、もともといろいろな問題があってB施設のことが契機になったんだけど[3]。300戸ある大きな町内会だったから、以前から意見がまとまらないなんかの問題があったな。B施設があるところがI町の中でも西にあたるから、ここが西I町内会になった。施設のある側が西I町」(住民　S氏)

「町内会が2つに分かれた原因は反対派のメンツだよ。2つに分けてもいいと言い出したのは反対派の住民だからね。賛成派に負けたということが許せなかったんでしょ」(住民　N氏)

「反対派が西I町内会で賛成派がI町内会です」(B施設関係者　T氏)

「町内会を2つに分裂させてしまったことが一番の失敗だと思います」(B施設関係者　S氏)

「元は1つの町内会だったんだけど、ここの建設のときに賛成派と反対派で分裂してしまった。反対派が西I町内会で賛成派がI町内会だった」(行政関係者　T氏)

「建設後、町内会がまっぷたつになって、ごみの収集もお金も2つに分かれました。B施設の問題を契機に、それまで鬱積していたその

他の問題が出てきたんだと思いますよ。2つに分かれたものを1つにするのは難しい」(行政関係者　I氏)

②それぞれの派のボス的存在

反対派、賛成派にはそれぞれ中心となる人物がいた。

「賛成派は自然にできました。賛成派のリーダーは、精神とは何の関係もない主婦」「反対派がボス的存在の人を中心に署名を集めていた」(B施設関係者　S氏)

「賛成派の代表の女性は、言葉は悪いけどいわゆるハチキン」(B施設施設長　T氏)

③賛成派が反対派を刺激

賛成派の存在とその活動が、反対派の気持ちを刺激していた。

「賛成派の運動が起こったことが反対派を追い詰めたんですよ」(B施設関係者　S氏)

「賛成派の人のなかには、そんなことを言うと余計反対派を反発させるというようなことを言っている人もいました」(行政関係者　W氏)

④それぞれの署名活動

反対派はB施設建設反対のために、賛成派は建設推進のためにそれぞれ署名活動を行っていた。

「反対派がボス的存在の人を中心に署名を集めたんですよ。それに対して、地域のおばちゃんを中心とした賛成派は署名を3,000人分集めたんです。施設を誘致するために署名運動をしたというのは、B施設以外聞いたことがない」(B施設関係者　S氏)

⑤関心を寄せているのは反対派

施設建設後、B施設の活動に関心をもっているのは、当時、反対派に属していた人達である。

「反対派の住民は、施設ができてからはB施設にパンを買いに行ったりしているし、B施設利用者と年賀状のやり取りをしばらくしていました。施設ができてから関心を寄せているのはむしろ反対派の人達じゃないでしょうかね。賛成派はできてしまってからはあまり寄り付

かない感じがあります。B施設の隣の家の人と利用者が接触事故を起こしたときなんかは、反対派の中心だった人が『穏便に済ませられないか』と市へ相談に来たくらいですから」(行政関係者　Y氏)
⑥嫌がらせ
　当時、賛成派のボス的存在だった住民に対し、反対派と思われる人達からの嫌がらせがあった。

　　　「自宅に無言電話が夜中に何度もかかってきたよ。家に白い紙に『×』と『出て行け』と書かれたものを貼られたことも何回もあるきね。反対派はね、B施設を利用する利用者一人ひとりの通る道を示せと言ってきた。一人ひとりが何時にどの道を通るのかを明確にしろだと。無謀なことを言ってくるたびにそれを1つひとつ潰していくのが大変な作業だった」(住民　N氏)

(3) 行政の役割
①施設建設への大きな役割
　B施設建設には、行政の力が大きかった。

　　　「民間だけではなくて行政がバックアップしていた。募金にも行政が関わっていたんです」(行政関係者　W氏)

　　　「当時の市長、県知事、行政、市議会議員、特に担当者の人が施設建設に大きな役割を果たしていました」(住民　A氏)

②高知県だけ精神障害者施設がない
　当時、全国各地で精神保健福祉法に基づき精神障害者社会復帰施設が建設されていたが、高知県だけは施設がないという状態だった。

　　　「市が社会復帰施設を建てたがっていたんよ。全国で高知県だけなかったから」(住民　A氏)

　　　「高知に初めての精神障害者施設ができるということで、それができれば他にも精神の施設ができるという期待感がみんなにあった」(行政関係者　W氏)

　　　「B施設は県内で初めての施設だったから、県も積極的に介入しま

した」(行政関係者　M氏)

③行政の姿勢

　B施設問題に関わった行政関係者は、最初から最後まで一貫した方針のもと、行動していた。

　　「反対したところで最初から市はここに作ると決めているから、無理は承知で反対していたがまあいいじゃないかと、こうなった。県、市と交渉が始まったのは、もめ始めてから1年近く経ってからじゃなかったか。行政というのは一度決めたらいくら反対してもやる。行政というのはそういうもの」(住民　S氏)

　　「施設ができてからの行政の役割は、施設を地域になじませてあげることです。県の課長会議を、B施設を会場に行ったりそれを新聞に載せてもらったりしました。それから、パンをスーパーで置いてもらえるようお願いに回って、B施設コーナーを作ってもらったこともあった。新製品を作るときには、知り合いの深層水の業者に深層水をわけてもらえるようにお願いしもしました。施設の走り方が安定するまでは、サポート、バックアップしてあげることが必要なんですね。それに、現場でやれることとやれないことがあるし、やれないことは行政がやるべきです。現場に行政が出て行くことで、初めて状況がわかってできることもあるんです。行政の姿勢をみて、親や当事者は『行政がそこまでやってくれるのに自分達は何をしているのか』と気持ちが変わっていったのだと思います」

　　「行政は施設を軌道に乗せるまでの仕掛け作りを行う役割です」(行政関係者　M氏)

　　「行政は賛成派とくっつくきらいがあるのでね、反対派との関係にも気をつけて、どちらかとくっつくことがないように気を配りました。市の立場としては、市民にそっぽを向かれたら一番困るわけですよ。施設を建てるときには、地域と施設との関係性を修復するところまでやってあげなければならない。それが市の役割です。土地を買うときには人の心を買えと上から言われていたからね。住民からいろいろな

意見を言わせて、住民に『自分達がやらせてやった』という気持ちにさせることが大事です。行政が土台の部分を支えてあげなければ、施設の人達だけでは難しいですよ」

「一度決めたら場所を絶対に変えないというのが鉄則。逃げたらいけない。場所を変えてしまえば、次の場所でも一度場所を変えたということはまた変えられるはずだと住民が思うでしょ。ここでないとダメなんだという姿勢が市民にわかれば、市民もそれなりの対応を考えますよ。一回決めたら絶対に引かないことが大切」(行政関係者　I氏)

「全国的にコンフリクトが起こるのは、行政の腰が引けているからです。施設ができたあとの責任が施設にあると言ってはいけない。市も責任をもつと言わなければいけない。そうしないと住民は納得しないですから。市としては、B施設は反対者が懸念しているようなことをしないことはわかっていたから。あとの円滑な施設運営も市が引いていたのではできません。行政の役割は責任を施設に押し付けないことです。土地を貸したからには責任がある。住民に責任をもつことを明言しなければならない」(行政関係者　Y氏)

④調整役の役割

コンフリクト問題を解決するためには、調整役となる人が必要である。

「それぞれの地域ごとに環境、意識、行政、施設職員の考えなどが違うから、ここでうまくいったからといって他でできるものではないですよ。ただ、どんな場所でも必ず調整役が必要。問題の当事者は調整役になれないから、客観的な立場の行政という調整役が必要なんじゃないですか。今は昔と違って村長のような人がいないから大変でしょうね」(行政関係者　I氏)

⑤官民一体

B施設は、「官」である行政と「民」である社会福祉法人B施設が一体となって作り上げた施設である。

「B施設は、市も行政も作らなければならないという空気で官民一体となってできた施設。でも住民への説明を行政が行ったことがまず

かったなぁ。行政が作りたいというものに対しては、住民は一番反対しやすいでしょう。行政が先頭に立ったことが一番の原因だと思います」（B施設関係者　S氏）

「行政と施設は融合して1つになっていなければいけないです。行政が前に出なければ、コンフリクトの解決はできないと思いますよ。住民は行政にしか言いたいことが言えないものですから」（行政関係者　Y氏）

⑥バスツアーの実施

施設コンフリクト発生から約2年半経った頃、行政主催で先進的な精神障害者施設を見に行くためのバスツアーが実施された。

「島根、岡山の施設にバスを借りて住民と一緒に見に行きました。賛成派の住民と反対派の住民のそれぞれ1回ずつ行ったかな。人の相手をするのがもうひじょうにうまい当時の係長に同行してもらったんです」（行政関係者　I氏）

「一番のきっかけは岡山と松江の施設に視察に行ったこと。住民10名くらいが参加して、施設の人に話を聞いたりみたりして、昔自分の家の近くにあった施設とは違うということがわかって、あんまり心配することもないと思った。それでそういう問題はないということがわかった。こんな施設ならワーワー言わなくてもいいんじゃないかと思ったよ。施設そのもののイメージが昔あった施設とは違うことがみてわかったからね」（住民　S氏）

⑦地元整備

B施設では、施設を建設するにあたり、周辺地域を整備することはしていない。

「B施設に関しては、地元整備をしていないんです。知的の人のA施設では、かなり事前に地元整備をしたんですが」（行政関係者　I氏）

⑧交渉力の違い

施設コンフリクトにおける交渉を行政が行うメリットは、行政には施設にはない交渉力があるという点。

> 「最終的な目的は同じだけど、行政と施設とでは方法が違うんですよ。施設や団体は理解のない人を何とかしなければいけない、という意識で頭ごなしに話をするんです。たとえば住民が『精神障害者は怖い。何をするかわからない』というと、それに対して施設や団体は、『薬を飲んでいるし、落ち着いている状態の人だから怖くない。犯罪率も精神障害者より一般の人の方が高い』と言う。行政は何を言われてもまず受け入れます。ここが交渉力の違いです」（行政関係者　Ｉ氏）

⑨両方から恨まれる

　Ｂ施設問題の仲介役を担当していたＹ氏は、施設と住民の両方の立場に立つため、一時期は双方から恨まれていた。

> 「市に住民は『施設を変えろ』『やめさせろ』などさまざまなことを言いに来ました。それを押さえ込まないのが市の役割だけど、その姿勢に対して施設側は『なぜ市は住民を押さえ込まないのか』という不信感が募っていたんですね。ただ、市は反対している人達も市民という考えだから、市は施設側と住民側の両方から恨まれます」（行政関係者　Ｉ氏）

⑩まとまれる人材

　当時のＡ市には、問題に対し一致団結して取り組める人材と雰囲気があった。

> 「当時は一本になれる人材がいました。現在は国立精神・神経センター研究所というところにいる当時のセンター長や県には課長補佐、市にもそういう人がいました。ちょうどその時期そのような人達がいたんです。だから自分も一緒にやらなければという気持ちになりましたよ」（行政関係者　Ｗ氏）

⑪担当者への信頼

　施設コンフリクト発生から合意に至るまでの経過のなかで、住民のなかに次第に仲介者として本問題に介入していたＹ氏への信頼の感情が芽生え始めた。

> 「当時の行政の担当の人がいなかったらＢ施設はできていないと思

うよ」（住民　N氏）

「最初、役所の人に厚生部長、医者みたいな人がいたんだが、その人が高飛車にものを言うもんだから、いろいろな話が全部癪に障った。それで神経が逆なでされたようなもんだよ。会議のときに『もう二度と出てくるな』と怒鳴ったらそれ以降出てこなくなったね。役所の人は役所のなかで話すような言葉で話をする人が多いから、こちらには全然伝わらん。話すのが下手な人が多い」

「その部長の下にいたYさんという人が、まあ苦労した。YさんがいたからB施設はできたんだ。すごい人格者で毎晩のように町内に顔を出していた。町内会長の家にもしょっちゅう来て話し合いをしたね。最初は施設に見学に行くのも断っていたんだが、Yさんが毎晩のように言うから仕方ないわね。Yさんの言葉に従ったんよ」

「最後はYさんの情に絆されたようなものだね。Yさんにそれほど迷惑をかけたらいけないという気にみんながなったわけよ。Yさんが出てきてから1年弱で、何となく仕方ないかなと思い始めてたと思う。バスで見学に行くこともYさんが提案してきて最初は行かないと言っていたんだけど、そのうち行こうかという気になったもんな。Yさんに負けた。じっと人の話を聞いてボツボツものを言う人。独特な雰囲気があるなぁ。おとなしくてものの言い方も優しいしね。人柄がよかった」（住民　S氏）

「B施設より先にあったN作業所とT作業所では反対運動は起こっていないですよ。両方とも市長の妻とか有力者が関係している施設だからだと思います。反対が起こるかどうかは、建てた人が信頼できる人かどうかによるのではないですか」（住民　A氏）

「感情のレベルの人に理論レベルで話をしても無駄。感情レベルが落ち着くまで待つとそれが信頼のレベルになります。すべて吐き出すまで聞くことが必要なんです。すべてを出し切ったら冷静に話ができるようになりますからね。信用はまず個人に対するものから始まるでしょ。そして、その個人を含めた全体への信頼になるんです。信用し

てもらうには、こちらが一生懸命になっている姿を伝えること。こちらの思いを相手にわかってもらうようになること。そのためには、住民の訴えに耳を傾けて聞く。施設を作る意義はあまり話していません。聞く耳をもってくれているときにだけ話しました」

「どのレベルのときにどの話をするかが大切なんです。住民説明会という集団相手と個人宅訪問という個人相手を並行して行いました」

「信頼を得るまでにかかった時間は半年から1年くらいかな。信頼ができると関係が近くなるんです。次第にB施設じゃない話題が多くなる。説明会では最初は住民が一体化していました。誰かが意見を言うとみんなが拍手してた。それが、時間が経つにつれて一体性がなくなってきたんです。一人ひとりの内なる認識が変わってきたんでしょうね」（行政関係者　Y氏）

⑫イメージの変化

担当者を通して、B施設に対するイメージも変化し始めていた。

「もめ始めて2年くらい経った頃だったかな。県も市も安全だと説明していたが、本当にそうなのかどうかがわからなかったんよ。施設そのもののイメージが昔近所にあった施設とは違うことがみてわかった。更生施設だし危害なんかは考えなくてもいいということがわかって、もうできてもしょうがないなと思った」（住民　S氏）

(4) マスコミの影響

①行政が意図的にマスコミを利用

B施設に関することや精神障害者、精神保健福祉に関することについて、行政が意図的にマスコミを通じて、市民、県民に伝えていた。

「新聞に記事として出れば地域住民はかなり理解するでしょ。新聞はかなりの効果がありますよ。高知県内ではなくても、どこかで精神障害者の事件が起これば一般住民の意識に反対の意識が出てくるのは当然のことで、マスコミの取り上げ方1つでそれまで積み上げてきたものは簡単に崩れてしまう。新聞では、そのことが次にどのようにつ

ながるのかをわかるように書いてもらったんです。行政が意図的に情報発信をしていました」(行政関係者　M氏)

②マスコミの使い方

マスコミを通じて情報を流していた行政の意図が、それを受け取る住民には理解されていなかった。

「反対する人＝悪い人、賛成の人＝良い人という構図ができてしまっていたんですよね。新聞が連日報道したことでそれがより際立ちました。マスコミに出しすぎるのもどうかと思うね。反対派は感情的になっていて、反対住民の態度を新聞がより頑なにさせましたから。両者の話し合いの場がもっとあればよかったのに。マスコミの使い方には気をつけなければならないと思いました」(住民　I氏)

「新聞やテレビでも連日のようにB施設を取り上げていたので、その影響が強いと思う。頼んだわけではないけど、勝手に取り上げられた」(住民　A氏)

(5) 調印

①年1回の連絡会の実施

調印するにあたり、法人と住民との間でB施設建設に関する覚書が交わされた。

「年に1回は町内会との連絡会をする旨が書かれていました。施設開設後2回は行ったんですけど、その後は町内会から『もういいのではないか』と言ってもらって、文書で年1回の活動報告を行っているだけです。あと、覚書にある町内会長への毎月の予定の提出も一応行ってはいますけど、ポストに投函するだけです」(B施設関係者　T氏)

「市役所の特別応接室で市長、市議会議長、県担当部長立会いのもと、住民代表と法人代表が覚書を交わし調印しました」(行政関係者　I氏)

②市長の宣言により設立
　最終的には、市長がB施設を建設する旨の宣言を行った。
　　　「最終的には市長の宣言により設立が決定しました。B施設も市もやれることはすべてやったという判断からですね」（行政関係者　I氏）

（6）現在のB施設と地域住民との関係
①反対派と賛成派の緊迫した雰囲気
　B施設建設直後は、賛成派と反対派の間に緊迫した空気があった。
　　　「当初は緊迫した雰囲気がありました」（B施設関係者　T氏）
②2つの町内会加入を断念
　B施設としては、分裂してしまった2つの町内会の両方に加入をしたかったが、I町内会（賛成派）にはいまだに加入できていない。
　　　「施設としては両方の町内会に入るつもりだったんですが、I町の方から『西Iに所属するならうちには入らなくていいのではないか』と言われ断念しました。町内会では現在班長をしていまして、会費集めや不燃物の仕分け、回覧板の管理など、普通の町内会と同じことをしています。基本的には職員が行っていますが、不燃物はメンバーが手伝ってくれることもあります」（B施設関係者　T氏）
　　　「2つに分かれてしまったI町内会と西I町内会の両方に入るつもりだった。両方から了解も得ていたんだよ。なのに、I町から入る予定が西I町から入ってしまったことで、I町には入れなくなってしまった。『なぜ反対していた西I町から先に入るのか』とI町内会の住民から非難されましたよ。最近までI町の方の中には挨拶をしてもそっぽを向かれるようなこともあったな」（B施設施設長　T氏）
　　　「B施設ができて町内会に入るという話になったとき、I町の人達は『あれだけ反対しておいてB施設を西に入れるのはおかしい』と言い出したわけだよ。西Iとしては、B施設と話し合って、B施設が西Iが嫌だと言えばIに入ってもらったらいい、ただできた以上はB施設は西にあるのだから西Iに入ってもらう分には反対しない、一緒に

やっていこう、とこうなった。どの町内会に入るかはＢ施設が決めることじゃないかね。ＩもＢ施設と話し合えばいいと言ったら、Ｂ施設も西にあるのだから西Ｉに入りたいと言ったから、西Ｉに入った」
（住民　Ｓ氏）

③メンバー、スタッフの努力

Ｂ施設建設後のスタッフやメンバーの日頃の取り組みから、住民が精神障害者や施設に対し、少しずつ理解を示すようになった。

「出会ったら挨拶したいと思ってます。マッサージに行くとそこの店の人とは話をします。自宅では近所の人との付き合いがあるけど。町内会の青年団の副会長をしてます。毎年1泊旅行に行く。参加者は16から17名くらい。野球の審判も長い間してます」（Ｂ施設利用者　Ｈ氏）

「近所の人との付き合いは特にないです。通勤中にすれ違う人とは毎日顔をあわせるので、挨拶をしています。地域の人とは一斉清掃で接触があるくらいです。近所の人から嫌な思いをさせられたことはないです」（Ｂ施設利用者　Ｓ氏）

「7月に行われる川の一斉清掃には、メンバーのなかの希望者とスタッフが一緒に参加しています。住民からメンバーは来るな、などと言われたことは一度もなくてむしろ感謝されています」

「利用者が普通に来て普通に仕事をして、普通に帰っていくことが一番大きいと思いますよ。それをみて理解をしてもらえたのだと思います。2年目に1度施設で夏祭りを行ったんですけど、別段近隣の方が来たわけでもないですし。特に啓発活動を行ったことはないですね。日々の活動の中で理解してもらえたのではないでしょうか。施設長は裏のおじいさんに、『あのときは反対してごめん』と謝られたそうです。施設ができてから、理解をしてもらうための会を開催したり、文書を作って配ったりということはしたことがないです」（Ｂ施設職員　Ｔ氏）

「年に一回の河川清掃に利用者数名とスタッフとで参加しています。

近隣は高齢者が多いからね。喜ばれてます」(B施設施設長　T氏)

「利用者が開設から現在まで悪事を働かなかったことが、精神障害者への理解を得られた大きな要因じゃないかね。普通だということを示した彼らの勝利ですよ。それに、スタッフの努力も大きいね。反対運動のなかである住民から、『精神障害者もなりたくてなったわけではない』という言葉が聴かれたんだけど、これまでのなかでそれを理解せざるを得なかったよね」(住民　A氏)

「今では施設長も町内会のいろんな行事に参加してくれてます」(住民　S氏)

「B施設のメンバーの努力で町内に溶け込むことができたんですよ。何の問題もなくやってこれてるからね」(住民　N氏)

「B施設は、職員もメンバーもえらかったですよ。できたあとの取り組みがよかった。住民に理解されて認められるような活動をしてきました」(行政関係者　I氏)

(7) 土佐人気質
①県民性
　高知の人は熱しやすく冷めやすいため、争いのときには手がつけられないほど激昂するが、問題が収束するとそのことを忘れて付き合いができる。

「自然に反対運動はなくなったね。施設の努力もあるがね、土佐人気質が関係していると思いますよ。土佐人はパブリックに対する考え方が他県とは違うんよ。パブリックに決まってしまったものには従う。それで、諦めが早い」(住民　A氏)

「土佐人は過激な反対はやるが一回わかったら割り切って仲良くやっていくことができるわけよね。県民性ではないかね」(住民　S氏)

「賛成派と反対派ができたのが土佐人らしいじゃない。高知の人はカーッとなって冷めやすいから。カーッとなったときは理屈が通りゃしませんよ」(B施設関係者　S氏)

(8) 高知県における問題の位置づけ
①高知県のモデル
　B施設問題は、A市民、高知県民が精神障害者施設や福祉について学ぶ機会となった。

　　「B施設の件は、I町だけでなくA市民みんなが報道を通して学習したんだと思います。その後に作った施設ではコンフリクトはまったく起きなかったですからね。B施設は高知での1つのモデルとなりました。それに、B施設は精神障害者について知るきっかけとなったんです」(行政関係者　Y氏)

　　「建設後はトラブルや地域住民からの苦情を聞いたことがないです。B施設は成功事例。あとに対しても大きな意味があると思います」
　　(行政関係者　W氏)

第3節　調査結果の分析

　前節で示した調査結果について、調査対象者の発言を基に施設コンフリクト発生から現在に至るまで時間軸に沿って分析を行った。具体的には、時系列で住民態度の変化を確認できるよう、①B施設設立準備期 (t1)、②施設コンフリクト発生期 (t2)、③町内会分裂期 (t3)、④紛争期、信頼感の芽生え (t4)、⑤信頼醸成期 (t5) ⑥B施設設立期 (t6)、⑦現在 (t7) の7段階に分類し分析を行った (表4-2)。

1　B施設設立委員会準備期 (1993年5月〜1994年6月：t1)

　B施設設立の構想が初めて示されたとき、当時から現在に至るまで施設長を務めるT氏はまず、「B施設設立委員会」を発足させ、その会長を県立女子大学の学長に依頼した。設立委員会発足後は、施設建設に向け自己資金および建設地確保のための活動を開始させた。具体的な活動内容は、施設建設

への署名運動や募金活動であり、会長である県立女子大学学長もともに募金活動などを行っている。また、建設地の確保として、A市に施設建設用地の無償貸与の要請を行い、要請を受けた市は設立委員会に無償貸与に関する確約書を交付した。ただし、確約書には「住民の理解が得られていること」という一文が加えられた。また、県教育委員会は施設建設に必要な法人の自己資金を補助することを目的に、施設建設のためのチャリティーコンサートを実施した。

同時期、A市長はB施設設立に向け、施設建設予定地の町内会会長に接触し、町内会執行部役員数名（5～6名程度）と施設建設に関する話し合いを数回行っている。A市長およびA市、法人としては、これをもって確約書に規定のある「住民の理解を得られていること」という条件をクリアしたと考えた。町内会執行部役員は市長との話し合いの場で、町内会内に施設を建設することを了承した。A市としても、高知県初の社会復帰施設を市内に建設したいとの思いから、積極的に施設建設に関与していたことがわかる。

この時期は、施設建設に向け、法人、行政が下準備を行っていた時期である。県および市の動きから、当時、精神障害者社会復帰施設が設置されていない県は全国で高知県のみであったことから、県も市も社会復帰施設を建設したいとの思いが強かったことがわかる。また、B施設および精神障害者に関する肯定的な内容の新聞報道が始まったのもこの時期からである（表4-3）。

2 「施設コンフリクト」発生期──手続き論による反対運動と行政担当者への不満（1994年7月～12月：t2）

施設建設予定地の町内会執行部役員から施設建設の了承を得た法人は、町内会の住民全体に対し施設建設計画に関する説明会を実施した。この説明会により、初めて施設建設の計画が自分達の居住する地域にもち上がっているという事実を知った住民は、市長との話し合いを秘密裏に行っていた町内会執行部役員数名に対し、激しく反発する。同時に、一部住民にのみ事前に施設建設に関する打診を行った行政（市長）に対しても強い反感を抱く。また、

表4-2 施設・行政・住民の施設建設までのそれぞれの動き

	1993年5月～ 1994年6月 (t1)	1994年7月～12月 (t2)	1995年 (t3)
施設	・B施設設立委員会発足（会長：K女子大学学長） ・設立委員会活動開始 ・署名、寄付活動 ・1,000万円の自己資金確保 ・A市に施設建設用地の無償貸与を要請 ＊新聞報道	・設立委員会が地元住民への計画説明実施 ・住民との交流会実施	・反対派、施設、行政三者による会議に出席 ・建設予定地にわら人形を打たれる ・住民との二者間の話し合いは行わない
行政・自治体	・施設建設用地の無償貸与確約書交付 ・確約書に「住民の理解が得られていること」という条件を明記 ・県教育委員会チャリティーコンサート実施	・県厚生部長等、役所上層部が地域住民への説明にあたる。 ・担当者、Y氏に変更	・町内会への出席 ・反対派住民宅戸別訪問 ・市長、反対派住民と数回にわたり対話 ・施設ではなく、行政が表に立つという姿勢
住民	・町内会執行部5～6名　市長との話し合いで施設建設を容認	・町内会執行部に対し一部住民ら反発→町内会内部で分裂 ・行政役職者の対応への不満 ・施設建設に対し「設立反対の会」発足	・2週間に1度の頻度で町内会を開催 ・反対派と賛成派の対立深刻化 ・11月、反対派が新たに「西I町内会」を設立 〈賛成派〉 ・5月から賛成派としての活動を本格化 ・バザーの開催、会報作成配布、署名活動 ・早期建設を訴えるため連日市役所へ 〈反対派〉 ・断固たる反対の姿勢 ・反対派リーダー所有の土地を施設建設の代替地として提案 ・高知県家族会から抗議文が届く→反発

1996年前半 (t4)	1996年後半 (t5)	1997年 (t6)	現在 (t7)
反対派、施設、行政三者による会議に出席 行政への不信感 住民との二者間の話し合いは行わない	・反対派、施設、行政三者による会議に出席 ・住民との二者間の話し合いは行わない	・1月、住民と覚書を交わし、調印 ・11月開所 ・西Ⅰ町内会に加入（Ⅰ町には入れず） ・隣家住民と利用者接触事故	・1年に1回、河川清掃に参加 ・Ⅰ町内会未加入
→→→→→→→→→→→→		・利用者ルールの検討	
→→→→→→→→→→→→	→→→→→→→→→→→→	・1月、市役所特別応接室にて市長、市議会議員、県担当部長立会いのもと、住民代表と法人代表が覚書を交わし調印	・パンの製造・販売協力 ・施設のサポート、バックアップ
1月、Y氏に無断で施設と建設予定地の賃借契約締結 反対派との交渉は平行線	・9月先進施設への視察バスツアー実施（賛成派、反対派1回ずつ、計2回実施） ・11月、B施設との覚書を交わすための交渉に入ることを決定		
2週間に1度の頻度で町内会を開催	・9月、視察バスツアーに賛成派、反対派分かれて参加	・1月、B施設法人と覚書を交わし、調印	・西Ⅰ町内会→B施設の町内会加入容認 ・Ⅰ町内会→B施設の町内会加入拒否
〈賛成派〉 署名活動 市役所等、行政機関訪問 〈反対派〉 **反対派の内面的変化** （B施設の話題よりも、世間話の方が多くなる） **市担当者への信頼感の芽生え**	〈賛成派〉 ・署名活動、260戸の賛成を得る ・市役所等、行政機関訪問 〈反対派〉 ・**市担当者への信頼感** ・**B施設がどのような施設であるのかを少しずつ知る**	・町内会は分裂したままの状態 〈反対派〉 ・B施設利用者が起こした事故を受け、市役所へ	・町内会は分裂したままの状態 ・西Ⅰ町内会とⅠ町内会との交流なし

表4-3　B施設および精神障害者に関する新聞記事（1993年〜）

日　付	新聞社	内　容
1993年5月22日	高知	B施設建設告知
5月30日	朝日	B施設設立委員会発足
9月7日	高知	B施設開設に向けクッキー作り開始
10月3日	高知	B施設設立委員会代表コメント
10月5日	高知	高知県精神保健大会前座談会
10月21日	高知	高知県精神保健大会
12月4日	高知	県教育委員会チャリティーコンサート、収益はB施設設立委員会へ寄付
12月11日	高知	センター建設
12月16日	高知	T氏（現S施設施設長）コメント
12月27日	高知	チャリティーコンサート
1994年2月25日	高知	B施設設立委員会セミナー
2月27日	高知	B施設設立委員会セミナー
2月28日	高知	チャリティーコンサート
6月7日	高知	B施設設立寄付（ユーザーから）
6月16日	高知	B施設建設前進
6月24日	高知	B施設について
10月8日	高知	B施設に理解を
10月12日	毎日	B施設住民との交流会
10月18日	高知	精神保健福祉シンポジウム
10月19日	高知	精神保健福祉シンポジウム
10月29日	高知	精神障害者への偏見と誤解
	高知	精神障害者から一言
11月10日	高知	精神保健福祉国際シンポジウム
11月22日	高知	B施設へ国際ソロプチミスト3万円寄付
11月26日	高知	B施設へ建設協力、精神障害者自立援助カレンダー
12月14日	高知	精神障害者がクリスマスギフト、社会参加と障害者理解へ
12月24日	高知	精神病とは何か
1995年2月12日	高知	精神障害者がバレンタイン商品製造
2月13日	高知	B施設シンポジウム、暮らしやすさがテーマ
2月15日	高知	B施設設立資金集め、小物チャリティー展
2月16日	高知	B施設設立資金協力のお願い
3月6日	高知	精神障害者の声
3月14日	高知	精神保健地域講座、事務局B施設
3月15日	高知	心の宅配、精神障害者による弁当宅配サービス
3月17日	高知	B施設への市民からの応援の声
3月25日	高知	B施設設立委員会などへの6年度助成503万円
3月30日	高知	7団体に503万円助成、生命の基金
4月5日	高知	精神障害者と地域社会（精神保健福祉センター長）
5月3日	高知	精神障害者作業所
5月19日	朝日	21日支援フェスティバル、精神障害者に理解を
5月20日	読売	精神障害者自立へ前進、県内初の法人施設開設へ（B施設）
	高知	B施設建設へ、地域住民支援イベント
	毎日	精神障害者への理解など月一回機関紙発行
5月22日	朝日	21日支援フェスティバル、精神障害者に理解を
	高知	B施設実現を、地域住民支援イベント
	毎日	チャリティーバザー
6月9日	朝日	精神障害者の社会参加「野いちごの場所」無農薬クッキー作り
6月15日	読売	B施設建設を、K市民グループ、K市議会に請願
	毎日	同上

第 4 章　仲介者の介入による信頼の醸成と合意形成

日　付	新聞社	内　容
	高知	同上
8月26日	高知	精神保健福祉センター長「精神保健の転換期に」
9月5日	高知	精神障害者の社会復帰へ、クッキー製造販売好調
9月17日	読売	B施設反対運動で着工できず
10月14日	読売	B施設反対派が白紙撤回要求
10月18日	高知	A市精神障害者家族会会長コメント
11月9日	高知	B施設、市長コメント「賛否数だけで決めぬ」
11月18日	高知	B施設受入れで地元町内会分裂
11月27日	高知	「地域で共に暮らす」梼原町町民福祉課課長補佐
12月13日	高知	B施設用地貸与問題関係者から事情聴取、請求人は I 町西町内会
12月20日	高知	「つばさが羽ばたく日」看護婦所感雑感
12月27日	高知	分裂病患者の家族会教室で学ぶ
1996年1月11日	高知	B施設市有地貸与差し止め請求棄却
1月19日	高知	B施設建設用地無償貸与を正式契約
	高知	チャリティーコンサート
3月8日	高知	B施設建設支援バザー
3月11日	高知	B施設建設支援、ガーベラグループ
4月19日	高知	B施設設立準備団体交流会
6月18日	高知	精神障害者通所型作業所開設へ
6月20日	高知	B施設町内会分裂、市長が事態収拾へ
6月24日	高知	「B施設に理解を」市長ら反対住民に訴え
7月8日	高知	B施設支援バザー
7月30日	高知	精神障害者作業所利用者ハーモニカ演奏
9月16日	高知	B施設運営で説明会
9月30日	高知	B施設支援バザー
10月26日	高知	高知放送15時～16時　町内会分裂問題を受けて　テレビ放送
11月5日	読売	こじれる作業所建設「見えない障害と闘う」
11月8日	読売	全国精神障害者家族大会開幕「社会の一員実現願う」
11月12日	読売	認識不足が生む差別や偏見
11月22日	高知	B施設「市が着工認める」反対住民は依然納得せず
11月23日	毎日	B施設建設着手伝える　「横暴」と住民反発（地域のニュース）
	高知	市民の声「ほんとうに迷惑施設でしょうか」
11月30日	高知	B施設建設、運営に条件
12月12日	高知	市民の声「市政に力となる声を届けよう」
12月19日	高知	県内の精神障害者活動のルポ
1997年1月17日	読売	B施設問題　反対住民が受け入れ　工事、運営覚書交わす
	高知	B施設23日起工式　住民と法人覚書交わす
	毎日	B施設着工にメド　地元町内会と覚書に調印
	朝日	B施設23日着工へ　反対住民と覚書
1月23日	朝日	B施設　きょう起工式
	高知	B施設　きょう起工式　I 町内会とも覚書
	読売	B施設建設　町内会と覚書
1月24日	毎日	B施設起工式　8月初め完成予定
	高知	B施設起工　8月上旬に完成へ
	高知	B施設をありがとう　社会福祉法人B施設理事長所感雑感
	読売	B施設起工　8月中の開設めざす
1月25日	高知	B施設チャリティーコンサート
2月12日	高知	話題「心の支え」B施設の起工式
3月14日	高知	精神障害者作業所非常勤職員紹介

日　付	新聞社	内　容
4月14日	高知	B施設建設支援バザー
4月21日	高知	精神障害者の「環境」追って　A市のYさん制作映画紹介
9月2日	高知	B施設支援バザー
		B施設11月開所へ　資金援助を
9月3日	毎日	B施設　通所障害者施設運営基金支援を（地域のニュース）
10月31日	朝日	B施設明日オープン
	読売	同上
11月1日	高知	B施設オープン
12月9日	高知	B施設　パンの製造・販売開始
12月19日	高知	B施設支援バザー
12月26日	高知	B施設　市長見学
1998年1月13日	毎日	B施設で講演会（地域のニュース）
1月21日	毎日	B施設順調なスタート　施設長コメント
	高知	B施設　口コミで人気
1月28日	高知	自立支援へ広がる善意　県精神障害者サポート基金
2月23日	高知	高知放送17時30分〜　特集B施設（高知放送）
2月24日	高知	B施設支援を　洋裁塾がバザー
3月15日	高知	B施設開設式典
	高知	B施設手作りパンで祝う開店4ヶ月
3月18日	高知	B施設支援を　演奏会
5月29日	高知	B施設の無添加パン　販路拡大
6月22日	高知	B施設支援バザー
8月13日	高知	精神障害者の商品　カタログに
8月20日	高知	精神障害者の地域生活支援へ　連絡会
8月30日	高知	精神障害者の地域生活へ　施設連絡会設立
8月31日	高知	精神障害者ら先生役　B施設で来月からパソコン教室
	朝日	B施設　パン紹介
9月3日	高知	パソコン教室開始
9月27日	高知	パソコン教室　障害者の出前出張
	高知	慈善演奏会　B施設に寄付
9月29日	高知	精神障害者を抱える家族対象に教室
9月30日	高知	人権啓発シリーズ　精神障害のある人
10月8日	朝日	施設などの商品紹介
12月15日	高知	B施設支援バザー
1999年1月7日	高知	B施設利用者　パソコン教室で年賀状
1月30日	毎日	B施設深層水仕込みのパン商品化に成功（地域のニュース）
1月31日	朝日	A市の通所授産施設　深層水仕込みのパン商品化
	高知	B施設深層水仕込みのパン商品化
2月22日	毎日	人権摩擦　B施設
2月23日	高知	B施設支援バザー　洋裁塾
3月18日	高知	B施設で祭り
3月26日	高知	B施設「はるまつり」
3月27日	高知	同上
	朝日	高知の通所授産施設　地域の人と「はる祭り」
6月22日	高知	B施設支援バザー　主婦ら
8月28日	高知	精神障害者がバドミントン同好会
9月18日	高知	福祉・健康講座　B施設にて
2000年1月5日	高知	B施設がホームページ開設
3月23日	高知	B施設でまつり

第4章　仲介者の介入による信頼の醸成と合意形成

日　付	新聞社	内　容
4月9日	高知	B施設で演奏会
5月9日	高知	居場所を求めて　「野いちごの場所」
7月2日	高知	広場そよかぜオープン　精神障害者の生活支援
2001年4月4日	朝日	心癒す一行詩　生活や病気素材に　高知の精神障害者
5月19日	高知	ピアカウンセリング　学び合おう
5月21日	高知	障害者　体験語り共有　B施設にて
6月2日	高知	精神障害者作業所法人化へ
7月8日	高知	小社会
8月1日	高知	精神障害者県内3作業所法人化へ　物品販売開始
9月5日	朝日	B施設支援チャリティバザー
11月26日	高知	第5回天然酵母パンを楽しむ会　B施設にて
2002年2月5日	高知	B施設支援バザー
5月8日	高知	グループ就労の場拡大　B施設
5月10日	高知	カフェB施設オープン
11月10日	高知	B施設開設5周年
11月11日	高知	よさこいピック高知　精神障害者も初参加
12月14日	高知	声ひろば「B施設のさらなる発展を」看護師
2003年1月25日	高知	B施設　フランスパン売り出す
3月19日	高知	障害者就労を積極支援
4月1日	高知	県内の精神障害者3作業所　きょうから通所授産施設に
4月18日	高知	精神障害者21人が詩集
7月16日	高知	精神障害者の思い届け　ミニコミ誌「もぐら塚」
10月1日	高知	サポートびあ　元気くれる活動
10月7日	高知	障害者と健常者一緒にパソコン教室スタート
10月26日	高知	精神障害者　対策で報告　地震避難処方箋は必携
11月10日	高知	精神障害者バレー見事に初Ｖ
2004年1月9日	高知	精神障害者半数に好影響　バレーボール
1月18日	高知	B施設のパンホテルの朝食に登場
1月23日	高知	ギャラリー「556」一新　社会復帰へ　喫茶併設
6月13日	高知	地域のいいところ発見　E小学校探検クラブB施設へ見学
7月9日	高知	B施設「私たちも消費税納めます」
9月15日	高知	B施設支援バザー
2005年9月2日	高知	B施設　精神障害者に資格を　市の委託でヘルパー講座
9月14日	高知	話題「生きる」　B施設
9月23日	高知	喫茶あさひ　リニューアル
11月1日	高知	障害者自立支援法成立　B施設施設長コメント
2006年3月24日	高知	所感雑感　B施設施設長
10月7日	読売	障害者バザー賑わう
10月16日	高知	精神障害者バレー　準優勝
12月3日	高知	アトピーでも安心　B施設天然酵母パン
2008年10月12日	朝日	社説　精神障害者も共に流す汗　スポーツ大会
10月14日	高知	精神障害者バレー初代王者
11月5日	高知	B施設新作パン6種類
12月9日	高知	B施設支援　12年の「根性」
2009年1月6日	高知	パン作りで自信取り戻す　B施設
6月11日	高知	B施設支え14年　寄付100万円突破
9月29日	高知	精神障害者早期診察を　B施設施設長談話

法人は説明会とは別に地元住民との交流会も実施し、そこで精神障害者の説明を行い、施設および精神障害者への理解を訴えているが、成果は得られなかった。そのような状況のなか、行政も交えて2回目の住民説明会が開催される。このとき説明会に参加した行政関係者は、県の厚生部長や市役所部長などの役職者達であった。その後、1994年に開催された住民説明会には、すべての回に行政の役職者が参加をしているが、年末に開催された何度目かの説明会の際、ついに住民の怒りが爆発する。具体的には、市役所部長X氏（女性）の話し方や説明の仕方、内容などに対する怒りであり、住民はX氏の言動すべてに拒絶反応を示した。なお、住民からはこの件に関し、「役所の人に厚生部長、医者みたいな人がいたが、その人が高飛車にものを言い、いろいろな話が全部癪に障った。それで神経が逆なでされた。何回目かの会議のときに『もう二度と出てくるな』と怒鳴ったら、それ以降出てこなくなった」「役所の人は役所の中で話すような言葉で話をする人が多いからこちらには伝わらない。話すのが下手な人が多い」といった話が聞かれた。

　一方、法人、行政との話し合いと並行して、町内会住民の一部は「設立反対の会」を立ち上げた。町内会全体にとって重要なことを勝手に決めた一部町内会執行部役員への反発と、金輪際、自分達の居住する町内会の役員として彼らを信用できないとの理由から、町内会は町内会執行部役員を中心としたグループと町内会役員に不信感を抱く住民とに二分化され、町内会は分裂を始めた。

　この時期は、住民からの法人および行政に対する不満と反感が住民説明会という場を通して表出し、町内会内部でのコンフリクトが発生し始めた時期である。大々的な動きとしては、「建設反対の会の発足」がみられる。

3　町内会分裂期──町内会内部のコンフリクト激化と仲介者の登場
　　（1995年1月～12月：t3）

　年末に開催された住民説明会での住民の強い反発を受け、県および市はそれまで説明会に出席していた役職者の参加を見合わせ、過去にごみ処理場お

および火葬場建設におけるコンフリクト問題に携わった経験のある、市役所職員Y氏を本問題の担当に任命した。1月に開催された住民説明会に出席したY氏は、法人と反対派住民とのやり取りを目の当たりにし、以下の方針を定め、行政および法人に徹底した。

(1) 今後は住民、法人、行政三者の話し合いは年に1、2回とし、
(2) 住民との話し合いは、行政側の代表であるY氏と反対派住民とで2週間に1回のペースで行う
(3) よって、法人と住民二者の話し合いは今後一切行わず、
(4) 法人ではなく、行政（Y氏）が物事の表に立つ
(5) 行政側の窓口をY氏に一本化し、当該問題に関する事項はすべてY氏を通して行う

また、Y氏は1月の説明会後、2週間に1度の話し合いと並行して、反対派住民宅への戸別訪問を開始した。戸別訪問を始めた頃は、Y氏は玄関にすら入れてもらえず、まったく話を聞く姿勢を示さなかった住民も、連日にわたり何度も訪問するうちに、まずは玄関先で立ち話をしてもらえるようになり、次は玄関までは入ることを許可され、そして秋頃には家のなかに入ることを許されるようになった。雨の日も風の日も、毎日のように夕方以降（市役所の業務終了後）に訪問してくるY氏に最後は住民が根負けした。

戸別訪問により、反対派住民一人ひとりとは次第に打ち解け始めたY氏であったが、2週間に1度の話し合いでは相変わらず反対派住民の態度は頑なで変化がみられなかった。

また、賛成派住民と反対派住民との対立も深刻化していく。この時期の賛成派および反対派の主な動きは以下のとおりである。

［賛成派］
・5月から賛成派としての活動を本格化
・施設建設のために必要な資金を集めるため、バザーを開催

・賛成派の会報作成・配布
　　・施設建設のための署名活動
　　・施設の早期建設を求め、連日市役所および県庁に嘆願を行う
　［反対派］
　　・反対派代表の所有地（市外山間部にある土地）を施設建設の代替地として貸与することを法人側に提案（法人側は即時却下する）
　　・反対派住民集会の開催
　　・11月、反対派住民による「西Ｉ町内会」設立、Ｉ町内会から離脱

　6月頃、反対派住民に高知県精神障害者家族会から施設建設反対の活動に対する抗議文が届いた。それを受け、反対派住民は活動を止めるのではなく、ますます反発を強め、施設建設反対の決意をさらに強硬なものにした。
　また、同年5月頃、1つの事件が発生する。施設建設予定地に立てられていた柱に、わら人形が打ちつけられ、建設地を見に行った法人関係者がそれを発見した。この一件を機に、法人と反対派住民との亀裂は決定的なものとなり、以後、法人側関係者は反対派住民への怒りと憤りの念を強め、反対派住民との接触を拒むようになった。
　この時期は、反対派住民との関係構築を目的としたＹ氏の地道な活動とそれによる反対派住民一人ひとりの変化がみられた時期である。しかし、「施設建設に反対している一個人」が「反対派住民」という集団になると、住民の態度は硬化し変化はみられなかった。
　また、この時期の大きな動きは、反対派住民による新町内会の立ち上げである。このことにより、賛成派住民と反対派住民との亀裂は決定的な断裂となり、以後、Ｉ町内会は、賛成派を中心とする「Ｉ町内会」と反対派を中心とする「西Ｉ町内会」に分裂する。さらに、「わら人形事件」により、反対派住民と法人との確執は修正不可能なものとなり、それに反して賛成派住民と法人との結びつきは強くなっていった。

4 行政－法人対立とY氏への信頼芽生え期（1996年1月〜7月：t4）

　法人関係者は、反対派住民の活動を抑え込もうとしないY氏に苛立ちを覚え始める。施設長は、「なぜYさんは反対派の住民に対して何もしてくれないのか。注意もせずに放置しておくのかわからなかった」と当時の心境を語っている。Y氏は法人側のこのような感情も理解しており、法人から自身に対して反発が起こることも想定の範囲内であった。Y氏はまず行うべき順序として、反対派住民との関係構築に重きを置いたのである。そのため、Y氏は前年から引き続き行っていた反対派住民宅への戸別訪問と2週間に1度の住民との話し合いを継続して実施した。その結果、これまで変化のみられなかった住民との話し合いの場にも小さな変化がみられ始める。それまでの話し合いの場では、常に法人への批判と施設建設反対に関する事柄が議論されていたが、少しずつ施設建設以外の話題がもち上がるようになった。Y氏および反対派住民は、「B施設のことよりもだんだん世間話の方が多くなっていった」と当時の状況を語っている。また、それまでは住民の一人が施設建設に対する反対の意見を言うと会場から拍手が沸き起こっていたが、6・7月頃には、誰かが法人に対する批判や施設建設反対に関する発言をしても、気がつくといつの間にか拍手をする人がいなくなっていた。戸別訪問、全体の話し合いの場を通して、反対派住民に内面的変化がみられ始めた。
　一方、法人はY氏への不信感を強め、当初Y氏が提示した方針に反して、直接行政担当部署との話し合いを始めた。1月末、法人はY氏に断りなく施設建設予定地の賃貸契約を締結する。
　また、賛成派住民と反対派住民とのコンフリクトは激しくなる一方であり、反対派住民による賛成派住民への嫌がらせも確認された。この時期の賛成派および反対派の動きは以下のとおりである。

［賛成派］
　・施設建設のための署名活動の実施
　・施設の早期建設を訴えるため、県や市などの行政機関を定期的に訪問

［反対派］
・賛成派住民代表者への嫌がらせ（自宅への落書き「出て行け！」「×」など）

　この時期は、反対派住民の内面的な変化が確認された時期である。具体的には、行政側担当者Y氏への信頼感が芽生え始めた時期と言える。この頃の反対派住民の行動は、行政や法人に対するものはみられず、賛成派住民に対するもののみであった。

5　Y氏への信頼醸成期──反対派住民の変化とバスツアーの実施
　　（1996年8月～12月：t5）

　この時期のY氏への感情について反対派住民は、「Yさんはじっと黙って自分達の言いたいことを全部聞いてくれた。それでその後にポツリポツリとものを言う」「あの人は行政マンとしてはダメだね。押しが弱いしいい人すぎる。でもああゆう人だから信頼できた」と振り返っている。一方、Y氏はこの頃の状況について「信頼や信用はまず個人に対するものから始まる。そして、その個人を含めた全体への信頼になるんです。信用してもらうには、こちらが一生懸命になっている姿を伝えること。こちらの思いを相手にわかってもらうようになること。そのためには、住民の訴えに耳を傾けて聴くんです。施設を作る意義はあまり話していません。聞く耳をもってくれているときにだけ話しました。どのレベルのときにどの話をするかが大切。住民説明会という集団相手と個人宅訪問という個人相手を平行して行いました。信頼を得るまでにかかった時間は半年から1年くらいです」と語っている。
　約2年にわたる地道な取り組みの結果、Y氏は反対派住民からの信頼を得た。それを確信したY氏は、反対派住民との話し合いの場で先進的な取り組みをしている精神障害者施設への見学バスツアーを提案した。反対派住民の代表者は、最初はバスツアーには行かないと断り続けていたが、最終的には反対派住民全員で参加することを了承する。理由は、「Yさんが行こうと言うから」というものであった。バスツアー実施後、Y氏は法人と住民との施

設建設に向けた最終段階の話し合いを行うことを決意し、11月、両者の間で交わす覚書の作成、そのための住民、法人との交渉を開始した。反対派住民は、Y氏が覚書を作るのであればと交渉に応じた。

また、賛成派住民と反対派住民との間のコンフリクトは、感情論で展開されたまま終息をみせず、両者の関係は平行線のままであった。この時期の両者の行動は、以下のとおりである。

［賛成派］
・施設建設のための署名活動を継続した結果、260戸の署名を得る
・施設の早期建設を訴えるため、県や市などの行政機関を定期的に訪問
［反対派］
・施設建設反対に向けた活動は行われていない
・Y氏への信頼→精神障害者施設がどのような施設であるのかを理解しようとする姿勢

この時期は、Y氏への反対派住民の信頼が醸成された時期である。その結果、Y氏が提案した見学バスツアーが実施されるに至った。また、このバスツアーは、反対派住民のみならず、賛成派住民も精神障害者施設がどのようなところであるかを知るきっかけとなった。

6　法人－地元住民調印、施設建設〜開設へ（1997年1月〜11月：t6）

1997年1月、A市役所特別応接室にて、市長、市議会議員、県担当部署部長立会いのもと、法人代表と住民代表が施設建設に係る覚書を交わし、調印を行った。これ以降、反対派住民としての活動は停止し、11月には施設名称を「B施設」とした高知県初の精神障害者社会復帰施設が開所した。1月以降、Y氏と反対派住民との話し合いなどは行われなくなったものの、反対派住民は個人的な付き合いとして、Y氏との交流をもち続けた。

しかし、調印に至ったあとも、賛成派住民と反対派住民との間の対立は解消されなかった。分裂した町内会は、分裂した状態でそれぞれが活動を続け、

両者の話し合いなどは一切行われていない。施設としては両方の町内会に加入する予定にしていたが、反対派住民を中心として形成された西Ⅰ町内会に先に加入したために、賛成派を中心とするⅠ町内会には加入することができなくなってしまった。賛成派住民は施設に対し、「なぜ建設に反対していた方の町内会に先に入るのか。あっちに入ったのならこっちには入る必要はない」と伝え、加入を認めなかった。施設はⅠ町内会に先に加入することになっていたが、Ⅰ町内会加入の手続き日に行事が入ったことにより手続きが行えず事務処理を先延ばしにしたところ、西Ⅰ町内会への加入手続き日が先になってしまったという経緯である。Ⅰ町内会はその経緯を把握していたが、それでも加入を認めなかった。

同年の年末、ある事故が起こった。B施設の利用者が隣家住民と自転車による接触事故を起こし、住民に怪我を負わせたのである。怪我をした隣家住民は激怒し、B施設施設長に激しく抗議した。それを受け、B施設は「一住民として、事故を起こすような危険な自転車の乗り方はしない」というルールを作成し、利用者および職員に徹底した。また、この事故発生を受け、真っ先に行動したのは元反対派である西Ⅰ町内会住民であった。事故発生後、西Ⅰ町内会代表数名が市役所を訪れ、Y氏に「この事故でB施設が活動できなくなったり、もめたりすることがないだろうか」「何とか穏便に解決する方法はないか」などの相談を行っている。なお、元賛成派であるⅠ町内会住民はこの事故発生に対して、何の反応も示していない。B施設が自転車の乗り方に関するルールを定めたことや西Ⅰ町内会住民による説得を受け、隣家住民は事故を取り上げ騒ぎ立てることなく、問題は終息した。

7　現在 (t7)

B施設は、西Ⅰ町内会の行事（年に1回の河川清掃など）に一住民として参加している。また、継続してⅠ町内会への加入も試みてはいるものの、依然として加入は認められていない。西Ⅰ町内会とⅠ町内会の関係は、個人同士のつながりはみられるものの、町内会としては分裂したままの状態であり、両

町内会の交流はみられない。なお、施設開設後から現在に至るまで、製造したパンやお菓子を買いに来るなど、施設との交流がみられるのは主に西Ｉ町内会の住民である。Ｂ施設関係者からは、「当時反対していた人が、今では町内の中で一番仲良くやっている」との声も聞かれた。

　また、市はＢ施設の運営をサポート、バックアップする存在であり、Ｙ氏はＢ施設の運営が軌道に乗るまで、パンの製造に必要な材料の手配や安定した収入が得られるよう、ホテルの朝食にＢ施設のパンを使用してもらうようにお願いに回るなどのサポートを行っていた。そして、Ｙ氏と元反対派住民との交流はその後も変わらずに続いており、年賀状のやり取りなどを現在も行っている。

第4節　考察

1　施設コンフリクトにおける仲介者の重要性

　Ｉ町内会執行部役員から施設建設の了承を得た法人は、町内会の住民全体に対し施設建設計画に関する説明会を実施した。なお、毎回の説明会には、市役所担当課の部長Ｘ氏も同席していた。また、法人は説明会とは別に地元住民との交流会も実施し、そこで精神障害者に関する説明を行い、施設および精神障害者への理解を訴えているが成果は得られなかった。その後、何度目かの説明会の際、Ｘ氏の話し方や説明の仕方、内容などに対する住民の怒りが爆発し、その後、住民はＸ氏の言動すべてに拒絶反応を示し、施設コンフリクトは終息するどころか激しくなる一方であった。この時点で、理解重視アプローチはすでに限界の状態にあったと言える。そこで、行政はＢ施設問題に関する対応窓口を、それまでに他のコンフリクト問題（ごみ処理場建設をめぐるコンフリクト事例および火葬場建設をめぐるコンフリクト事例）を扱った経験のあるＹ氏に一本化し、Ｙ氏は施設と地域との「仲介者」として機能した。なお、Ｙ氏は社会福祉施設建設に係る担当部署の所属ではなかったが、環境

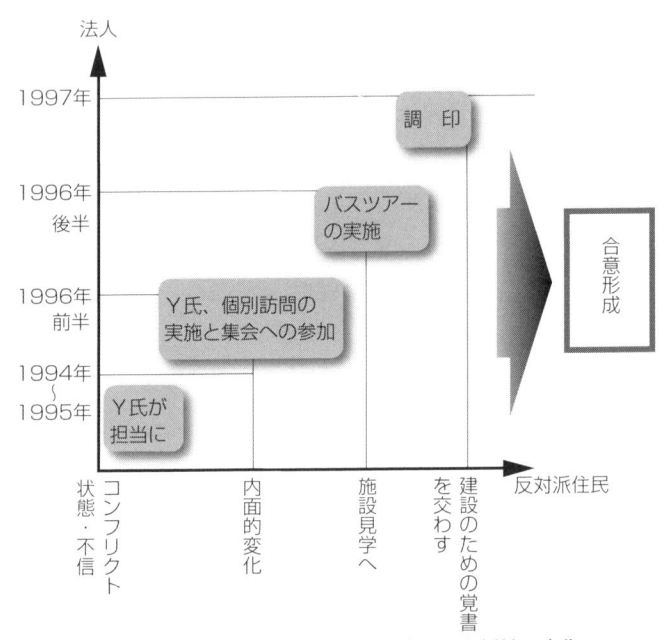

図4-3　Y氏の介入による法人と住民の関係性の変化

　施設へのコンフリクト経験があるという理由により、本件の担当になっている。Y氏が反対派住民と関わる際に意識していたことは「信頼関係の構築」であった。まずは、Y氏と個々の住民が個人間で信頼関係を形成することにより、そのことが個人（Y氏）の属している機関・団体（行政）への信頼につながり、最終的にはB施設建設への合意へとつながっている（図4-3）。

　Y氏が信頼関係を築くためにまず行ったことは、反対派住民の訴えに耳を傾けて「聴く」ことであった。批判も反論もせず、じっと声に耳を傾けることである。このようなY氏の姿勢について、反対派住民の代表は「黙ってこちら側の言いたいことを聞いてくれた」と述べている。Y氏はまず、相手の話に耳を傾け「受容」したうえで「共感」を示している。

　また、Y氏は個人宅を一軒一軒訪問して、住民一人ひとりと話をするという方法と住民との話し合いの場で全体と協議するという2つの方法を同時に行った。このような行動を約1年半続けるなかで、話し合いの場での反対派

住民の反応は少しずつ変化した。最初は施設を建設させないという目標で一致団結していた反対派住民が、反対意見を言う者に対してあまり同調を示さなくなった。また、個人宅への訪問では、最初は話をすることも許されず、軒先で追い返されていたY氏であったが、時間が経つにつれ次第に話ができる状態に変化した。はじめのうちは、個人宅での話題もB施設に関するものばかりであったが、次第にそれ以外の話題が多くなっていった。そして、信頼関係が構築され始めた頃、Y氏は先進的な取り組みを行っている精神障害者施設への見学バスツアーの提案を行い、反対派住民と一緒に施設見学に出向いている。このことは、法人と住民との調印に向けた最終的な話し合いに至る重要なきっかけの1つとなっている。

　反対派住民に対するこのようなY氏の関わりの手法は、これまで他分野でのコンフリクト問題において用いられてきたリスクコミュニケーションを用いたコンフリクト・マネジメント手法ときわめて類似する。日本リスク研究学会が提示しているリスクコミュニケーションの原則は、①市民団体・地域住民などを正当なパートナーとして受け入れ、連携すること、②コミュニケーション方法を注意深く立案し、そのプロセスを評価すること、③人々の声に耳を傾けること、④正直、率直、オープンになること、⑤多くの信頼できる人々や機関と協調、協議すること、⑥マスメディアの要望を理解して応えること、⑦相手の気持ちを受け止め、明瞭に話すことの7点である。Y氏は、地元住民は施設を一緒に作り上げていく仲間であると捉え、個人宅への訪問や2週間に1度の話し合いの場に参加する前には綿密にコミュニケーション方法を立案し、まずは住民の声に耳を傾け、それを批判することは決して行わなかった。そして、行政や法人関係者と連携し、地元新聞社に施設建設および精神障害者に関する記事の掲載を依頼し、また、先方から要望があれば積極的に取材に応じた。さらに、当該問題の前担当者であった市役所職員への住民からの不満を考慮し、住民に対してはできるだけ専門用語は用いないよう留意し、わかりやすい言葉で説明を行うよう心がけていた。

　Y氏は、ごみ処理場や火葬場でのコンフリクト対応経験から、信頼関係を築くためにはどのようなことを行えば良いか熟考したところ、ごみ処理場な

どでの対応と同じ行動を取ったとのことであった。そして、それが結果として反対派住民と施設との仲介者としてきわめて効果的に機能したのである。

また、反対派住民との交渉をY氏が行ったメリットは、客観的な立場で住民と関わることができたことにある。法人関係者は施設建設の当事者であるため、客観的に交渉を進めていくことが困難であり、主観的に話を進める場面が多くみられる。それに対して反対派住民は反発を示し、感情論に展開していく。Y氏は、行政のなかでも施設建設に直接的に関わる部署ではないという立場であったため、あくまでも仲介者として客観的に交渉を進めることが可能であった。

2　Y氏が用いた手法

Y氏は、本事例における施設コンフリクトに対しても、ごみ処理場や火葬場でのコンフリクトと同じ方法で対応したと述べている。しかし、ごみ処理所や火葬場で生じたコンフリクトに対処した際に参考にしたものなどは具体的には覚えておらず、「市役所にあった何かを参考にしたと思うが、それが何であったか覚えていない」と述べているため、どのようなものを参考にしていたのかは不明であるが、行政にあるコンフリクト対応に関する何らかの資料を参考にしていたことは確実である。

いわゆる環境施設に対するコンフリクトへの自治体の対応に関するマニュアルには、2002（平成14）年に環境省から「自治体のための化学物質に関するリスクコミュニケーションマニュアル」がある。このマニュアルが作成された目的は、環境施設に対する市民からのコンフリクトなどに対し、自治体がどのように対応することが望ましいかを示すことによって、最終的には施設を建設することにある。つまり、環境施設建設にあたり、市民の対応窓口になる自治体がどのような手法を用いればコンフリクトを合意形成に導くことができるのかを明確にしたものであり、このマニュアルを使用すれば、理論的にはどの自治体でも環境施設はコンフリクトを乗り越えて建設可能となる。マニュアルによる合意形成を目的としたリスクコミュニケーション手法

表4-4 マニュアルとY氏の対応の比較

環境施設に対するコンフリクトにおける対応	要素	本事例におけるY氏の対応
正当なパートナーとして受け入れ、連携する	地域住民との関係	市民もI町内会住民も施設を一緒に作っていかなければならないという意識のもと、働きかけを行った
注意深く立案し、そのプロセスを評価する	コミュニケーション方法	個人宅訪問と集会の両方からコミュニケーションを図った
まずは住民の声に耳を傾ける	意見交換	住民の言いたいことをすべて吐き出してもらうことに努めた
正直、率直、オープン	基本的な姿勢	嘘をついたり、ごまかしたりしない
多くの信頼できる人々や機関と協調、協議する	連携	関係機関や団体と連携を図った
積極的にマスメディアを活用する	マスメディア	問題発生から計画的に新聞を利用した
相手の気持ちを受け止め、明瞭に話す	話し方	できるだけ専門用語を使わず、住民にわかりやすい言葉で話すように心がけていた
市民に問題に対する窓口がわかりやすいようにする	窓口	当該問題に関する窓口を自身に一本化した
先進的な施設に見学に行く	見学会	信頼関係が構築されたと判断した時点で、先進的施設への見学バスツアーを実施した
市民を説得するのではなく、情報共有の場と考える	対話の場	施設の必要性などの話はせず、基本的には住民から聞かれたことに答えるという姿勢

の要素は、①地域住民との関係、②コミュニケーション方法、③意見交換、④基本的な姿勢、⑤連携、⑥マスメディア、⑦話し方、⑧窓口、⑨見学会、⑩対話の場、の10点である。

　Y氏は、ごみ処理場や火葬場でのコンフリクトと同じ方法を精神障害者施設におけるコンフリクトにも用い、そして合意形成に至っている。マニュアルに記述されている合意形成に向けて自治体が取るべき対応と今回のY氏の対応を比較したものが表4-4[4]である。表からもわかるように、それぞれの要素においてY氏はほぼマニュアルに沿った対応を行っていたことを指摘することができる。そして、その結果、B施設建設へのコンフリクトは合意に至ったのである。

これまで、精神障害者施設を含む社会福祉施設では、障害者や施設利用者に対する理解を深めることが施設コンフリクトを解消するためには重要な要素であるとされてきた。そのため、環境施設などで生じたコンフリクトに対し用いられてきた合意形成のためのコンフリクト・マネジメント手法に関しては、これまで取り入れられた形跡はない。また、先行研究においても、環境施設などにおけるコンフリクト・マネジメントに関し検証したものはみられない。

　しかし、本事例は、環境施設などでこれまで用いられてきたコンフリクト・マネジメントにおけるリスクコミュニケーション手法が、精神障害者施設で発生したコンフリクトに対しても有効であることを示している。これまで、社会福祉施設に対するコンフリクトが合意形成に至るか否かは各施設の力量に委ねられ、共通して用いることのできるマニュアルなどは存在していなかった。精神障害者施設におけるコンフリクトに対し、Y氏が環境施設に対するコンフリクト対応マニュアルを参考にし、それが有効に機能したという結果は、今後、社会福祉施設におけるコンフリクトを解消するためのガイドラインを作成するうえで、きわめて重要な示唆を与えるものである。

3　施設コンフリクトにおける「信頼」の重要性と信頼に与えるマスコミの影響

　なぜ自分達の居住する地域に施設を建設する必要性があるのかを理解することが困難である施設に関し、地域住民の多くはそれらが自分達に何らかの「リスク」をもたらすものであると認識することが多く、それが施設コンフリクトの原因になる場合が少なくない。本事例においても、当初、反対派住民は精神障害者への不安を反対の理由にあげている。

　リスクをもたらすと認識される事象に対し、「個人とグループそして組織の間で情報や意見を交換する相互作用過程」(National Research Council 1989：25) がリスクコミュニケーションである。そして、リスクコミュニケーションの際にまず重要となるのは、「信頼感の醸成」(宇田 2005：3) である。本事

例では、Y氏が住民説明会の場においてリスクコミュニケーション手法を展開したことにより、最終的には住民との信頼関係の構築に至っている。つまり、リスクコミュニケーションの最終目的を「当該リスクに関する理解の増進と当事者間の信頼関係の構築」である（木下 2004：6）とするならば、Y氏が用いたリスクコミュニケーション手法は目的を達成したと捉えることができる。

　これらのY氏と住民、そしてB施設との信頼の形成には、さらにもう1つの要素が影響していたと推察される。本事例では、コンフリクト問題発生から終結に至るまで、連日にわたり本問題に関する新聞報道が行われていた。また、本事例でのマスコミ報道は、行政が意図して行ったものであるため、ほぼすべての報道がB施設建設に対し肯定的な内容のものである。「私たちはマスメディアに依存した形で社会的現実を認識している」（山本 2004：3）ため、B施設に関する連日の報道は、少なからず地域住民に影響を及ぼしていたものと考えられる。

　また、B施設問題以降、高知県ではこれまで、精神障害者施設に対する地域住民からの大々的なコンフリクトは発生していない。B施設問題に関する新聞記事を通して高知県民が精神障害者施設の存在を知ることが可能となり、そのことにより精神障害者および施設について県民が学ぶ機会になったことは大きな意味があったと言える。

4　行政の取り組み姿勢と果たす役割

　B施設が施設コンフリクトを乗り越え住民との合意形成に至り、そして現在の関係を作り上げた要因の1つには、県および市など行政の存在がある。当該問題に関わった行政関係者は、Y氏を中心としてほぼ全員が最初から最後まで一貫した方針の下で行動していた。具体的な行政の方針は次のようなものである。

　　・施設ができてからも行政には役割がある。施設運営が安定するまでは、

サポート、バックアップしてあげることが必要。行政は施設を軌道に乗せるまでの仕掛け作りを行わなければならない
・地域住民と施設との関係性修復まで責任をもつ
・絶対に問題から逃げない。一回決めたら引かない
・施設ができたあとの責任について、行政も責任をもつ。あとの円滑な施設運営も行政が引いていては不可能である。責任を施設に押し付けない
・住民に行政が責任をもつことを明言する

　また、当時のB施設問題において仲介者として機能していたY氏は、全国的に施設コンフリクトが起こるのは行政の腰が引けているからだと述べている。B施設は社会福祉法人設立の施設であり、県や市の委託事業ではないにもかかわらず、行政が積極的に当該問題に関与したことは、施設コンフリクトが合意形成に至るうえでの大きな要因であり、また、現在B施設が住民と良好な関係性を構築できている理由の1つも、行政の関与が影響を及ぼしているものと考えられる。

　本事例における市を中心とした行政は、施設コンフリクト発生直後から合意形成に至るまで仲介者としての機能を果たした。さらに、施設が建設されたあとも、運営が軌道に乗るまでその活動をバックアップするという役割を果たしていた。

5　施設コンフリクトと地域特性

　結果において記述したように、今回の調査では「土佐人気質」という言葉が多くの対象者から聞かれた。具体的には、あっけらかんとした性格で男性は「いごっそう」、女性は「はちきん」という言葉で表現される。このような県民性を作り出す原因としては、歴史や風土、地形、気候、人口、産業などが挙げられ、このような県民性は全国各地に存在するものであり、これらの特性は少なからず施設コンフリクト問題に何らかの影響を与えているも

のと推察される。しかし、本研究においては、いわゆる県民性がどの程度施設コンフリクト問題に影響を与えているかについては検証をするに至っておらず、今後、必要があれば検証を行うべき事柄の1つとして認識したい。

6 施設が地域に及ぼす積極的側面

B施設問題では、まずY氏に対する地域住民の信頼が形成され、その後、Y氏の属する行政への信頼へ、そして、最終的には行政が推進するB施設への信頼が形成され建設に至った。また、B施設建設に至るまでの過程で、さまざまな人達の新たなつながりが確認された。具体的には、

- 施設建設賛成派としての活動におけるつながり（住民同士の新たなつながり、行政と賛成派住民とのつながり、法人関係者と賛成派住民とのつながり、精神障害者当事者会および家族会とのつながり）
- 施設建設反対派住民としての活動におけるつながり（住民同士の新たなつながり、行政とのつながり）
- 法人と関係機関、人とのつながり（法人－県－市－社会福祉協議会などの関係機関－精神障害者家族会－医療機関ソーシャルワーカー－他障害者施設）

といったつながりである。

また、施設への信頼の醸成はB施設に限らず、施設コンフリクトが合意形成に至った地域や施設コンフリクトが発生することなく施設建設に至った地域においてもみられるものと推察される。先行研究では、「他人への信頼度が高い人は、日常生活に満足している割合が高く、人とのつながりが豊かである」（草野・瀧口 2009：54）ことが示されている。

よって、今後は、施設を中心として信頼関係を形成している地域は施設が存在しない地域に比べ、社会的資本が豊かであるという施設の積極的側面を検証していく必要があると考える。

【注】
(1)　土佐弁の1つで、「快男児」「酒豪」「頑固で気骨のある男」などを意味する。
(2)　土佐弁の1つ。「男勝りの女性」を意味する。具体的には、話し方や行動などがはっきりしており快活、気のいい性格で負けん気が強いが一本調子でおだてに弱い性格。このような性質は土佐の男性と共通していると言われている。
(3)　当該問題が発生する以前からの町内会内の問題についても確認をしているが、本研究には直接的に関係性が見出せないこと、調査対象者から当該発言に関しては公言しないで欲しいとの要望があったため、本論文には記載していない。
(4)　環境省（2002）「自治体のための化学物質に関するリスクコミュニケーションマニュアル」http://www.env.go.jp/chemi/communication/manual/index.html.

第5章　条件闘争による合意形成と
　　　　その後の信頼の構築
　　　　──沖縄県Ｃ病院グループホームの事例から

第1節　研究方法

1　調査対象および調査方法

　調査対象施設は沖縄県F市にあるC病院グループホーム（以下、Cグループホーム）である。Cグループホームは、精神障害者を対象とした入居施設であり、設立は1996年4月である。事業内容は、地域のなかで住まいを確保し、世話人が入居者それぞれの相談に応じ、より自立した生活を行うことができるように支援を行うことである。各居室は、キッチン、シャワー室、トイレ、冷蔵庫などを備えた完全個室であり、プライベートを重視した質の高い居住空間になるよう配慮されている。入所対象者は、一定の自活力があり、生活維持のためにある程度の収入のある者とされており、入所定員は5名、入所期限は設けられていない。

　調査対象者は、現在の自治会会長および施設コンフリクト発生当時から現在に至るまで町内に居住している住民、利用者、子ども会関係者、自治会関係者、法人代表者（医療機関院長）、法人スタッフの計10名である。行政関係者については、①当時の状況を知る者がいない、②当時、行政は直接的には当該問題に関わっていないという2点の理由から、調査への協力は得られなかった。なお、調査期間は、2010年10月から2011年8月である。

　　［Cグループホーム関係者］
　　　　医療機関院長　　　　O氏（50代・男性）
　　　　法人本部長　　　　　U氏（50代・男性）
　　　　職員　　　　　　　　U氏（40代・女性）
　　　　利用者　　　　　　　D氏（30代・男性）
　　［地域住民］
　　　　現自治会長　　　　　U氏（60代・男性）
　　　　子ども会会長　　　　N氏（40代・男性）

子ども会役員　　　　T氏（40代・女性）
住民　　　　　　　　A氏（40代・女性）
　　　　　　　　　　B氏（40代・女性）
　　　　　　　　　　E氏（50代・男性）

　基本的に聞き取り回数は1回としたが、対象者によっては必要に応じて数回実施した。インタビュー方法は半構造的方法を採用した。また、記録のためのICレコーダー使用の了解を得たうえで、面接の内容は原則録音した。調査対象者の選定は、まず、法人代表者および現自治会長からインタビューを開始し、順次、法人職員、利用者、関係者、地域住民へと対象を広げる方法を採用した。

　倫理的配慮として、インタビュー依頼の際、本研究の趣旨、目的などの説明を行ったが、面接時にも調査趣旨を記述した説明用紙を基に調査の目的などについて再度説明を行った。

2　分析の視角

　ヒヤリング・レコードおよび分析の視点は、第4章第1節の「研究方法」に示したとおりである（65項、図4-1参照）。

第2節　結果

1　調査対象地域の概要

　沖縄県は、日本列島の南に位置し、南西諸島のなかで琉球諸島を占める地域である。気候は大部分の地域で亜熱帯に属する。歴史的には、明治時代の琉球処分まで日清両属の琉球王国であった。そのため、他の都道府県とは異なる文化・習俗が根づいている。また、国内有数の長寿地域としても知られ

ており、その食生活などが注目される反面、アメリカ統治時代に根づいた食文化が深く浸透しているため、沖縄県の平均寿命は変動している。太平洋戦争では、地上戦（沖縄戦）の末に米軍が沖縄を占拠したことから、1972年までアメリカ軍の政権下に置かれた。復帰後の現在でも多くの米軍基地が存在しており、重大な政治問題となっている。

　地理的には、49の有人島と多数の無人島からなり、県の最東端から最西端までは約1,000km、最北端から最南端までは約400kmと広大な県域である。沖縄本島の中部・南部は、那覇市・沖縄市を中心として都市化および人口集中が進んでおり、全面積の約5分の1に110万人以上が居住している。そのため、人口密度は全国で第9位である。合計特殊出生率、自然増加率、14歳以下の人口の割合は全国一高い。

　宗教はアニミズム[1]が基本であり、本土の神道の原形に近い形態である。琉球神道とも言われ、神社にあたるものとしては御嶽がある。また、祖先崇拝の風習も根強く残っている。琉球王朝時代には、仏教は王族や一部の上層階級が信仰するのみで、一般の人々にはあまり浸透していなかった。したがって、現在でも仏教信者の数は本土に比べると極端に少なく、僧侶とは別に「ユタ」[2]を呼ぶ場面も多くみられる。

　2008（平成20）年度の県内総生産は3兆6974億円である[3]。世界各国の国内総生産（GDP）と比較すると、世界80位以内の「国」に相当しており、世界の過半数の国より大きな経済規模を有している。一人あたりの県民所得は全国最下位で、全国平均の約70％である。また失業率は全国一高い。産業別人口の割合では、全国平均と比べて第二次産業の比率が全国一低く、第三次産業の割合が東京都に次いで2番目に高い。

　本事例のグループホームが位置するF市は、沖縄本島中部の東海岸（太平洋側）に位置する地方自治体である。2005（平成17）年4月1日、複数の市および町が新設合併し、F市が発足した。

2 調査対象施設の基本属性

(1) 施設所在地：沖縄県F市
(2) 施設設置年月：1996年4月
(3) 施設種別（精神保健福祉法上の体系）：精神障害者グループホーム
(4) 設立の背景：設立者（現在の病院長）の信念により設立
(5) 施設の設置主体：医療法人H会
(6) 施設の運営主体：同上
(7) 施設の規模：5名
(8) 用地の取得方法：民有地の購入および借り上げ
(9) 建物：新規に建設
(10) 施設周辺の地域特性：古くからの住宅街
(11) 現在の場所に施設を設置した理由：人との交流がしやすい場所だから
(12) グループホーム建設までに要した期間：2年間

3 ヒヤリング・レコード

(1) 医療機関院長　O氏
①当時の状況

　嫌だと言うのがほとんど。理解がない。一人で反対はできないから地域に先導する人がいるかいないか。3つ目の施設を作るときに問題が起こった。それまで2つ作っている。そのときには挨拶もしてくれた。公民館のなかに問題がある。うちをターゲットにした。区長が板ばさみ。突っつかれる。話し合いが極論にいく。理解云々ではなく、やめるやめないになる。揚げ足取りしかしない。「グループホームは100％危険じゃないか」と聞かれ、「100％はない」というと、それみたことかと言う。

　（Cグループホームは）職員の対応と力によってできた。職員が萎えなかったし、患者が減らなかった。やっていくことが法的に正しいかどうか。法的に

間違ったことはやっていない。職員と患者も一致団結した。

②反対の理由
　複合的な病院に対する不満分子がある。自分がO市出身で地元の人間ではないことがまず要因。地元以外の人間が大きなものを作ってどんどん大きくなるというのを快く思っていない。それをぶつける相手が精神障害者しかいない。そこをターゲットにしている。単に精神障害者への何とかいう簡単な話ではない。事業そのものを潰す。最終的には病院全体をなくす。患者はそのための材料に使われている。本来の偏見だけではない。本当に偏見があるならできても受け入れられるわけがない。本当はそんなに大きな偏見ではない。「隣は嫌だけど隣の隣ならいいよ」というレベル。病院はマイナスが大きいからこのような問題が起こるとたいてい撤退してしまう。

③反対派代表の7名
　親父が自民党の国会議員だった。反対していた7名みんな革新党で労働党。反自民党だったから、政治的に反対する人がいた。でも、よそ者だけど親父支持者がたくさんいたから作ることができた。反対者は患者をだしにして攻撃した。
　その7名は組合の人。一人は市の組合。7名全員地元の人ではない。だから地元愛がない。こんなことをして地元がどうなるかは知ったことではない。「お前は地元の人じゃない」と言われたから「お前らこそ」と言ったら余計に激高した。

④反対派とのやり取り
　ボールが相手にある。それが困る。工事を止めないと（建設反対の）看板が立つから、工事を止めて話し合いを待つと「協議するから待て」と言う。いつ協議してくれるか聞くと「まだ待て」と言う。向こうには何のデメリットもない。それを早くしろと言うと「その態度が横柄だ」と言う。

⑤公民館（自治会）との関係

　7名は公民館を巻き込んでいった。みんなも市議会議員をこの地区から出すために反対側に一致団結せざるを得ない。公民館も一緒に区をも巻き込んでするから大きくなる。

　自治会がバックにいてやっているかどうかが問題。住民だけでやっているのは大丈夫。

　公民館の自治会長を巻き込んだから大きな問題になった。その7名が自治会の理事になった。この問題が起こるまでに理事会はなかった。そういう意味ではこの問題が起こったことで自治会が活発になった。

⑥行政のポジション

　市長から仲裁の電話が入った。向こうもあげた拳を下げられないから市長に仲裁を頼んだ。看板があんなにある病院と看板ばかりしている地域がおかしいと両方非難されるから。

　一番役に立ったのは市議会。住民が議会に「こんな施設をばんばん作るのはおかしい」と訴えている。それに対して、議会はおかしいことではないと答えている。病院はこれまで問題はない、議会で決議しようかという話もあったが、あまり市民を刺激してはいけないということでしなかった。

　一番いけないのは県。県は早く撤退しろしか言わない。地域が受け入れないのなら、もういいじゃないかと言う。市当局はやると言っている。市は容認しているのに区には反対の看板が立っている。地域はどこまでなのか。市議会も地域なのだから、そこがOKしていればいいのではないか。地域とはいったいどこなのか。法律も逃げている。市の役場が認めれば地域のOKなのではないか。でも県は地域が認めていないという。しかし市も地域なのではないか。地域は誰が決めるのか。どこまでの同意が必要なのか。精神保健福祉法に地域の同意と書いてある時点で、精神障害者施策を推進する気がない。

⑦建設に向けて

　この紛争は、隣同士の喧嘩であって市との喧嘩ではない。お互い協定してこっちも謙虚になって、向こうの言い分を聞いた。住民は施設の動きがみえないから、みえるようにしてくれ、広報誌を毎月配れというから季刊誌にして年に4回、周辺の家に配っている。公民館活動への協力もしている。以前の区長もうちに反感があったわけではない。今の区長は問題のことは何も知らない。前の区長はかなり高齢だからもう話はできないと思う。

(2) 法人本部長　U氏
①グループホーム建設について

　グループホームは住宅地に近いところにあった方がいいということで、住宅地に近いかたちで申請した。農地を転用するために申請したら、それに対して異議申し立てが起こった。農業関係者から施設を作るらしいという話が出て反対運動が勃発した。

　もともとは農地。生活訓練施設と福祉ホームをすでに作っていた。そこは買い上げたものと借地。2つの施設を作るときは地主を呼んで落成式をやっている。K施設は沖縄県で初の社会復帰施設。マスコミがたくさん来ていた。その後、3つ目のグループホーム申請で、少し住宅地に入っていくということでそれまでとは少し違った。施設の拡大のときに若干反発があったが、こんなに大きいのは1つだけ。

②反対派との話し合い

　市が最終的に仲介するとなったとき、それまでに住民の方と何回も話し合いをした。私が行っただけで4回だったからその倍の8回はしたと思う。グループホーム着工まで2年かかった。

③反対の理由

　反対派の7名は区の住民。市民ではあるが区以外から来た人。公民館側が昔から住んでいる側で病院側は外の区から来ている人。キリュウミンの人。

第5章　条件闘争による合意形成とその後の信頼の構築 | 159

沖縄は地元以外の人という考えが強い。Y村が特に強い。地域外の人は怖くて住めない。米軍の恩恵を受けるのはもともとの土地の人で、他（島）から来た他島（の人）は受け付けないという意識。そういう村としての恩恵はもともとの村の人のみという考えが強い。何も知らない内地人だとポンとそこに住めるがもともとの沖縄人は無理。

　役員の人に向かって評議員の人が「あなたの家の隣に作ればいい」と言っていた。ほとんどがO市出身だったから。「O市に作ればいい」と言っていた。

④利用者への影響

　入院している人の家族が「何かできることはないか」と病院の家族会を立ち上げて、一緒に何かしていきたいという意見が出て、病院としての家族会を立ち上げた。話し合いに参加したり行政に一緒に行ってもらったりしていた。心強くて助かった。患者の目につくところに看板がどんどん立った。入院している患者が一番迷惑を受けた。体調を崩す人もいた。職員も看板のなかを通って出勤するのが嫌だった。

⑤法人側の譲歩

　就職した平成元年当時は、この辺は畑ばかりだった。道路は舗装もされていなかった。病院の後付けで舗装された。病院ができたことで区の人を優先的に就職させようという気持ちがあったので、反対という手を挙げなかった人のなかには、「就職している人もいるのに」と思っていたのではないか。第一次産業は農業の地域で、失業率も高いところだから、病院の就職は地元にはいい話。区の人は基本的に不採用にしないという方針だった。

⑥行政の関与

　市の仲介といっても、こちらが住民とある程度まで話し合ってから出てくるというだけのものだった。実際には市は全然関与していないと一緒。

⑦区民としての法人

　現在の自治会長から、「あんたらもU地区で生活する区民なんだから」と言われたときに、これまでのわだかまりや今まで法人として自治会にいろいろなものを提供してやったんだという思いがすっと胸に納まった。自分達も区民なんだから、法人区民としてできることを自治会にしなければいけないと思った。当たり前のように区民として扱ってくれる現在の自治会長はとてもありがたいと思う。

(3) 職員　U氏
①当時の状況

　今のグループホームが建ったところは、周りに何もなかった。グループホームが建ってから住宅ができた。当時は500世帯のうち170名がデモに参加。今は800世帯くらいある。

　それまでに大きい事件はまったくなかった。ここから車で1時間以上かかる首里での事件をもち出してきて反対した。ちょこちょこしたことはあったが、住民へは迷惑はかけていない。

②公民館（自治会）との話し合い

　公民館の話し合いは病院と公民館の1対1。市の話し合いでは、健康福祉部の方も入っていた。合議文書も市が作った。市が入る前に反対者側が和解しなければという思いがあった。施設は精神保健福祉法の理解規定を伝えていた。それを理解しないU自治会はどうなのかという思いが新聞報道を通して広がった。反対者側がそれをわかってきた。仲介書の内容は、それ以前にできている2つの施設と病院にも該当させるということになり、主に施設に適用した。

③マスコミによる報道

　マスコミもどんどん来て報道していた。デモの様子や落成式など。テレビには出なかったが新聞には出ていた。

④法人側の努力

　法人が表彰されたのは市と警察から。病院という企業としてパトロールをしている。区長と老人クラブの手薄になるときにうちがやっている。朝と夕方の通学のときにやっている。企業としてできることをやりますとして。月に1、2回グラウンドを提供している。

⑤現在の地域住民との関係

　ここ最近は嘘のように関係がいい。コンフリクトが終わってから交流している。

　今もちょこちょこした苦情はある。お墓にごみを捨てたとか、木がお墓にかかっているので刈って欲しいとか。今は何があってもシャットアウトにはならない。お客としてみている。利用している商店に週1回、職員が回っている。利用者はグループホームも合わせて80名くらいになる。商店にそれだけのお金が落ちる。今は反対運動とは真逆で、こんなことも許してくれたの？　という感じ。許してくれる風土がある。商店の一人はもと反対していた市職員だった。

　病院の夏祭りには、区民だけではなくF市から2,000人くらいの人が来る。特に問題のあと、なお一層足を運んでもらいたいから力を入れた。1,000人の参加者から2,000人になった。今はしょっちゅう交流している。私は週1回のペースで公民館に行っている。

⑥沖縄県の風土

　県民性で変わった人も受け入れる。グループホームでのコンフリクトのあと、沖縄ではコンフリクトは発生していない。排除する風土は小さいときからなかった。

(4) 利用者　D氏

①地域住民と利用者の交流

　当事者が広報誌を配っている。グループホームのメンバーが区民大掃除に

顔を出している。法人の運営している喫茶店で公民館の婦人会が作っているエコクラフトを販売している。区の夏祭りのときには屋台を出している。

(5) 現自治会長　U氏
①自治会について
　自治会は、認可法人化されているところが4～5ヶ所。平成20年10月に法人化した。区長は苦情処理や交渉などを行っている。区長一人と書記一人が常勤。月～金までで行事が入っていれば土・日も仕事をする。

　沖縄で公民館というと一般的に自治公民館を指す。生涯学習のミニ版。中央公民館から助成金を年間5万円もらっている。本土の公民館は公的公民館だが、沖縄では公的公民館が1館ずつあって、市に4館ある。公的公民館と自治公民館は違う。自治会活動と公民館活動がある。デイサービスも公民館主体。支えるのはボランティア15～16名。無料ボランティア。デイサービスの参加費は無料。一人200円の助成金を社協からもらっている。社協の委託を受けてしている。今よりも悪くならないように現状維持が目的。各公民館で行っている。社協から看護師が2名来る。体調チェックの上でデイサービスに参加する。プログラムもボランティアが考えている。

②区とグループホームがある場所について
　地区の戸数は800戸。最近はアパートが増えている。専業農家は2～3軒くらい。兼業農家は多い。とうきび農家は15軒くらい。ここら辺は住宅街。病院のある側が他の地区からの移住。反対側が昔からいる人。グループホームは昔からいる人の方にできている。

③当時の状況
　問題の経緯をみてみると、評議委員会で反対運動をしようとなったのではなくて、その上の会議で反対をしようと決まっている。原因は偏見だと思う。ああいう類いのものは山のなかに作るべきだと。市にも建設許可を下ろすなと言いに行ったり、議員にも反対しろと言ったり。最終的には協定書を作れ

第5章　条件闘争による合意形成とその後の信頼の構築 | 163

と。

④前自治会長の姿勢
　前の区長達が反対運動をしていた。前の区長は「意地でも病院は使わない」と言っていた。（前の区長は）役所にいて（役所に勤めながら）反対運動していたもんだからやりづらい。

⑤現自治会長の姿勢
　自分になってからガラッと変わった。作ってしまったんだから、仲良くした方が良いと思う。病院の人も一区民としてみれば仲良くできるのではないか。私にはわだかまりがないから。お互い協力してやっていこうという方がいいんじゃないか。石油会社に勤めていたが、そこでも反対運動があった。それをみているから。会社と地域は共存共栄の関係。会社が発展すれば地域も発展する。ここも石油会社のときのような共存共栄にしたい。病院も理解をしていただいて、そういった関係になってくれている。グランドゴルフもそれまでは市のグラウンドでしていた。病院を使うようになったのは5年くらい前から。病院のホールも無料で開放してもらっている。お互いのこれまでの感情を貸し借りのなかで、ある意味で利用できるんじゃないかと。院長はここまで来るのに10年かかったと言っていた。
　当初は、反対中心者はわだかまりがあった。障害者は視線が違うとか気分的に嫌だと言っていたが、考え方1つだよ、ちょっと頭が弱いだけなんだからと言ってだんだん慣れていく。私には面と向かって何か言う人はいなかった。評議委員会で決めたことなんだと。
　公民館自治会内でも「もあい」を月1回公民館でやっている。そこで情報交換している。評議員26名の飲み会に病院から3人来てもらっている。

⑥建設に至った理由
　これ以上は反対しても仕方ないから、条件闘争しなければとなったのではないか。最終的には市が保証するという形にして、市とここ出身の議員が間

に入った。きっかけは、カンフル剤ではなくてお互いの利害一致かもしれない。

⑦法人側の補償措置と努力
　来月のゴルフにも参加賞として200個パンを無料でもらう。そばも市価の半額で出してもらっている。相当助けられている。軽トラも1台寄贈してもらった。こちらから文書で要請した。いただいたことは区民に知らして、仲良くした方がいいと。病院に区費も払ってくださいとお願いして払ってもらっている。住民よりも少し多く。病院の協力は全戸に配布しているUたよりや自治会でこういうことがあると伝えている。一番は採用してもらうこと。老健も含めて雇用や行事への参加で助けられると恩返ししたいという気になる。だんだん病院にお願いしてみたら、となる。
　私達が心配した、子どもが暴行を受けるとかがなかった。もし1件でもあったら「それみたことか」となっていた。意外に静かじゃないかと。病院の相当の努力だと思う。あと、病院としては広報の配布などでできるだけ地域に溶け込もうとされている。

⑧現在の法人との関係
　住民検診にもグループホーム利用者が参加している。昔は夏祭りがあっても誰が行くかと思っていたが、みんなだんだんと病院がわかってきた。地道な努力。お互いに昔はああだった、こうだったとなっていると今はなかった。お互いに未来像を考えている。

(6) 子ども会会長　N氏
①現在の法人との関係
　子ども会も病院には協力してもらっている。見回りもしてくれるし助かっている。迷惑をかけられたことはない。

（7）子ども会役員　T氏
①法人へのお願い

　病院には絶対に事故を起こさないでくれとお願いしている。

②法人との信頼関係

　事故を起こすことはないという信頼関係で、今の関係が成り立っている。相互信頼があると思う。

③現在の法人との関係

　子ども会の夏のキャンプのときには、毎年、法人がもっている別荘を無料で貸してもらっている。子ども達も毎年のキャンプをとても楽しみにしている。それができるのも法人が無料で貸してくれるから。子ども会の他の行事にも、あちらからいろいろと提供してもらっているし、あちらの行事にはこちらからいろいろと提供している。もちつもたれつの関係になっている。

④現自治会長の役割

　今の区長でなければ、C病院との今のような関係はできていない。

（8）住民　A氏
①現自治会長の役割

　今の自治会長になってから変わった。前の自治会長のときは、C病院とは何の交流もなかった。今はいろいろと寄付してもらってるし助かる。自治会の行事なんかにもグループホームの人達が来るようになった。

（9）住民　B氏
①法人のパトロール

　こちらが感心しているのは、子どもの下校時に職員が2人ペアで6～7年の間ずっとパトロールしていること。「みせみせおじさん」などが下校時に多いから助かっている。

②現在の法人との関係

　施設の開放、C病院やグループホームの地域への積極的参加などでのもちつもたれつの関係。一番の反対の理由は恐怖心、怖いということだが、病院ができてから22年間、事件・事故がないことが一番。お互いの情報の共有化は信頼関係ができる要因だと思う。

(10) 住民　E氏
①現自治会長の役割
　できた当初はグループホーム、法人とは関係は悪かった。今の区長になってから関係性が良くなった。その前は区の行事があったことも向こうは知らないし、参加したことはない。一朝一夕で良い関係にはならない。お互い利用し合うのが良い。

②法人の補償措置と努力
　なんと言っても、事件事故が起きていないこと。病院の努力。起こさない仕組みを作り出している。夏祭りにも病院のものを貸してもらう。景品もパンを200個くらいもらっている。職員の地元採用もありがたいこと。

第3節　調査結果の分析

　分析の結果、施設コンフリクト発生から合意形成に至るまでに影響を与えた要素を表す12カテゴリ、44のサブカテゴリが抽出された（表5-1）。12カテゴリは、「U地区の特性」「自治会の活動」「グループホーム建設地」「7名の住民主導による反対運動の展開」「NIMBY現象」「行政のそれぞれの動き」「キリュウミン思想」「グループホーム建設者側の譲歩」「マスコミの報道が施設コンフリクトに与える影響」「前自治会長の方針」「自治会の変化」「県民性とコンフリクト問題の相関性」であり、それぞれに具体的なサブカテゴリが抽出された。なお、それぞれについては実例をあげて説明する。ま

第 5 章　条件闘争による合意形成とその後の信頼の構築　| 167

表5－1　施設コンフリクト発生から現在に至るまでに影響を与えた要素のカテゴリ

《カテゴリ》	〈サブカテゴリ〉
《U地区の特性》	1 〈第一次産業〉
	2 〈失業率〉
	3 〈もあい〉
《自治会の活動》	1 〈自治会の法人化〉
	2 〈自治公民館と公民館活動〉
《グループホーム建設地》	1 〈農地の転用〉
	2 〈住宅街よりの土地〉
	3 〈病院側と反対側〉
《7名の住民主導による反対運動の展開》	1 〈農業関係者から住民へ〉
	2 〈会議で反対を決定〉
	3 〈住民との話し合い〉
	4 〈看板の設置〉
	5 〈法的に正しい〉
	6 〈施設建設への大きな役割〉
《NIMBY現象》	1 〈あなたの家の隣に作ればいい〉
	2 〈原因は偏見や恐怖心〉
《行政のそれぞれの動き》	1 〈市の関与〉
	2 〈県の姿勢〉
	3 〈議会の議決〉
	4 〈市長からの電話〉
《キリュウミン（寄留民）思想》	1 〈地元以外の人間〉
	2 〈他島はうけつけない〉
	3 〈区以外の人〉
《グループホーム建設者側の譲歩》	1 〈お互いの利害の一致〉
	2 〈区民の病院への就職〉
	3 〈行事への支援〉
	4 〈軽トラ1台寄付〉
	5 〈区費の支払い〉
	6 〈パトロール〉
	7 〈法人誌の配布〉
《マスコミの報道が施設コンフリクトに与える影響》	1 〈新聞報道〉
《前自治会長の方針》	1 〈前自治会長の立場〉
	2 〈意地でも病院は使わない〉
《自治会の変化》	1 〈頻繁に交流〉
	2 〈区の行事に参加〉
	3 〈反対していた商店の人〉
	4 〈地道な努力〉
	5 〈事件事故の発生0件〉
	6 〈補償措置〉
	7 〈もちつもたれつ〉
	8 〈現自治会長の力〉
	9 〈情報の共有化と相互信頼〉
《県民性とコンフリクト問題の相関性》	1 〈コンフリクトの発生〉
	2 〈排除しない風土〉

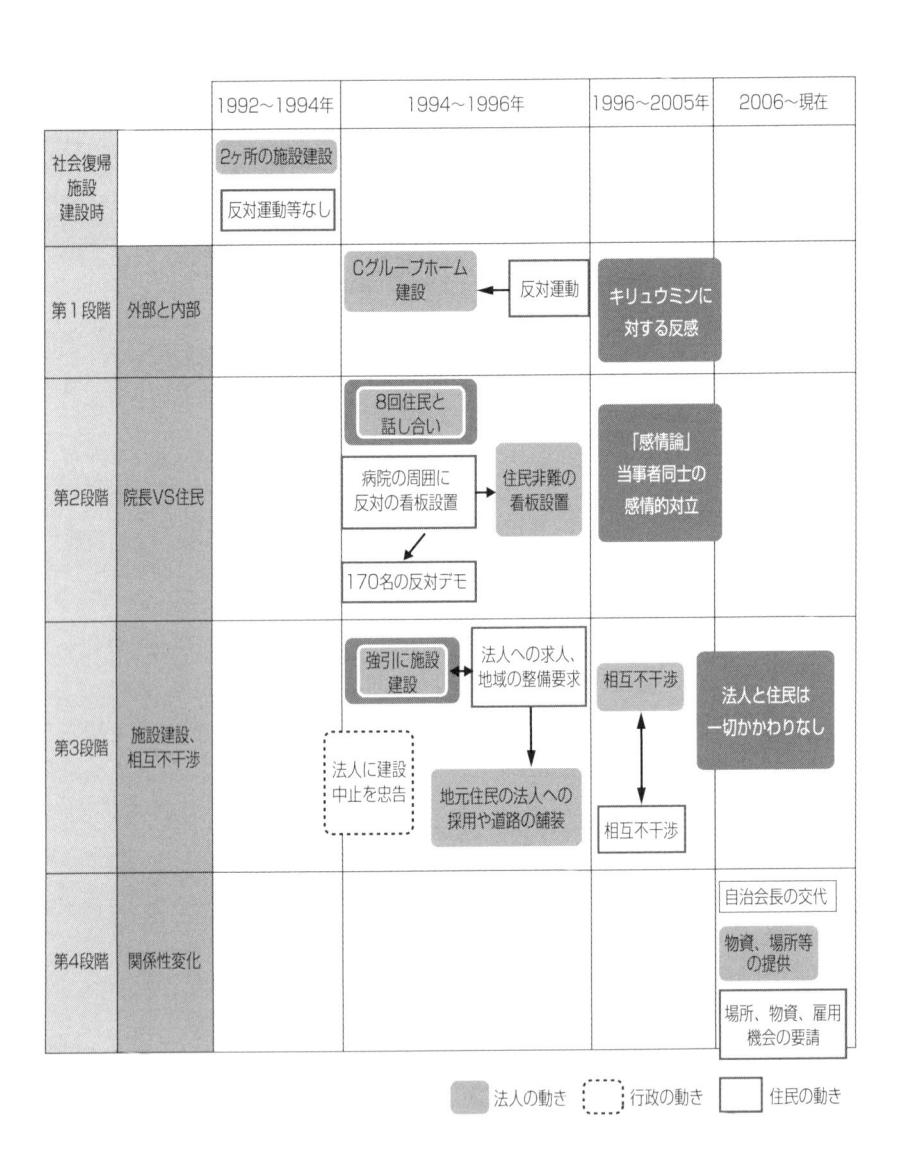

		1992〜1994年	1994〜1996年	1996〜2005年	2006〜現在
社会復帰施設建設時		2ヶ所の施設建設 反対運動等なし			
第1段階	外部と内部		Cグループホーム建設 ← 反対運動	キリュウミンに対する反感	
第2段階	院長VS住民		8回住民と話し合い 病院の周囲に反対の看板設置 住民非難の看板設置 170名の反対デモ	「感情論」当事者同士の感情的対立	
第3段階	施設建設、相互不干渉		強引に施設建設 法人への求人、地域の整備要求 法人に建設中止を忠告 地元住民の法人への採用や道路の舗装	相互不干渉 ↕ 相互不干渉	法人と住民は一切かかわりなし
第4段階	関係性変化				自治会長の交代 物資、場所等の提供 場所、物資、雇用機会の要請

■ 法人の動き　┆┆ 行政の動き　□ 住民の動き

図5-1　現在に至るまでの経過

た、Cグループホーム建設以前から施設コンフリクト発生、現在に至るまでの経過を図5-1に示す。

1　U地区の特性

このカテゴリは、グループホームが建設されたU地区の特徴を表したものである。

(1)　第一次産業
U地区の第一次産業は農業である。
　　「第一次産業は農業の地域」(医療法人関係者　U氏)

(2) 失業率
U地区は失業率が高い傾向にある。
　　「失業率も高いところだから」(医療法人関係者　U氏)

(3) もあい
沖縄県の「もあい」という金銭相互扶助がU地区にも残っており、現在でも定期的に開催されている。
　　「公民館自治会内でも『もあい』やってるよ。そこで情報交換してる」(U自治会長　U氏)

2　自治会の活動

沖縄県の自治会は、沖縄県以外の地域の自治会とは異なった形態で活動している。

(1) 自治会の法人化
U自治会は認可法人である。

「沖縄の自治会は認可法人化されているところが4、5ヶ所あってさ。うちも平成20年10月に法人化したわけさ。沖縄で公民館というと一般的に自治公民館を指すね」(自治会長　U氏)

(2) 自治公民館と公民館活動

U自治会の活動には、自治会活動と公民館活動がある。

「自治会活動と公民館活動があるさね。デイサービスも公民館主体でやってる。支えるのはボランティア15、16名くらいかな。無料ボランティアで。デイサービスの参加費は無料。一人200円の助成金を社協からもらってて、社協の委託を受けてしてる」(自治会長　U氏)

3　グループホーム建設地

このカテゴリは、現在グループホームが建設されている土地の特徴に関する事項である。

(1) 農地の転用

グループホーム建設地は、農地を転用したものである。

「農地を転用するために申請したら、それに対して異議申し立てが起こったんですよね」(医療法人本部長　U氏)

(2) 住宅街よりの土地

グループホーム建設地は、他の法人所有の施設よりも住宅に近い場所にある。

「グループホームは住宅地に近いところにあった方がいいということになって、住宅地に近いかたちで申請しました」(医療法人本部長　U氏)

（3）病院側と反対側
　病院がある側とその反対側で、住んでいる人が異なる。

　　　「病院のある側が他地区からの移住よ。反対側が昔からいる人。グループホームは昔からいる人の方にできてる」（自治会長　U氏）

　　　「公民館側が昔から住んでいる側で病院側は外の区から来ている人です」（医療法人関係者　U氏）

4　7名の住民主導による反対運動の展開

　このカテゴリは、グループホームへのコンフリクト発生経緯からその後の展開までに関するものである。

（1）農業関係者から住民へ
　グループホームが農地を転用して建設されることが、法人の説明よりも先に農業関係者から近隣住民に広まっていった。

　　　「農業関係者から、『施設を作るらしい』という話が出て反対運動が勃発したんですよ」

　　　「当時は500世帯のうち170名がデモに参加してました」（医療法人関係者　U氏）

　　　「3つ目の施設を作るときに問題が起こった。それまで2つ作っているにもかかわらず」（医療法人院長　O氏）

（2）会議で反対を決定
　グループホーム建設への反対は、自治会の会議で決定された。

　　　「評議委員会で反対運動をしようとなったのではなくてさ、その上の会議で反対をしようと決まってるわけさね」（自治会長　U氏）

（3）住民との話し合い
　施設コンフリクト発生後、法人と住民の話し合いが数回行われており、話

し合いは当事者同士のみで行われている。

> 「住民の方と何回も話し合いをしました。私が行っただけで4回だったから、その倍の8回はしたと思いますよ」(医療法人関係者　U氏)

> 「公民館の話し合いは病院と公民館の一対一だった」(医療法人本部長　U氏)

(4) 看板の設置

グループホーム建設反対の中心人物7名を中心に、建設反対に関する看板が医療法人の周囲に次々に立てられた。

> 「嫌だと言うのはほとんどでしょ。理解がないんだよ。一人で反対はできないから地域に先導する人がいるかいないかで決まる」(医療法人院長　O氏)

> 「患者の目につくところに看板がどんどん立ったんですよ」(医療法人本部長　U氏)

> 「工事を止めないと看板が立つから」(医療法人院長　O氏)

(5) 法的に正しい

自分達は法的に正しいことをしているという法人側の姿勢が、反対住民対理事長の感情論に発展していった。

> 「法的に間違ったことはやっていないんだから。職員と患者も一致団結した」(医療法人院長　O氏)

> 「精神保健福祉法の理解規定を伝えていました」(医療法人本部長　U氏)

5　NIMBY現象

NIMBYとは、施設の必要性は認めるが、自分達の近くではなく違う場所に建設して欲しいという考え方である。本事例においても、NIMBY現象が確認された。

（1）あなたの家の隣に作ればいい

住民から発せられた言葉。施設を作りたいのであれば、法人関係者の自宅近くに作ればいいという趣旨のもの。

> 「評議員の人が『あなたの家の隣に作ればいい』と言っていました」（医療法人関係者　U氏）

> 「母体の病院の院長がO市出身だから、『O市に作ればいい』と言ってました」（医療法人本部長　U氏）

> 「あういう類いのものは山のなかに作るべきだと言ってたんだよ」（自治会長　U氏）

（2）原因は偏見や恐怖心

グループホーム建設に反対する理由の1つとして、精神障害者への偏見や恐怖心があった。

> 「私達が心配した子どもが暴行を受けるとかがなかったのさね」（自治会長　U氏）

6　行政のそれぞれの動き

このカテゴリは、当該問題への行政の関与に関する事項である。

（1）市の関与

市の関与は問題の終結期であった。

> 「市の仲介と言っても、こちらが住民とある程度まで話し合ってから出てくると言うものでした。実際には市は全然関与していないと一緒です」（医療法人関係者　U氏）

> 「最終的に作る段階になって市が保証するというような形にしたんですよ。最後に市とここ出身の議員が間に入ったわけさね」（自治会長　U氏）

(2) 県の姿勢

県は地域住民の了解が得られないのであれば、グループホームは建設すべきではないという立場だった。

> 「県は早く撤退しろしか言わないんだよ。地域が受け入れないのならもういいじゃないかと、こんなことを言うんだ」（医療法人院長　O氏）

(3) 議会の議決

市議会はグループホーム建設に対して協力的な立場だった。

> 「住民が議会に『こんな施設をばんばん作るのはおかしい』と訴えていたんだよ。それに対して、議会はおかしいことではないと答えているんだね。病院はこれまで問題はないから、議会で決議しようかという話もあったくらい」（医療法人院長　O氏）

(4) 市長からの電話

反対派住民が市長に仲裁を依頼していた。

> 「市長から仲裁の電話が入ったんだよ。向こうもあげた拳を下げられないから、市長に仲裁を頼んだんだ。看板があんなにある病院と看板ばかりしている地域がおかしいと両方非難されるかららしいよ」（医療法人院長　O氏）

7　キリュウミン（寄留民）思想

このカテゴリは、沖縄県以外の人や沖縄島内でも他市町村の出身者は地元民として認めないという思想に関するものである。

(1) 地元以外の人間

地元以外の人間はなかなか受け入れないという、U自治会の風土。

> 「自分がO市出身で地元の人間ではないことがまず要因。地元以外

の人間が大きなものを作ってどんどん大きくなるというのを快く思っていないんだ」

「単に精神障害者への何とかいう簡単な話ではない」(医療法人院長O氏)

(2) 他島はうけつけない

地元以外の人は基本的にうけつけないという沖縄県民の特性。

「沖縄は地元以外の人という考えが強いんです。Y村が特に強いですよね。地域外の人は怖くて住めないくらい。米軍の恩恵を受けるのはもともとの土地の人で、他（島）から来た他島（の人）は受け付けないという意識なんです。そういう村としての恩恵はもともとの村の人のみという考えが強いから。何も知らないナイチャー（内地人）だとポンとそこに住めるけど、もともとの沖縄人は無理です」(医療法人関係者　U氏)

(3) 区以外の人

県や市レベルよりもさらに細かい「区」レベルでも他者を受け入れないという習慣がある。

「中心になって反対していた7名は、U区の住民だから市民ではありますけど、区以外から来た人だから」(医療法人関係者　U氏)

8　グループホーム設立者側の譲歩

グループホーム建設のために、最終的には設立者である医療法人が多大な譲歩をして、住民からの要求に応えている。

(1) お互いの利害の一致

2年間続いた施設コンフリクトは、最終的には条件闘争に入っていった。

「これ以上は反対しても仕方ないから、条件闘争しなければとなっ

たのではなかったかな」

「きっかけ、カンフル剤ではなくてお互いの利害一致かもしれないね」（自治会長　U氏）

「お互い協定してこっちも謙虚になって向こうの言い分を聞いたわけだよ。公民館活動への協力もしてますよ」（医療法人院長　O氏）

（2）区民の病院への就職

グループホームの母体である医療法人に求人があるときは、U地区の住民を優先して採用するという約束。

「失業率も高いところだから、病院の就職は地元にはいい話でしょ。U地区の人は基本的に不採用にしないという方針ですから」（医療法人本部長　U氏）

「一番は採用してもらうこと。でも、もうちょっとたくさん採用してもらわんとね」（自治会長　U氏）

「ここの人達もけっこう採用してもらってるからね」（住民　T氏）

（3）行事への支援

U自治会での行事の際には、医療法人が積極的に支援を行っている。

「夏祭りにも病院のものを貸してもらうしね。景品もパンを200個くらいもらってますよ。来月のゴルフも参加賞として200個パンを無料でもらう約束してる。そばも市価の半額で出してもらってる。自治会としては相当助けられてるね」（自治会長　U氏）

「区の夏祭りのときには屋台を出していますし、月に1、2回グラウンドを提供しています」（医療法人関係者　U氏）

「いろいろ寄付してもらってるし、助かってる」（住民　A氏）

（4）軽トラ1台寄付

グループホーム開設前後に、自治会からの要求を受け医療法人から自治会へ軽トラを1台提供している。

「軽トラも1台寄贈してもらったからね。こちらから要請した。文書で」（自治会長　U氏）
　「車までもらってるんよ」（住民　B氏）

（5）区費の支払い
　グループホームもその母体の病院もU地区の住民として、毎月区費を一般住民よりも多く支払っている。
　「区費も払ってくださいよとお願いして払ってもらってる。住民よりも少し多くね」（自治会長　U氏）
　「ちゃんと区費も毎月もらってるんですよ」（U自治会関係者　B氏）

（6）パトロール
　医療法人の職員が交代で毎日、小学生の登下校の時間に合わせて、地区のパトロールを行っている。
　「病院という企業としてパトロールをしています。区長と老人クラブの手薄になるときにうちがやってるんです。朝と夕方の通学のときにやってます」（医療法人本部長　U氏）
　「こちらが感心しているのは、子どもの下校時に職員が2人ペアで6、7年の間ずっとパトロールしてることだね」（自治会長　U氏）
　「見回りもしてくれるし助かるよね」（住民　N氏）

（7）法人誌の配布
　法人の動きが住民にわかるように、年に4回法人誌を無料で配布している。
　「住民は施設の動きがみえないからみえるようにしてくれ、広報誌を毎月ただで配れというから、季刊誌にして年に4回周辺の家に配っている」（医療法人院長　O氏）

9　マスコミの報道が施設コンフリクトに与える影響

　本コンフリクト問題は、沖縄県において最初で最後のコンフリクト問題であったため、主に新聞社が取材に来ていた。

(1) 新聞報道
　当該問題に関して、新聞による報道が何度か行われていた。
　　　「マスコミもどんどん来て報道してましたよ。デモの様子とか落成式とかを取材してました」（医療法人関係者　U氏）

10　前自治会長の方針

　現在の自治会長に交代するまで、自治会とCグループホームの母体である法人とは徹底的に相互不干渉の関係であった。

(1) 前自治会長の立場
　前自治会長は、Cグループホーム建設に対する反対運動を中心となって展開していた7名のうちの一人であり、そのため、Cグループホーム建設後も母体である法人とは完全に相互不干渉の関係性を貫いた。
　　　「前の区長達が反対運動をしていた」（現自治会長　U氏）
　　　「前の自治会長のときは、C病院とは何の交流もなかったね」（住民　A氏）

(2) 意地でも病院は使わない
　前自治会長在任中は、Cグループホームや母体である法人との交流は一切みられなかった。
　　　「前の区長は『意地でも病院は使わない』と言っていたから」（現自治会長　U氏）

第5章　条件闘争による合意形成とその後の信頼の構築　｜　179

11　自治会の変化

　5年前、現自治会長に交代してからはCグループホームおよび法人との交流が始まった。

(1)　頻繁に交流
　自治会と法人との交流は頻繁に行われている。
　　　「今はしょっちゅう交流している。私は週1で公民館に行っています」（職員　U氏）

(2)　区の行事に参加
　現在では、自治会行事にCグループホーム利用者も自治会住民として参加している。
　　　「住民健診にもグループホーム利用者が参加しているしね」（現自治会長　U氏）
　　　「自治会の行事なんかにもグループホームの人達が来るようになりましたよ」（住民　A氏）
　　　「グループホームのメンバーが区民大掃除に顔を出している」（利用者　D氏）

(3)　反対していた商店の人
　当時、反対運動をしていたうちの一人は、現在ではCグループホーム利用者や医療機関患者に対して理解のある住民の一人である。
　　　「今は何があってもシャットアウトにはならない。お客としてみている。利用している商店に週1回、職員が回っている。利用者はグループホームも合わせて80名くらいになる。商店にそれだけのお金が落ちる。今は反対運動とは真逆で、こんなことも許してくれたの？という感じ。許してくれる風土がある。商店の一人はもと反対していた市職員だった」（職員　U氏）

（4）地道な努力

　ここまでの関係性を形成するまでには、法人側の地道な努力があった。

　　「病院という企業としてパトロールをしています。区長と老人クラブの手薄になるときにうちがやっているんです。朝と夕方の通学のときにやっています。企業としてできることをやりますとして」（職員　U氏）

　　「病院の相当の努力だと思うね。あとは病院としては広報の配布なんかで、できるだけ地域に溶け込もうとしてるのが大きいね」

　　「昔は夏祭りがあっても誰が行くかと思っていたんだけど、みんなだんだんと病院がわかってきた。地道な努力だよね」（現自治会長　U氏）

（5）事件事故の発生0件

　Cグループホーム開設後、また、母体である法人のもつ医療機関開設後、一度も事件、事故が発生していないことが現在の関係性が構築できている大きな要因の1つである。

　　「私達が心配した、子どもが暴行を受けるとかがなかったのがよかったよね。もし1件でもあったら『それみたことか』となっていたよ。意外に静かじゃないかとね」（現自治会長　U氏）

　　「なんといっても、事件・事故が起きていないことが大きいんじゃないですか。病院の努力。起こさない仕組みを作り出していますよ」（住民　E氏）

　　「病院ができてから22年間、事件・事故がないことが一番」（住民　B氏）

（6）補償措置

　Cグループホームを建設するため、また、建設後の両者の関係性を良好なものにするために、法人は自治会へ多くの補償措置を行っている。

　　「月に1、2回グラウンドを提供しています」（職員　U氏）

「来月のゴルフも参加賞として200個パンを無料でもらうからね。そばも市価の半額で出してもらってるよ。相当助けられてる。軽トラも1台寄贈してもらったしね。こちらから文書で要請したらくれた。いただいたことは区民に知らせて、仲良くした方がいいと思って。病院に区費も払ってくださいとお願いして、払ってもらってる。住民よりも少し多くね。病院の協力は全戸に配布しているUたよりや自治会でこういうことがあると伝えてる。なんと言っても、一番は採用してもらうこと。老健も含めて雇用や行事への参加で助けられると恩返ししたいという気になるもんね。だんだん病院にお願いしてみたら、とこうなる」(現自治会長　U氏)

　「子ども会の夏のキャンプのときにはね、毎年、法人がもっている別荘を無料で貸してもらってるんですよ。子ども達も毎年キャンプをとても楽しみにしているからね」(子ども会役員　T氏)

　「今はいろいろと寄付してもらってるし助かります」(住民　A氏)

(7)　もちつもたれつ

　法人と自治会は相互利用の関係にある。

　「あちらからいろいろと提供してもらっているし、あちらの行事にはこちらからいろいろと提供してるよ。もちつもたれつの関係になってる」(子ども会役員　T氏)

　「子ども会も病院には協力してもらっている。見回りもしてくれるし助かってます」(子ども会会長　N氏)

　「施設の開放、C病院やグループホームの地域への積極的参加などでのもちつもたれつ」(住民　B氏)

　「会社と地域は共存共栄の関係。会社が発展すれば地域も発展するわけ。お互いのこれまでの感情を貸し借りのなかで、ある意味で利用できるんじゃないかと思った」(現自治会長　U氏)

　「法人の運営している喫茶店で公民館の婦人会が作っているエコクラフトを販売している。区の夏祭りのときには屋台を出してる」(利

用者　D氏)

(8) 現自治会長の力

　現在の両者の関係性に至ったのは、現自治会長の方針と力が大きい。

　　　「自分になってからガラッと変わったよ。作ってしまったんだから、仲良くした方が良いと思うんだよね。病院の人も一区民としてみれば仲良くできるのではないかね。お互い協力してやっていこうという方がいいんじゃないかな」(現自治会長　U氏)

　　　「今の区長でなければ、C病院との今のような関係はできてない」(子ども会役員　T氏)

　　　「今の自治会長になってから変わった」(住民　A氏)

　　　「できた当初はグループホーム、法人とは関係は悪かったんですよ。今の区長になってから関係性が良くなった。その前は区の行事があったことも向こうは知らないし、参加したことはないですよ」(住民　E氏)

(9) 情報の共有化と相互信頼

　Cグループホームの母体である法人と自治会が情報を共有し、法人が地道な取り組みを行うなかで、以前にはみられなかった法人への信頼が芽生え始めている。

　　　「お互いの情報の共有化は信頼関係ができる要因だと思う」(住民　B氏)

　　　「事故を起こすことはないという信頼関係で、今の関係が成り立ってる。相互信頼があると思うよ」(子ども会役員　T氏)

12　県民性とコンフリクト問題の相関性

　沖縄県における施設コンフリクト発生数の少なさには、沖縄県の「県民性」が関係している。

（1）コンフリクトの発生

本コンフリクト事例発生後は、沖縄県では施設コンフリクトは発生していない。

> 「グループホームでのコンフリクトのあと、沖縄ではコンフリクトは発生していないんです」（職員　U氏）

（2）排除しない風土

沖縄県には、精神障害者を含めた人を排除しない風土がある。

> 「県民性で変わった人も受け入れるんですよ。排除する風土は小さいときからなかったですから」（職員　U氏）

第4節　考察

1　施設コンフリクトと地域性との関係
　　――キリュウミン（寄留民）・地元民思想

　沖縄県では、本事例以外、社会福祉施設に対する大々的な施設コンフリクトは確認されていない。沖縄県の風土について「県民性で変わった人も受け入れる」「排除する風土は小さいときからなかった」という声も聞かれた。本事例における施設コンフリクトも精神障害者を排除することを目的として発生したわけではない。このように、精神障害者などの障害者への受け入れ意識は高いものの、一方で、地元意識がきわめて強く、地元以外の人間、いわゆる「キリュウミン（寄留民）」への排除意識は強い。

　Cグループホームをめぐる施設コンフリクトは、グループホームの母体組織である医療法人の院長が地元住民ではないこと、キリュウミン（寄留民）であることに対する地元住民の反発から発生している。つまり、地元以外の人間が、自分達地元住民が古くから居住している土地で大々的に事業を展開していくことに対し、それまで抑えていた不満が爆発したのである。その結

果、法人3ヶ所目となる施設（グループホーム）を建設しようとした際、地区500世帯のうち、170名もの住民がグループホーム建設反対のデモに参加する事態となった。

　本事例における施設コンフリクトは、地元意識が強い沖縄県、U自治会特有の風土ゆえに生じたものであると考えられる。調査を行うなかでも、「地元以外の人間」「キリュウミン（寄留民）」という発言が多くの調査対象者から聞かれた。地域性が深く関与した施設コンフリクト事例であることがわかる。

2　行政および仲介者の不在

　施設コンフリクト発生後、住民と法人との話し合いは平行線のままであり、問題の当事者同士による話し合いは感情論により展開され、最終的に話し合いの場は「両者の罵り合いの場」となった。法人側も「自分達は悪いことはしていない」「法律に反していないのだから住民から文句を言われる筋合いはない」という姿勢であったため、両者の歩み寄りはまったくみられなかった。そして、感情的対立が終息を迎えないまま、グループホームは建設に至っている。問題の最終段階では市が仲裁に入ることになったが、施設コンフリクト発生からグループホーム建設に至るまでのプロセスに行政の関与は一切みられず、また、仲介者による介入も確認されなかった。最終的には、条件闘争により住民が求めるものを法人側が提供することによってグループホームは建設可能となったが、両者の感情的対立が鎮火されないままにグループホームが建設されたことにより、建設後も両者の関係性は悪く、グループホーム利用者も地域に入ることができない状態が続いた。

　また、自治会の属する地域所管の行政関係者に調査依頼を行ったところ、当時のことを知る者がいないことを理由に調査協力は得られなかった。行政が問題に介入しなかった理由としては、先に述べた施設コンフリクト発生理由（キリュウミン（寄留民）に対する地元住民の不満）がその1つであることも推察される。

さらに、問題発生当時の自治会長がグループホーム建設反対派の代表7名のうちの一人であったことも、問題解決を困難にさせた理由の1つである。自治会長自らが先頭に立って反対運動を展開していたため、そこに第三者が介入することはきわめて困難な状況であり、法人および住民という当事者のみで問題に対応することを余儀なくされた。また、グループホームが建設されたあとも、前自治会長は法人との関係を一切もとうとはせず、両者は相互不干渉の状態が長く続いた。そして、譲歩を余儀なくされた法人側も「自分達は自治会に譲歩してやった」という意識が強く、地域に入り込み、地域の一住民として活動をしようという姿勢はみられなかった。そのため、グループホーム建設後も自治会長が交代するまでの数年間は両者の関係は改善されないままであった。

3 仲介者としての自治会長の役割

前自治会長から現在の自治会長へと役を交代したことを契機に、両者の関係は変化し始めた。現在の両者の関係には、現自治会長の考えが大きく影響を及ぼしている。現自治会長は、法人は同じ地域に暮らす住民の一人であると捉え、自治会と法人の共存共栄の考えを打ち出した。また、自身の考えを自治会の評議委員会の場で訴え、自治会評議員の合意を得た。評議員から合意を得た現自治会長は、そのあと、積極的に法人に働きかけを行う。働きかけの主な内容は、法人に対する一自治会員としての物品や自治会費の支払い請求、法人所有地であるグラウンドの無償提供（自治会の祭りや運動会などに使用するため）であり、それに法人が応えるというかたちで関係性は形成されていく。グループホーム建設後に自治会が法人に対して提示した具体的な要求は、

・自治会主催のゴルフ大会参加賞として、パンを200個無料提供
・法人付設の社会復帰施設で製造している沖縄そばを市価の半額で提供
・軽トラ1台寄贈

・住民よりも多額の区費の支払い
・自治会住民の法人への職員採用
・法人所有の別荘を無料貸与
・グラウンド提供
・児童登下校時のパトロール

などであり、法人側はこれらすべての要求に応じている。

また、自治会長の考えが自治会全体に影響を及ぼす理由の1つとして、沖縄県の自治会の体制が沖縄県以外の都道府県と異なることを指摘することができる。沖縄県の自治会は、認可法人化されているところが多く、U自治会も平成20年10月に法人化されている。グループホーム建設時には法人化されていなかったものの、ほぼ同様の体制がとられていた。よって、自治会長は認可法人の職員でもあり、基本的には月曜日から金曜日まで自治会館に出勤し、苦情処理や交渉などを行っている。沖縄県では、公民館というと一般的には自治公民館を意味し、自治会長の権限が沖縄県外の自治会に比べ強い場合が多い。したがって、グループホームの母体である医療法人との関係性をどのような方向性で形成していくのかに関しても、自治会長の影響力はきわめて大きいものであり、自治会員である住民は自治会長の方針に従う傾向が強いのである。

4　施設が地域に及ぼす積極的側面

前章における施設コンフリクト発生事例においては、施設建設に至るまでの過程のなかでさまざまな人や機関による新たなつながりが確認された。本事例においても、グループホーム建設をめぐる問題が発生したことにより、いくつかのつながりを確認することができる。

グループホームの母体である医療法人は1987年から当該地域で運営を行っていたものの、グループホーム建設への施設コンフリクトが発生するまで、法人と住民の間には関係性はほとんどみられなかった。しかし、施設コンフ

リクトが発生したあとは、以下のようなつながりを確認することができる。

- グループホーム利用者と地域住民とのつながり
- Ｕ自治会長、評議員と法人関係者とのつながり
- 法人利用者とＵ自治会住民との行事を通した交流

　施設コンフリクト発生以前にはみられなかった、人と人とのつながりが確認されたことは、施設コンフリクトを契機に、施設を中心とした新たな社会的資本が形成されている可能性を示すものであり、施設が地域に及ぼす積極的側面の可能性を示唆するものであると考えられる。

　以上、本事例は、条件闘争により施設コンフリクトが合意に至り、その後の仲介者の登場により、法人および地域住民の両者が共存共栄に向けて努力したことにより、両者の信頼が醸成された事例である。また、信頼の醸成により法人所有施設を利用する利用者と住民とが接触する機会が増え、そのなかで住民は精神障害者への理解を深めつつあるものと推察される。本事例からは、条件闘争による合意形成であっても、施設建設後の取り組みのあり方によっては信頼の醸成およびその後の理解へとつなげることが可能であることが示唆された。

【注】
(1)　生物、無機物を問わないすべてのもののなかに、霊魂、もしくは霊が宿っているという考え方。19世紀後半、イギリスの人類学者、Ｅ・Ｂ・タイラーが著書『原始文化』（1871年）の中で使用し定着した。日本語では「汎霊説」「精霊信仰」などと訳されている。
(2)　沖縄県および鹿児島県奄美群島の民間霊媒師（シャーマン）であり、霊的問題のアドバイスや解決を生業とする者。
(3)　平成20年度「県民経済計算」参照。

第 6 章　住民自身による施設整備に対する
　　　　　信頼とその後の理解の獲得
　　　　　——山口県Ｄ施設建設の事例から

第1節　研究方法

1　調査対象および調査方法

　調査対象施設は山口県G市にあるD授産施設（以下、D施設）である。D施設は、精神障害者を対象とした通所施設であり、設立は1996（平成8）年4月である。現在は、G市より障害者自立支援法に定められた地域生活支援事業の障害者相談支援事業、地域活動支援センター事業の委託を受け運営している。事業内容は、日常生活支援および相談支援事業であり、地域で生活する利用者の服薬、食事、金銭管理などの日常的な問題から、就労や休日・夜間における個々の悩みまであらゆる相談への対応を行っている。また、必要に応じて関係機関への調整なども行っている。

　調査対象者は、現在の町内会長および施設建設当時から現在に至るまで町内に居住している住民、行政関係者、利用者、町内会関係者、法人関係者の計8名である。

　調査期間は、2005年8月から9月および2010年4月から2011年8月である。

［D施設関係者］
　　施設長　　　　　　　　　　　　O氏（60代・女性）
　　指導員　　　　　　　　　　　　M氏（50代・女性）
　　I地区精神保健家族会会長　　　F氏（80代・男性）
　　利用者　　　　　　　　　　　　Y氏（40代・男性）
［地域住民］
　　現自治会長　　　　　　　　　　T氏（70代・男性）
　　現連合自治会長　　　　　　　　F氏（70代・男性）
　　住民（ボランティア）　　　　　A氏（60代・女性）
［行政関係者］
　　元G市高齢障害課　　　　　　　Y氏（60代・男性）

第6章　住民自身による施設整備に対する信頼とその後の理解の獲得 | 191

　基本的に聞き取り回数は1回としたが、対象者によっては必要に応じて数回実施した。インタビュー方法は半構造的方法を採用した。また、記録のためのICレコーダー使用の了解を得たうえで、面接の内容は原則録音した。調査対象者の選定は、まず、法人代表者および現自治会長からインタビューを開始し、順次、法人職員、利用者、関係者、地域住民へと対象を広げる方法を採用した。

　倫理的配慮として、インタビュー依頼の際、本研究の趣旨、目的などの説明を行ったが、面接時にも調査趣旨を記述した説明用紙を基に調査の目的などについて再度説明を行った。

2　分析の視角

　ヒヤリング・レコードおよび分析の視点は、第4章第1節の「研究方法」に示したとおりである（65頁、図4-1参照）。

第2節　結果

1　調査対象地域の概要

　山口県は本州最西端に位置し、九州地方との連接点の県である。県の北部・西部では曇天の日が多く日照時間が少ない。降雪量は瀬戸内海の沿岸部では少ないものの、中国山地の山沿いでは積雪量は多い。日本海側気候と瀬戸内海式気候との境界にあたる地域であるため、気候は二面性をもつ。また、強風・風雪・波浪注意報が発令されることも多く、年に数日程度は瀬戸内海沿岸部でも積雪が観測される。また、瀬戸内海側では、冬季の降水日数が日本海側ほど多くはないが、他の瀬戸内側の地域に比べて多いという特徴がある。

海岸線は臨海工業が立地し、幹線道路である国道2号も海岸線沿いに走っているため、かつては物流・内陸工業の面で労働力が集まっていた。このような産業構造と分布であるため、県庁所在地である山口市に人口が一極集中することなく、人口・物流・資本・情報は分散している。

調査対象施設のあるG市は、県内有数の観光地であり、年間約400万人の観光客が訪れる。また、瀬戸内工業地域の一角を担っており、G飛行場には、在日米軍（海兵隊）と自衛隊（海上自衛隊）の基地が存在する。

現在のG市は、2006（平成18）年3月、旧G市など8市町村が新設、合併したものである。旧G市は、江戸時代には吉川氏の治めるG領の城下町であり、長州藩から長い間支藩として認められなかったため、G領がG藩となったのは大政奉還後の慶応4年である。

2　調査対象施設の基本属性

(1) 施設所在地：山口県G市
(2) 施設設置年月：1996年4月
(3) 施設種別（精神保健福祉法上の体系）：精神障害者小規模通所授産施設
(4) 設立の背景：設立者（現施設長）の信念により設立
(5) 施設の設置主体：社会福祉法人
(6) 施設の運営主体：同上
(7) 用地の取得方法：公有地の借り上げ（無償）
(8) 建物：新規に建設
(9) 施設周辺の地域特性：古くからの住宅街、観光地
(10) 現在の場所に施設を設置した理由：人との交流がしやすい場所だから
(11) 施設建設までに要した期間：2年間

3 ヒヤリング・レコード

(1) O氏（D施設施設長）
①Y地区について

観光名所である橋を渡りきると公園にたどり着く。そこを左に折れて、山沿いを少し歩くと静かなたたずまいが続く。そこが、土塀が今も残るY地区である。竹林が小高い山の急斜面を覆っている。

②施設の概略、経過について

竹藪の中に農機具小屋があった。最初に訪ねたときは、作業所（D施設の前身）がどこにあるのかまったくわからなかった。まさかここに人がいるとは思わなかった。本当にびっくりした。でもそこにおられる利用者の方、その家族の方があまりにもそれまでみたことのない笑顔で私を迎えてくださったのが（この仕事を始めた）きっかけだと思う。ものすごくすがすがしく感じて、地面が揺らいだのはあのとき。当事は幼稚園に勤めていたが、みんなと一緒に居たかった。本当に、理屈抜きで。

結局、幼稚園での仕事が終わってからみんなに差し入れをもっていったり、勤めがお休みのときには作業小屋に行ってみんなと仕事をしたり、カラオケを歌ったり、ご飯を食べたりしていた。幼稚園のバザーのときに食券を配って（作業所のみんなを）招待したら、全員で来てくださったこともある。その頃何となくメンバーや会長さん達から、「OさんがD施設に来てくれたらいいね。でも何の身分保障もないから無理だよね」と言われていた。中途半端なことはしたくないと思ったので、夫の理解を得て幼稚園を辞めて作業所に入った。

D施設の目標は、「精神に障害があっても、地域で当たり前に生活したいという想いを実現すること」である。そのために、①精神に障害があっても自分らしく誇りをもって生きていこう、②毎日、充実した時間を過ごせるように心がけよう、③自分で、自己決定、自己責任がとれるようにしよう、④地域の人達との交わりに積極的にかかわろう、⑤なにごとにもみんなで力を

合わせて取り組んでいこうという5つの決まりを作っている。この約束（理念）に則って、メンバーは毎日活動をしている。

　D施設の行っている作業内容は、まず、市から委託を受けている公園の清掃とトイレ掃除である。G市は観光地で、ここから歩いて15分の公園は観光名所の一角である。そのため、主に落ち葉の清掃作業を毎日午前中に行っている。また、市からはリサイクル事業も委託されている。具体的には、ダンボール箱やアルミ缶、新聞紙などのリサイクル品を事業所から集めてきて、それをリサイクル業者に運ぶ作業を行っている。さらにG市からはEM菌の散布の仕事ももらっている。この仕事の担当のメンバーが、決まった日に水質浄化作用のあるEM菌を市内9ヶ所の河川に散布している。

　D施設独自の作業としては、まず、陶芸品の作成がある。干支の置物を中心にして、花瓶や湯のみ、コーヒーカップなどを作って、フリーマーケットや地区のバザーなどの催し物のときなどに販売している。また、A事業所から縁起物の組み立て作業を請け負っているが、これは最近めっきり数が減ってきた。時期的なものもあるが今はまったくない状態。パソコンが得意なメンバーは、パソコンとプリンタを使って年賀状や名刺、施設などのパンフレット、チラシの印刷をして注文してくれた人達のところに届けている。名刺は100枚1,000円で地区の方や施設の方々から注文をもらっている。

　その他の作業としては、草刈りや家の解体作業の手伝い、介護保険の対象外となる雑用（家の掃除や家具の移動など）を行っている。これらも主には市からの委託作業である。うちの施設は、市が協力してくれていることが非常に大きい。市営バスを利用して施設に通所するメンバーには、バスの運賃の9割が市から助成されている。このような高率の助成は県内では他に例がないと思う。市が（施設の存在を）認めてくれている以上、地域のみなさんも施設を認めざるを得ないという部分もあるかもしれない。

③施設のはじまり

　D施設の始まりは、農機具小屋でF（I地区精神保健家族会会長）ご夫妻が作業小屋を始めたことからである。そこにメンバーが集まる。最初は（地域の

方々の多くが）精神障害者を知らないし、露骨に嫌そうな表情をされる方がいたので、迷惑をかけたり苦情を言われたりしないようにひっそりと活動をしていた。しかし、そのうちにだんだんと近所とぎくしゃくしないかたちで自然発生的に活動を行えるようになっていった。そこに私がかかわる。狭くなったので米軍基地の近くの空き家に移る。周りの住民からは、何となくそこには障害の人が集まっているなと感じてもらえる。その頃すでに（I地区の）ボランティアグループがあって、地区にある精神科の先生方も参加されていた。つまり、ネットワークができ上がっていた。私達の周囲には、障害者を排除するのではなくて、つなぎ役をしてくれる方がいた。

④後援会の設立について

　平成7年に借りていた米軍基地近くの建物がなくなることになり、立ち退き問題が起こった。そのとき、河川法で引っかかった作業所の移転問題が同時に起こった。県の保健所は、「作業所が2つあるので1つにしたらどうか」と言ってきた。だけど私は、2つあるものを1つにするのは精神保健福祉の撤退につながるので、どんなことがあっても（なくすのではなく）移転させますと伝え、そのときに後援会を作った。お金が要る。理解してくれる人が要る。そこで、I地区精神障害者後援会を作った（後援会理事長は当時のI短大副学長）。理事長、F家族会会長と一緒に趣意書をもって頭を下げて回った。市議会議員全員には参与に（ほとんどの市議が賛成）、市長と商工会議所会長、医師会会長には顧問になって欲しいとお願いした。家族も一般市民も役員として参画した。

　私達は、市に土地を貸して欲しいと陳情を繰り返した。その当事、マスコミが作業所の移転問題を大きく取り上げていた。その追い風もあってお金は貯まった。結局、市から土地は無償で借りて、プレハブを赤い羽根募金で建てた。そのときに蓄えた1,500万が今の法人を設立するときの基本財産になった。とにかく、先の見通しがなくても取りあえずやってみようとすることが大切だと思う。

⑤ D施設の理念
　D施設にはスケジュールはない。自主性を尊重している。病院併設の施設は規則があって、規則を守らなければ退院あるいは退所させられると聞いたことがある。私達は、利用者の考え方に合わせて施設の運営をしていく。だから、利用者が何を求めているかに応えていくのが私達の役割だと考えている。（ここは）学校ではない。同じ目線でやっていく。利用者から教えてもらっている。きちんと生きていただくために、何ができるかを追求していきたいと思う。ここが居心地の良い場所でありたいと願っている。言葉と数字に出てくるのは簡単だが、そこに漂うもの、どのような血を流していくかの方が大切である。中身が大事だと思う。

⑥ D施設設立時の資金について
　医療法人が母体の精神障害者社会復帰施設と、地域の作業所からできた施設とでは施設の必要性が違う。できる経緯も違う。病院はお金がある。私達はお金がないところから出発した。お金がなくても絶対に（施設が）要る、お金集めをする、募金活動をする、講演会をさせていただく。どんどん外に出て行かなければならない。私達は500万円を集めた。お金を作ることは本当に辛いことだった。だけど、私達には人脈があった。支えになるネットワークがあった。すべて農機具小屋の時代からの人脈であり、ネットワークである。振り返ってみると、考えることも大切だが、考えながら同時に動かないといけない状況だった。また、そうでないと活動は始まらない。
　D施設ができて、「これが結果と思ってはいけない。出発点はあそこの農機具小屋である。メンバーさんと家族の方達が行き場所がなくて寄り添っておられた。あれが原点だから」と今も職員には言っている。

⑦ 住民説明会
　Y地区の連合自治会に施設建設の説明に行った。何か言われるのではないか、反対されるのではないかと不安な気持ちだった。ところが、自治会の方々が「いい施設を作ってください」と言ってくれた。反対や質問などは一

切出なかった。すごく嬉しかったし、頑張らないといけないと思った。

⑧施設建設後の地域との関係

　一昨年、メンバーが施設の外でトラブルを起こして、救急車とパトカーが来る大騒ぎになった。すぐに私とスタッフ1名とで自治会一軒一軒に謝りに行った。誰からも文句を言われなかった。「そんなこと全然気にしないですよ」「これからも頑張ってくださいね」などの励ましの言葉をたくさんもらった。胸が熱くなった。ただ、数ヶ月前に新しくできたアパートに引っ越してきた、小さい子どものいる若い夫婦だけは「うちには小さい子どもがいるが大丈夫か」と言われた。そのようなことを言われたのは自治会の全世帯でその家1軒だけだった。

(2) M氏（D施設指導員）
①施設開設当時について

　D施設になるまではひっそりと活動をされていたようなので、いつから活動をしているのかはっきりとはわからない。地域の噂で、「自治会長さん達が何かの活動を始めたようだ」ということは耳にしていた。そのときは、「そんな活動もあるんだな」くらいの認識で活動をしている人達がどんな障害をもっているかも知らなかった。

　活動を知ってから少しして、自分の娘がおかしいことに気がついた。突然大声を出して暴れたり、独り言を言ったり、家に閉じこもる。どうしたら良いのかまったくわからなかったし、誰に相談していいのかもわからなかった。「自分の娘がおかしい」なんて誰にも言えずにいた。そんなとき、自治会長さん達が行っている活動が精神障害者を対象としていることを知った。娘と一緒にすぐに訪問した。それまで一人で悩んでいたいことが嘘のように気持ちが軽くなった。ちょうどそのとき、活動の手伝いをしてくれる人を探しているとのことだったので、私からお願いをして手伝いをさせてもらうことになった。現在、娘はD施設には通所していないが、私はこれからもずっとD施設に来させてもらおうと思っている。今では、D施設は娘よりも私の心の

よりどころとなっている。

②地域住民の反応について

　地域の人達はいい意味でも悪い意味でも、本当によくD施設のメンバーの動きをみている。地域住民の人達は、メンバーが公園清掃やトイレ掃除をする姿をみて、だんだんと「精神障害者は真面目で怖くはない人達だ」ということを認識するようになった。最初は挨拶もあまりしてくれなかったが、今では向こうから挨拶をしてくれる。精神障害者に対する偏見はなくなっていると感じるが、地域の方々は本当によくみており、「メンバーの○○さんが公園でタバコを吸っていた」などの注意を受けることもよくある。

③今後について

　地域住民の多くの人達はD施設に対しての理解を示してくれているが、地域住民すべてがD施設に賛成してくれているかというと、そういうわけでもない。口には出さないものの、実際には「嫌だな」という感情を抱いている人もいると思う。今後、施設がうまく地域のなかで活動していくためには、事件やトラブルを起こさないことが絶対条件だと思う。また、これらからも今までどおり一生懸命公園清掃をして、その姿を住民の人達にみてもらうことが大切だと思う。D施設としては、地域住民の方々と一緒にできるようなイベントを随時開催して、また、地区の行事には職員もメンバーも積極的に参加していこうと考えている。そのようななかで、精神障害者に対しての差別や偏見を少しでもなくしていければと思っている。

(3) F氏 (I地区精神保健家族会会長)
①農機具小屋時代について

　私は務めを定年の4年前に辞めた。当時は定年が55歳だった。息子が大学生だったが心の病を患い、急性期には職場へ度々電話がかかり、仕事にも差し支えがあるので退職した。51歳のとき。そこで、農家の自宅の一室で作業所を開いた。子どもの気が紛れて良いのではと思って作業所を始めたのだ

が、次第に心を病む者が集まり（入りきれなくなり）、農機具小屋を増築して作業所にした。トタン掛けの土足小屋だ。周囲は藪で草もぼうぼう、夏はトカゲが出た。足の踏み場もない状態だった。組み立て作業の部品を取り揃えたり、納品前には家内と一緒に徹夜で働き通した。家内のサポートがなければ今日はないと思う。その頃、20人を超すメンバーが集まっていた。メンバーの家族も一緒だった。そのうち市役所の方がみえて、「何とかしなくてはなりませんね」と言われていた。市役所から大きなテレビをもらって、研修のビデオをみんなでみていたのもこの時期だった。

　今思えば、精神保健福祉の谷底の時代だった。その頃、Oさんが時折訪ねて来られていた。幼稚園の先生をされていた。私達は、「こんな方が作業所の指導員で来てくださったら」と夢のようなことを話していた。

②作業所の始まり
　人が増えて、仕事場の農機具小屋ではメンバーが憩う場所がなかった。その頃、米軍基地の近くに空き家があった。Oさんが教会の牧師さんにお願いして、そこを借り受けるようになった。ピアノもあり、ソファーもあり、厨房もあり、家具もそろっていた。週に一回、鍵を借りてはみんなでそこに通っていた。そのうち、県の保健所の方がみえて、正式に第二作業所となり（平成4年）、Oさんが初代の施設長になった。

　実はその頃、学習会もやっていた。当事のG市では、Oさん、I記念病院の家族会の世話をされる職員、ボランティア団体の会長（内科医師）などと一緒に、「精神障害とは何ぞや」といった勉強会をここで開いていた。この第二作業所は、県の保健所の世話で5年契約を交わし、家賃が月5千円だったと思う。

③D施設設立に対する反応について
　地域住民からの反対運動はまったくなかった。D施設ができるときに、O施設長と私、メンバーがそろって5人で地元の連合自治会約600世帯へ説明に出かけたら、何の問題もなく（D施設設立に対する）了承が得られた。私も

自治会の班長を5年ぐらいやっていた。また、私達のネットワークには市議会議員さんもおられ、それも強みの1つだった。

(4) Y氏（D施設利用者・山口県当事者会会長）
① Y地区について
　昔からある住宅街。住宅街は施設ができる前から当然あった。D施設を作るときには私も説明に行ったが、住民から「暴力を振るわれることはないか」と聞かれた。私は「それはない」と答えた。「長く付き合ってみないと（精神障害については）わからない」と答えた。地域の人と付き合ってもらえるようにどんどん外に出て行っている。

② 施設利用から現在までの経過について
　施設開所時から利用している。開所当時は地域とのかかわりはあまりなかった。メンバーの間でも施設のお茶当番などの当番表すらなかった。何から何まで全部スタッフにやってもらっていた。私は一番に「メンバーの当番表を作るべきだ」と提案した。スタッフにすべてを任せるのではなくて、自分達も自主性をもたないといけないと思った。当時は夏祭りやバーベキューも施設のみでやっていたが、施設開所の次の年からは地域との交流が始まった。今では地区の盆踊り大会の手伝いにも参加している。差別・偏見をなくしていきたいという気持ちから外に出てっている。

③ 地域住民の反応について
　草抜きをして欲しいという依頼もあるが、それは「やってくれ」ではなくて、「手伝ってくれ」というものである。私達にだけやらせるのではなく、地域の人々と一緒にやっている。地域の人達も最初は不審な目で自分達を遠巻きにみていたが、今では自分達の活動を応援してくれている。苦情が出たことは最近では一度もない。

④施設の取り組みについて

　施設開所前からずっと（精神障害者に対する）偏見をなくしていくための努力をしてきた。メンバーのみんなと一緒に外へ出て行く機会を作った。引きこもるのではなくて、どんどん外に出て行くようにした。その結果、開所当時はいなかったのに、今では施設に遊びに来る地域の人も多い。施設全体で明るい雰囲気を作るように心がけている。来たい人には誰でも来てもらうことにしている。

　施設のスタッフの人達も「やってはいけない」と言わない。本当に危険だったり、自分達にとってどう考えても不利になることについては「やらない方がいいのでは」という意見はくれる。しかし、他の施設ではむやみやたらに「ダメ」と言われるようなことがここでは絶対に言われない。自分達に考えさせてくれて、それをやらせてくれる。月に2回カレーの日があって、その日は全員分のカレーを作るのだが、材料も全部メンバー同士で考えて、自分達で車の運転をして買い出しに行っている。

⑤開所当時と現在の地域住民の対応の違い

　最近では、地域の人達が施設でリサイクルに出すために集めているダンボールや空き缶をもってきてくれたり、挨拶を向こうからしてきてくれたりする。開所当時はこちら側が挨拶をしても、挨拶を返してくれない人もいたが、今ではみなしてくれる。年を追うごとにどんどん地域との関係が良くなっている。

(5) T氏（現自治会長）

①住民の反応

　最初は精神障害者の施設だと聞いて、正直言うと気持ち悪かった。地区の住民もほとんど関わりをもたないようにしていた。実際、私自身も自治会会員達も精神障害者については知らない、わからないことがたくさんある。

　それが、いつの頃からか次第に言葉を交わすようになった。スタッフも利用者のみなさんもとても良い人達だし、熱心だし、私を始めとして多くの自

治会住民と役員達の考え方が変わった。私もこれからもっと精神障害について、精神障害者に対しての知識を身につけていこうと思う。

②住民の変化の要因
　やはり、人の理解を得るためにもっとも大切なもの、基本となることは結局のところ信頼関係だと思う。施設、施設職員に対しての信頼関係があるから、そこを利用している精神障害者の人達のことも、また、施設自体も受け入れられることができているのだと思う。

③D施設と自治会との関係
　自治会自体もD施設の活動をみているうちに、夢のある活動にしなければならないと考えるようになってきた。

(6) F氏（現連合自治会長）
①地域住民の反応
　自分は地元の自治会長を7年間やっていた。始めから自治会でD施設に対して批判したことはない。住民同士も施設に対して批判的な話をすることはない。ここの施設に対して反対などがなかったのは、施設の会長がこの地区の人だったことが大きい。会長の息子さんもD施設の利用者だから。会長はもともと地元によく貢献していた。その人が始めたのがよかった。この地域で老人ホームができるときには反対があった。

②D施設と地域との関わり
　D施設には自治会活動にも積極的に参加してもらっている。施設が積極的に自治会に入ってくるのがよかった。地域の盆踊りの屋台を出さないかとこちらから施設に案内を出している。

(7) A氏（住民・ボランティア）
①ボランティアの内容
　開所したときからお花とお茶をボランティアで教えに行っている。月1回、15時から1時間教えている。最初から特に何も思わずに行った。

②メンバーの印象
　みんなと会うのがとても楽しみ。とてもいい子ばかり。みんな素直。（メンバーは）家の前を通って施設に行っているのを知っていたからいつもみていた。

(8) Y氏（元G市高齢障害課）
①当時の状況
　県にも市にも、医療法人が母体で作っている施設が9割を占めていて、地域だけが単独で行っているものは他に例がなかった。だから、当時、新しい取り組みとして市としても建設したいと思ってD施設建設を支援していた。しがらみも何もないことがD施設の設置を認める決め手になった。行政の判断は間違いではなかった。
　行政は住民と施設との関係については何もしていない。今の施設長のOさんが精神障害者の人達とのつながりをもった時点で、どのようにすれば地域の人達に理解してもらえるのかを考え、自治体の理解を求めて個人的に朝・夕・晩すべての時間を使って努力された。自治会の人は実態として理解した。Oさんは個人の蓄えを全部施設につぎ込むようなことをした。そのような施設長だから支援しなければと思った。話をするなかでその想いがこちらに伝わってくる。Oさんが行政も市民も地域住民も動かした。Oさんが中心で回っていく。

②住民の反応
　募金活動や奨励なども行った。市の補助が少なければ市民の理解も得られやすいし、精神障害者への理解も深まるから募金はすべきだと思った。そし

て、職員、Oさん、当事者の日々の取り組み、つながりのなかで理解度が深まった。Oさんの力が大きい。住民はどうしても不安で（精神障害者のことが）よくわからない思いは否定できない。市民や地域住民が施設のことで行政に来ることは一度もなかった。

③施設と行政のつながり

　施設と行政のつながりがうまくいっていなければ、いい施設はできない。施設ができたあとの活用の仕方も（行政と施設とで）話し合い、両者の温度差が生じないようにしないといけない。当時は行政の立場から厳しいことも言った。施設と行政がしっかり手を握ってお互いの分野内で作っていかないといけない。いまだに何かあったらお互い話ができる。仕事を離れてつながりがもてているのはありがたい。

第3節　調査結果の分析

　聞き取り調査の結果、本事例においては、施設コンフリクトが発生することなく施設が建設されていることが明らかになった。しかし、施設開所当初と現在では、地域住民の施設に対する反応は異なっている。
　調査結果については、第1節で示した分析の視点に加え、①施設コンフリクトが発生しない要因、②地域住民の施設への反応が変化した要因の2点に焦点をあてて分析を行った。
　その結果、12カテゴリ、34のサブカテゴリが抽出された（表6-1）。12カテゴリは、「周辺地域の環境」「施設長と施設の出会い」「当時の状況」「施設の姿勢」「メンバーの意識」「施設関係者の『思い』と『力』」「行政の姿勢」「マスコミの報道」「つながりの重み」「地域住民の施設建設への反応」「住民の変化」「施設と地域の相互作用」であり、それぞれに具体的なサブカテゴリが抽出された。それぞれについては実例をあげて説明する。各カテゴリの関係は図6-1に示す。また、D施設建設以前から現在に至るまでの経過を

表6-1 作業所開設から現在に至るまでに影響を与えた要素のカテゴリ

《カテゴリ》	〈サブカテゴリ〉
《周辺地域の環境》	1 〈周辺環境〉
	2 〈D施設のある場所〉
《施設長と施設の出会い》	1 〈D施設の歴史〉
	2 〈D施設との出会い〉
	3 〈活動内容〉
《当時の状況》	1 〈背景〉
	2 〈作業所開設時の状況〉
	3 〈作業所の移転〉
	4 〈存続への取り組み〉
	5 〈資金の大切さ〉
	6 〈当時の行政の状況〉
《施設の姿勢》	1 〈D施設の理念〉
	2 〈D施設の姿勢〉
	3 〈しがらみのないD施設〉
《メンバーの意識》	1 〈メンバーの姿勢〉
	2 〈メンバーが外に出る意義〉
《施設関係者の「想い」と「力」》	1 〈会長の存在〉
	2 〈施設長の力〉
	3 〈想い〉
	4 〈法人による違い〉
《行政の姿勢》	1 〈行政の支援〉
	2 〈行政のあるべき姿〉
	3 〈法人と行政のつながり〉
《マスコミの報道》	1 〈マスコミの影響〉
《つながりの重み》	1 〈D施設の強み〉
	2 〈つながり〉
	3 〈つながりのなかから生まれる理解〉
	4 〈地域住民との共同とそこに必要なもの〉
《地域住民の施設建設への反応》	1 〈住民説明会と住民の反応〉
	2 〈地域住民の本音と反対の思い〉
《住民の変化》	1 〈地域住民の変化〉
	2 〈信頼関係の重要性〉
《施設と地域の相互作用》	1 〈地域と施設のかかわり〉
	2 〈D施設が与える自治会への影響〉

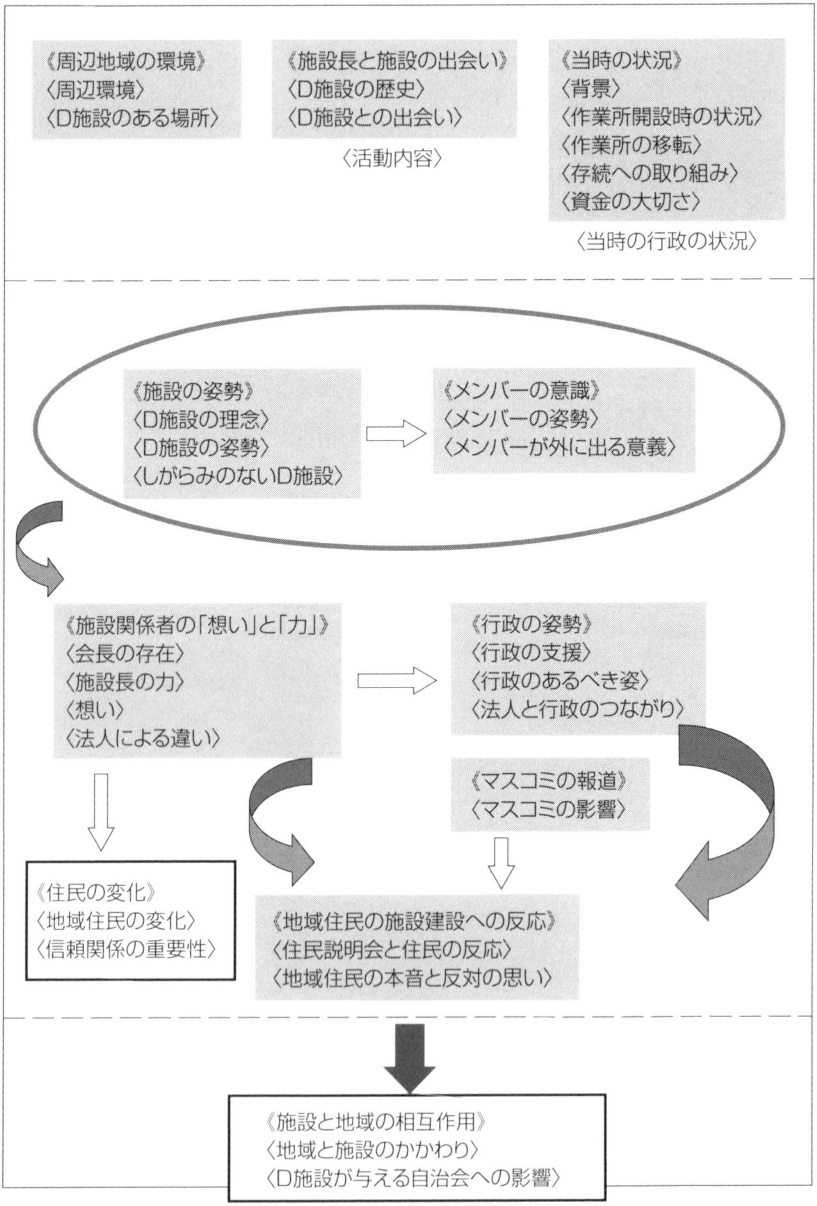

《周辺地域の環境》
〈周辺環境〉
〈D施設のある場所〉

《施設長と施設の出会い》
〈D施設の歴史〉
〈D施設との出会い〉
　　　〈活動内容〉

《当時の状況》
〈背景〉
〈作業所開設時の状況〉
〈作業所の移転〉
〈存続への取り組み〉
〈資金の大切さ〉
　　〈当時の行政の状況〉

《施設の姿勢》
〈D施設の理念〉
〈D施設の姿勢〉
〈しがらみのないD施設〉

《メンバーの意識》
〈メンバーの姿勢〉
〈メンバーが外に出る意義〉

《施設関係者の「想い」と「力」》
〈会長の存在〉
〈施設長の力〉
〈想い〉
〈法人による違い〉

《行政の姿勢》
〈行政の支援〉
〈行政のあるべき姿〉
〈法人と行政のつながり〉

《マスコミの報道》
〈マスコミの影響〉

《住民の変化》
〈地域住民の変化〉
〈信頼関係の重要性〉

《地域住民の施設建設への反応》
〈住民説明会と住民の反応〉
〈地域住民の本音と反対の思い〉

《施設と地域の相互作用》
〈地域と施設のかかわり〉
〈D施設が与える自治会への影響〉

図6-1　カテゴリ関係図（《　》はカテゴリ、〈　〉はサブカテゴリを表す）

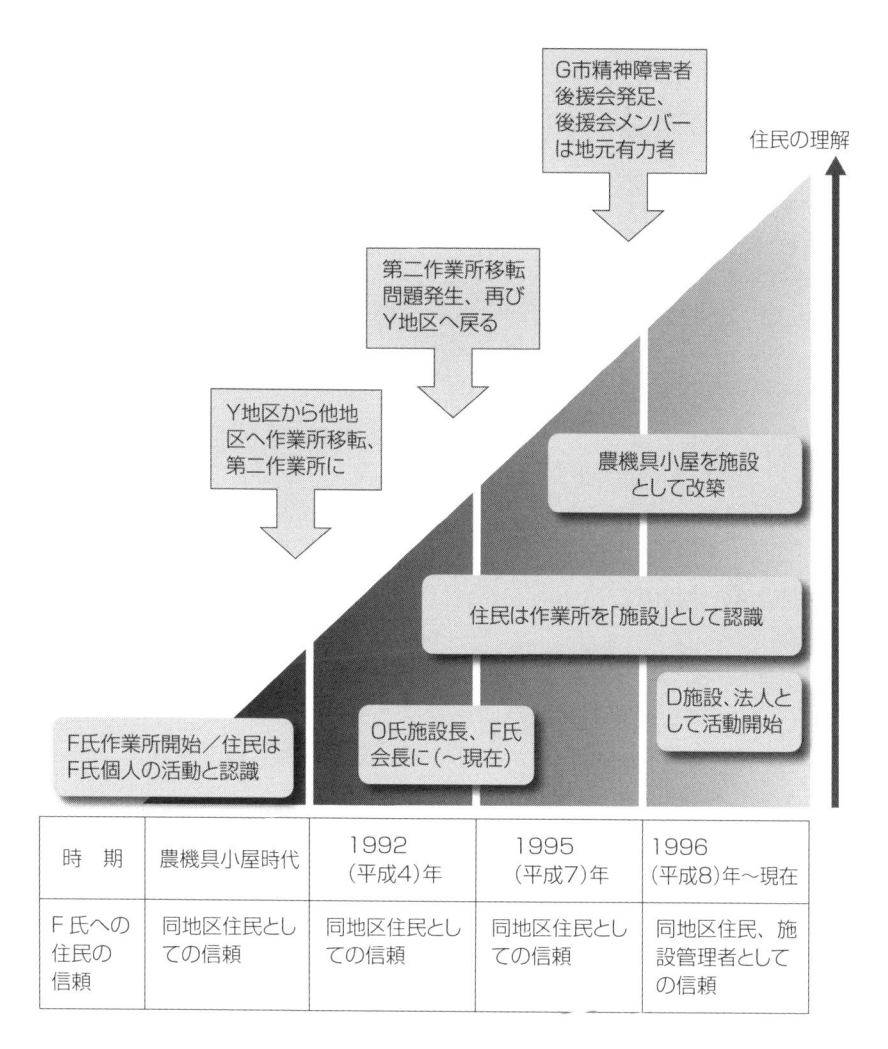

第6章　住民自身による施設整備に対する信頼とその後の理解の獲得　　207

　　　　　　　　　　　　　　　　　　　　　　　G市精神障害者
　　　　　　　　　　　　　　　　　　　　　　　後援会発足、
　　　　　　　　　　　　　　　　　　　　　　　後援会メンバー
　　　　　　　　　　　　　　　　　　　　　　　は地元有力者　　　住民の理解

　　　　　　　　　　　　　　第二作業所移転
　　　　　　　　　　　　　　問題発生、再び
　　　　　　　　　　　　　　Y地区へ戻る

　　　　　　　Y地区から他地
　　　　　　　区へ作業所移転、
　　　　　　　第二作業所に　　　　　　　　農機具小屋を施設
　　　　　　　　　　　　　　　　　　　　　　として改築

　　　　　　　　　　　　　　　　　　住民は作業所を「施設」
　　　　　　　　　　　　　　　　　　として認識

　　　　　　　　　　　　　　　　　　　　　　　　　D施設、法人と
　　　　　　　　　　　　　　　　　　　　　　　　　して活動開始
　　F氏作業所開始／住民は
　　F氏個人の活動と認識　　　O氏施設長、F氏
　　　　　　　　　　　　　　　会長に（〜現在）

時　期	農機具小屋時代	1992 （平成4)年	1995 （平成7)年	1996 （平成8)年〜現在
F氏への住民の信頼	同地区住民としての信頼	同地区住民としての信頼	同地区住民としての信頼	同地区住民、施設管理者としての信頼

図6-2　現在に至るまでの経過

図6-2に示す。

1　周辺地域の環境

　このカテゴリは、D施設のある周辺地域の環境に関するものである。

(1) 周辺地域
　D施設のある地域は観光地である。
　　　　「ここから歩いて15分の公園は観光名所の一角です」（施設長　O氏）

(2) D施設のある場所
　D施設が立地するのは古くからある住宅街の一角である。
　　　　「昔からある住宅街。住宅街は施設ができる前から当然あったよ」
　　　（利用者　Y氏）

2　施設長と施設の出会い

　このカテゴリは、現在も施設長であるO氏がD施設とかかわりをもつようになった経緯に関するものである。

(1) D施設の歴史
　D施設は、農機具小屋での活動から始まっている。
　　　　「D施設の始まりは、農機具小屋でFご夫妻が作業を始めたことですよ」（施設長　O氏）

(2) D施設との出会い
　施設長は当初、精神障害者が活動をしている場所だということを知らずに農機具小屋を訪れている。
　　　　「まさか（農機具小屋に）人がいるとは思いませんでした。本当にびっくりしました」（施設長　O氏）

「(Oさんは)幼稚園の先生をされていました。私達は、こんな方が作業所の指導員で来てくださったらと夢のような話をしていました」(家族会会長　F氏)

(3) 活動内容

D施設は、施設独自の作業の他に市からの委託業務を受けている。

「施設の行っている作業内容は、まず、G市から委託を受けている公園の清掃とトイレ掃除です」

「G市からは、リサイクル事業も委託されています」

「市からはEM菌の散布の仕事ももらっています」(施設長　O氏)

3　当時の状況

このカテゴリは、当時の時代的背景とD施設および行政の当時の状況に関するものである。

(1) 背景

農機具小屋での活動が始まった当時、精神保健福祉の状況は谷底にあった。

「今から思えば、精神保健福祉の谷底の時代でしたよ」(家族会会長F氏)

(2) 作業所開設時の状況

当時は、近隣住民にわからないように活動していた。

「D施設という施設になるまではひっそりと活動をされていたようなので、いつから活動しているのかはっきりとはわからないんです」

「そのときは『そんな活動もあるんだな』くらいの認識で、活動をしている人達がどんな障害をもっているかも知りませんでした」(指導員　M氏)

「子どもの気が紛れて良いのではと思って始めましたが、次第に心

を病む者が集まり、農機具小屋を作業所にしました」（家族会会長　F氏）

（3）作業所の移転

　農機具小屋から始まった作業所に集まる利用者が増えすぎたことにより、作業所に入りきれなくなり、場所を移さなければならない状態になった。また、移転した先でも建物がなくなることから、再度の移転を余儀なくされた。

　　「そのうち行政の方がみえて、『何とかしなくてはなりませんね』と言われました」（家族会会長　F氏）

　　「平成7年に米軍基地近くの建物がなくなることになって、立ち退き問題が起こりました」（施設長　O氏）

（4）存続への取り組み

　県は当該地区に作業所が2つあることを理由に、D施設の前身である作業所とその前から活動していた作業所を統合してはどうかと提案してきたが、施設長であるO氏はそれを拒否し、存続のための活動を開始した。

　　「私は、2つあるものを1つにするのは精神保健福祉の撤退につながるので、どんなことがあっても移転させますと伝え、そのときに後援会を作りました」

　　「後援会理事長は当時のI短大の副学長にお願いしました。市議会議員全員には参与に、市長と商工会議所会長、医師会会長には顧問になって欲しいとお願いしました。家族も一般市民も役員として参画しました」（施設長　O氏）

（5）資金の大切さ

　作業所を法人化するためには、多額の自己資金を準備しなければならなかった。

　　「病院はお金があります。私達はお金がないところから出発しました。お金がなくても絶対に要る、お金集めをする、募金活動をする、

講演会をさせていただく。どんどん外に出て行かなければならなかった。私達は500万円を集めました。お金を作ることは本当に辛いことでした」（施設長　O氏）

(6) 当時の行政の状況

山口県内にある精神障害者施設の9割が医療法人設立であったため、行政としても地域で活動する施設が欲しかった。

「県にも市にも、医療法人が母体で作っている施設が9割を占めていて、地域だけが単独で行っているのは他に例がありませんでした。だから当時、新しい取り組みとして市としても建設したいと思っていたんです」（行政関係者　Y氏）

4　施設の姿勢

このカテゴリは、D施設の理念や姿勢に関するものである。

(1) D施設の理念

D施設では5つの理念をメンバーにも示し、職員もメンバーもそれに則って活動を行っている。また、メンバーの自主性を尊重している。

「D施設にはスケジュールはありません。自主性を尊重しているからです」

「私達は、利用者の考え方に合わせて施設の運営をしていきます。だから、利用者が何を求めているかに応えていくのが私達の役割だと考えているんです」（施設長　O氏）

(2) D施設の姿勢

D施設では、施設の理念を施設の実態に反映させている。

「施設のスタッフの人達も『やってはいけない』と言わない」（利用者　Y氏）

（3）しがらみのないD施設

　D施設には、他の法人や施設にみられるような他機関や行政とのしがらみがまったくない。

　　　「しがらみも何もないことがD施設の設置を認める決め手になりました」（行政関係者　Y氏）

5　メンバーの意識

　このカテゴリは、メンバーの意識や取り組みに関する事柄である。

（1）メンバーの姿勢

　メンバーは、施設の理念である「自主性」に則り、自分達でできることは自分達で、という姿勢で活動を行っている。

　　　「スタッフにすべてを任せるのではなくて、自分達も自主性をもたないといけないと思ったんよ」

　　　「月に2回カレーの日があって、その日は全員分のカレーを作るんだけどね、材料も全部メンバー同士で考えて、自分達で車の運転をして買い出しに行ってる」（利用者　Y氏）

（2）メンバーが外に出る意義

　メンバーは自ら外に出ることを選択し、機会があればできるだけ外に出て行くように心がけている。

　　　「引きこもるのではなくて、どんどん外に出て行くようにした」（利用者　Y氏）

6　施設関係者の「想い」と「力」

　施設に関係している人達の思いやそれまでの取り組みなどが、施設建設の際にコンフリクトが発生しなかった要因の1つである。

（1）会長の存在

　施設コンフリクトが起こらなかった大きな要因の1つは、家族会会長が当該地区の住民だったことにある。

>　「ここの施設に対して反対などがなかったのは、会長がこの地区の人だったことが大きいですよ。会長の息子さんもD施設の利用者だからね。会長はもともと地元によく貢献していた。その人が始めたのがよかったんでしょう」（連合自治会長　F氏）

7　施設長の力

　行政は施設長の熱意や取り組み姿勢に感銘を受けて、施設建設に協力をしようと思うようになった。

>　「そのような施設長だから支援しなければと思いました」
>　「Oさんが行政も市民も地域住民も動かしたんです」（行政関係者　Y氏）

8　想い

　当時、施設長は精神障害者が地域のなかで当たり前の生活ができるようにしたいという一心で動いていた。

>　「振り返ってみると、考えることも大切だけど、考えながら同時に動かないといけない状況でした」（施設長　O氏）

9　法人による違い

　医療法人と地域で地道に活動してきた施設とでは施設の必要性が違う。

>　「医療法人が母体の精神障害者社会復帰施設と、地域の作業所からできた施設とでは施設の必要性が違います」（施設長　O氏）

10　行政の姿勢

　このカテゴリは、本事例における行政の役割と施設と行政とのつながりに関する事項である。

(1)　行政の支援
　D施設の建設から運営に至るまで、市が施設をバックアップしている。
　　　「市役所から大きなテレビをもらって、研修のビデオをみんなでみていた」（家族会会長　F氏）
　　　「市営バスを利用して施設に通所するメンバーには、バスの運賃の9割が市から助成されています。このような高率の助成は県内では他に例がないと思う」
　　　「市が（施設の存在を）認めてくれている以上、地域のみなさんも施設を認めざるを得ないという部分もあるかもしれないですね」（医療法人院長　O氏）

11　行政のあるべき姿

　行政は「施設とともに」という姿勢でいなければならない。
　　　「施設と行政がしっかり手を握って、お互いの分野内で作っていかないといけません」（行政関係者　Y氏）

12　法人と行政のつながり

　施設の設置主体である法人と行政のつながりは、良い施設を作っていくためには必要不可欠である。
　　　「施設と行政のつながりがうまくいっていなければ、いい施設はできません。施設ができたあとの活用の仕方も（行政と施設とで）話し合って、両者の温度差が生じないようにしないといけないと思ってい

ます」

「いまだに何かあったらお互い話ができる関係です。仕事を離れてつながりがもてているのはありがたいですよね」(行政関係者　Y氏)

13　マスコミの報道

本事例においても、マスコミによる報道が確認された。

(1) マスコミの影響
マスコミによる報道が作業所移転に良い影響をもたらしていた。

「その当事、マスコミが作業所の移転問題を大きく取り上げていました。その追い風もあってお金は貯まりました」(施設長　O氏)

14　つながりの重み

施設への理解は、当事者同士のつながりのなかから生まれるものである。

(1) D施設の強み
D施設に対して施設コンフリクトが起こらなかった要因の1つとしては、I地区精神障害者後援会の存在がある。

「私も自治会の班長を5年ぐらいやっていました。また、私達のネットワークには市議会議員さんもおられ、それも強みの1つでした」(家族会会長　F氏)

(2) つながり
施設を支えているのは、さまざまな人達のネットワークである。

「その頃すでに（I地区の）ボランティアグループがあって、地区にある精神科の先生方も参加されていました。つまり、ネットワークができ上がっていたんです」

「私達の周囲には、障害者を排除するのではなくて、つなぎ役をしてくれる方がいました」（施設長　O氏）

　　　「実はその頃学習会もやっていました。当事のG市では、Oさん、I記念病院の家族会を世話される職員、ボランティア団体の会長（内科医師）などと一緒に、『精神障害とは何ぞや』といった勉強会をここで開いていたんです」（家族会会長　F氏）

（3）つながりのなかから生まれる理解
　理解は短期間で深まるものではなく、日々のつながりのなかから生まれるものである。

　　　「職員、Oさん、当事者の日々の取り組み、つながりのなかで理解度が深まりました」（行政関係者　Y氏）

（4）地域住民との共同とそこに必要なもの
　地域のなかで住民と施設とが共生するためには、普段の活動の姿を住民にみてもらい、お互いに交流をすることが必要である。

　　　「これらからも今までどおり一生懸命公園清掃をして、その姿を住民の人達にみてもらうことが大切だと思います。D施設としては、地域住民の方々と一緒にできるようなイベントを随時開催して、また、地区の行事には職員もメンバーも積極的に参加していこうと考えています」（指導員　M氏）

15　地域住民の施設建設への反応

　このカテゴリは、本事例では表面上は反対運動などの発生は確認されていないものの、住民のなかには施設建設に対し不安に思う人達もいたという事実である。

(1) 住民説明会と住民の反応

　住民説明会の場では、施設建設に対する反対の声は上がらなかった。

　　「自治会の方々が『いい施設を作ってください』と言ってくれたんです。反対や質問などは一切出ませんでした」（施設長　O氏）

　　「（地域住民からの反対運動は）まったくありませんでした。D施設ができるときに、O施設長と私、メンバーがそろって5人で地元の連合自治会へ説明に出かけたら、何の問題もなく了承が得られました」（家族会会長　F氏）

　　「始めから自治会でD施設に対して批判したことはないですよ。住民同士も施設に対して批判的な話をすることはないですね」（連合自治会長　F氏）

(2) 地域住民の本音と反対の思い

　住民が集まる全体の場では反対は起こらなかったものの、住民のなかには施設を快く思わない人もいた。

　　「露骨に嫌そうな表情をされる方がいた」（施設長　O氏）

　　「地域住民すべてがD施設に賛成してくれているかというと、そういうわけでもないですよ。口には出さないものの、実際には『嫌だな』という感情を抱いている人もいると思います」（指導員　M氏）

　　「開所当時は地域とのかかわりはあまりなかった」

　　「住民から『暴力を振るわれることはないか』と聞かれた」（利用者　Y氏）

　　「最初は精神障害者の施設だと聞いて、正直言うと気持ち悪かったですよ。地区の住民もほとんど関わりをもたないようにしていました」（自治会長　T氏）

16　住民の変化

　このカテゴリは、施設開設直後から現在に至るまでの住民の施設に対する

対応などの変化に関する事項である。

(1) 地域住民の変化

施設開所当時と現在とでは、住民の反応は異なる。

「そのうちにだんだんと、近所とぎくしゃくしないかたちで自然発生的に活動を行えるようになっていきました」(施設長　O氏)

「最初は挨拶もあまりしてくれなかったんですが、今では向こうから挨拶をしてくれます」(指導員　M氏)

「地域の人達も、最初は不審な目で自分達を遠巻きにみていたけど、今では自分達の活動を応援してくれていると思う。苦情が出たことは最近では一度もない」

「最近では、地域の人達がダンボールや空き缶をもってきてくれたり、挨拶を向こうからしてきてくれたりします。開所当時はこちら側が挨拶をしても挨拶を返してくれない人もいたけど、今ではみなしてくれる。年を追うごとにどんどん地域との関係が良くなっている気がします」

「今では施設に遊びに来る地域の人も多いです」(利用者　Y氏)

「実際、私自身も自治会会員達も精神障害者については知らないし、わからないことがたくさんあります」

「いつの頃からか、次第に言葉を交わすようになりました。スタッフも利用者のみなさんもとても良い人達だし、熱心だし、私を始めとして多くの自治会住民と役員達の考え方が変わりました。私もこれからもっと精神障害について、精神障害者に対しての知識を身につけていこうと思っています」(自治会長　T氏)

(2) 信頼関係の重要性

理解を得るためには、まず信頼関係を構築することが必要である。

「一昨年、メンバーが施設の外でトラブルを起こして、救急車とパトカーが来る大騒ぎになったことがあります。すぐに私とスタッフ1

名とで自治会一軒一軒に謝りに行きました。誰からも文句を言われなかったんです」（施設長　O氏）

「やはり、人の理解を得るためにもっとも大切なもの、基本となることは結局のところ信頼関係だと思います。施設、施設職員に対しての信頼関係があるから、そこを利用している精神障害者の人達のことも、また、施設自体も受け入れられることができているのだと思います」（自治会長　T氏）

17　施設と地域の相互作用

施設と地域住民は、お互いの存在が良い作用をもたらしている。

(1) 地域と施設のかかわり
施設が地域のイベントなどに参加することなどにより、相互交流を図っている。

「D施設には、自治会活動にも積極的に参加してもらっています」
「地域の盆踊りの屋台を出さないかとこちらから施設に案内を出しています」（連合自治会長　F氏）

18　D施設が与える自治会への影響

D施設の活動が自治体の活性化につながっている。

「自治会自体もD施設の活動をみているうちに、夢のある活動にしなければならないと考えるようになってきました」（自治会長　T氏）

第4節　考察

1　施設コンフリクトが発生しない要因

　D施設では、施設建設時において、施設コンフリクトが発生することなく施設開所に至っている。そこには、いくつかの要因が認められるが、まず指摘されることは、D施設の前身である作業所の活動を当該地区に長年居住している住民の一人（F氏）が始めたという背景である。さらに、作業所を始めたF氏は地元精神障害者家族会の会長でもあり、作業所の活動は息子のために始めたものであった。当初、作業所の活動は、地域住民に精神障害者の集まりであるということを知られないようにひっそりと行われていたが、それに対する住民の反応は「会長が何か活動をしている」という程度のものであり、その後に「精神障害者が集まって何かしている」ということが住民の間で噂になってからも、苦情などは出ていない。

　また、F氏は施設建設以前から居住する自治会に貢献しており、そのため地域住民からの信頼を得ていた。住民は、信頼を寄せるF氏が作る施設に対しては、ある程度の信頼をしていたものと推察される。住民の一人である現在の連合自治会会長からは、D施設建設に対して住民から反対運動が起こらなかった理由として、「反対などがなかったのは、会長がこの地区の人だったことが大きい」「会長はもともと地元によく貢献していた。その人が始めたのがよかった」という意見が聞かれた。一方で、以前から同地区に居住し交流のあるF氏が作る施設に対して、住民は反対の声を上げにくかったという背景があったとも推察される。自治会に居住しながらD施設で指導員をしているM氏や現在の自治会長、D施設利用者への聞き取り調査からは、「地域住民すべてがD施設に賛成してくれているかというと、そういうわけでもない」「口には出さないものの、実際には『嫌だな』という感情を抱いている人もいると思う」「開所当時は地域とのかかわりはあまりなかった」「住民から『暴力を振るわれることはないか』と聞かれた」「最初は精神障害者の

施設だと聞いて、正直言うと気持ち悪かった」「地区の住民もほとんど関わりをもたないようにしていた」という当時の状況が明らかにされている。

また、施設コンフリクトが発生しなかったことに影響を与えた要因としては、施設建設に向けた「Ｉ地区精神障害者後援会」の立ち上げの際、地元の有力者に協力を要請したことも指摘することができる。具体的には、後援会理事長には当時のＩ短期大学の副学長が就任している。さらに、参与には市議会議員のほぼ全員が就任し、市長、商工会議所会長および医師会会長は後援会顧問として就任している。一般的に人々からの信頼を得ていると考えられる立場の人達を後援会の重要なポストに配置したことにより、住民の施設への不安は和らいだものと推察される。また、社会的地位が高い人ばかりではなく、後援会役員として住民と近い立場にある他の地区に居住する一般市民や施設利用者の家族が参画したことも、住民の不安を和らげる要因になっていたものと考えられる。

2　住民が変化した要因

施設開設当初、施設コンフリクトは発生していないものの、住民すべてがＤ施設に対して好意的な反応を示したわけではない。利用者に対して露骨に嫌そうな顔をする人もいれば、利用者が挨拶をしてもそれを無視する住民もいた。ところが、Ｄ施設および利用者が地域のなかで日常的に活動を行うことにより、地域住民の反応は変化する。Ｄ施設の施設長や指導員、利用者、住民の一人でもある現自治会長からは、「そのうちにだんだんと近所とぎくしゃくしないかたちで自然発生的に活動を行えるようになった」「最初は挨拶もあまりしてくれなかったが、今では向こうから挨拶をしてくれる」「地域の人達も最初は不審な目で自分達を遠巻きにみていたが、今では自分達の活動を応援してくれている」「最近では、地域の人達がダンボールや空き缶をもってきてくれたり、挨拶を向こうからしてきてくれたりする」「年を追うごとにどんどん地域との関係が良くなっている気がする」「今では施設に遊びに来る地域の人も多い」「いつの頃からか次第に言葉を交わすように

なった」といった意見が聞かれた。当事者との日常的なかかわりのなかから、住民に施設や利用者に対する「この人達は自分達に対しマイナスになるようなことはしない」という信頼が生まれ、その結果、施設や利用者に対する理解が深まりつつあるものと考えられる。現自治会長からは、「実際、私自身も自治会会員達も精神障害者については知らないし、わからないことがたくさんある」「これからもっと精神障害や精神障害者についての知識を身につけていこうと思っている」という意見が聞かれ、住民には依然として精神障害や精神障害者への知識や理解がないことがわかる。しかし、だからといって施設や利用者を排除するのではなく、住民側の利用者を理解するために知識を身につけようとする姿勢を確認することができた。

　また、住民の対応の変化には、G市がD施設を全面的に支援し、G市とD施設が連携していることが影響を与えていることも指摘することができる。G市はD施設建設の際の住民への説明会などには参加していないものの、利用者がD施設に通所する際のバスの運賃を補助したり、テレビなどを施設に寄付することにより、D施設の活動を支えている。施設長の「市が（施設の存在を）認めてくれている以上、地域のみなさんも施設を認めざるを得ないという部分もあるかもしれない」という発言は、市が住民に与える影響の大きさを表している。

　第4章で取り上げた高知県での施設コンフリクト事例においても、行政職員の存在が施設コンフリクトの合意形成に対してきわめて重要な役割を果たしていた。本事例においても、行政が全面的にD施設の活動を支援していることが、住民に対し影響を及ぼしていることがわかる。両事例における行政職員は、実際に果たした役割は異なるものの、両者ともに地域で活動する施設への支援に情熱を注ぎ、施設関係者とともに施設建設や運営に携わっている。このような行政職員の存在は、施設が地域で存続するためにきわめて重要な要素の1つであると言える。

3　施設と地域の相互作用

　施設開所当時は、施設の運営に対し快く思っていない住民の存在も認められたが、住民は次第に施設や利用者を信頼するようになり、現在では相互にとって良い影響を及ぼし合う関係に進展している。具体的には、施設は自治会のイベントに参加することにより、利用者が社会に参加する機会を住民から提供してもらい、住民は施設の活動に刺激を受け、自分達の居住する自治会を夢のある自治会にしたい、夢のある活動をしなければならないと考えるまでに至っている。施設開所から7年が経過し、その間のさまざまな過程を経てようやく現在の関係に至ったのである。

　また、7年という長い年月をかけて信頼関係を構築した結果、2年前にD施設でトラブルが発生した際も住民からは反対運動どころか苦情さえ出なかった。トラブルの具体的な内容は、D施設メンバーが施設の外で暴れ、施設職員に暴力を振るい、それをみて慌てた別の職員が救急車とパトカーを呼ぶというもので、大騒ぎになった。その直後、施設長はスタッフ1名と共に自治会住民宅を一軒一軒訪問し、謝罪を行っている。その際、数ヶ月前にアパートに引っ越してきた小さい子どものいる若い夫婦を除いては、住民の誰からも文句は出ていない。文句や苦情どころか、住民は施設長およびスタッフに励ましの言葉をかけている。

　一般的には、信頼の非対称性原理により、信頼を得るためには長期間にわたる安全実績とそれをもたらす多大な努力が必要であるが、崩壊は一瞬の事故によって簡単に起こる（中谷内 2004）とされている。しかし、二重非対称性モデルによると、事前の信頼がある程度高い場合には、それのレベルを維持したり、それを高めようとするような情報処理が行われるため、信頼はなかなか崩壊しないとされている。本事例では、長い時間をかけて醸成された信頼は1つの事故などでは簡単には崩壊しないということを示しており、このことは、本事例において形成が確認された施設と地域住民との信頼は、高いレベルでの信頼であったということを表している。

結章

第1節　結論

　第3章で取り上げた精神障害者施設におけるコンフリクトの実態に関する全国調査および第4章から第6章に記述した個別施設での調査結果を中心に、本研究全体を通して得られた知見について整理を行う。そのうえで、本研究の結論として、精神障害者施設を含む社会福祉施設で発生した施設コンフリクトの合意形成モデルを提唱する。

1　施設コンフリクトへの合意に向けた既存アプローチの限界

　第1章では、社会福祉学分野における施設コンフリクトに関する先行研究を整理した。その結果、まず、社会福祉学分野における先行研究では、コンフリクトおよび合意に関する明確な定義が行われていないという事実が明らかになった。また、精神障害者施設を対象とした施設コンフリクトに関する先行研究では、施設コンフリクトの発生要因を「精神障害者への偏見」であると指摘しているものが大半を占めていた。さらに、社会福祉学分野では、リスクコミュニケーション手法を用いた合意形成に関する研究や施設コンフリクトと信頼およびリスク認知との関連について論じた先行研究は存在しない。

　次に、地域と施設とが良好な関係性を形成するための条件では、施設側の住民への働きかけのあり方や施設が建設された時期（周辺住民よりも当該地域に施設が先住しているか否か）など、施設側に焦点をあてたものが大半であり、地域側の要因やその他の要因に着目しているものはあまりみられない。しかし、精神障害者施設では、行政が社会福祉法人などに精神障害者施設の設置および運営を委託する場合も多い。よって、特に社会福祉法人による精神障害者施設の設置には、行政が関与する場合が多くみられる。どの程度行政が関与するのか、また、どの段階から介入するのかなどについては、それぞれのケースにより異なるが、施設建設後に地域住民との関係性を構築していく主

体はあくまでも施設であり行政ではない。行政は、施設が建設されたあとに、施設と地域住民とが良好な関係性を構築できるよう、施設建設の際には仲介者としての機能を担うなど、マネジメント機能を発揮することが求められる。

また、合意形成に必要な要素として、先行研究の多くが精神障害者への「理解」をあげ、そのためには施設利用者が日頃から地域住民と接触をもつことや積極的に地域に出向くことなどにより、住民が精神障害者を理解する機会を設ける必要があると述べられている。

しかし、精神障害者への住民意識に関し実施された調査結果からは、住民は精神障害者についてある程度は理解しているということが示唆された。理性では理解できていても、感情では納得できないところに当該問題の根深さがあり、理屈ではないところに問題解決の難しさがあるのである。

以上から、本章では、本論文において用いる「施設コンフリクト」の定義を明確にしたうえで、社会福祉施設における施設コンフリクトで用いられてきた「理解重視アプローチ」の限界を指摘した。

第2章では、環境施設や科学技術へのコンフリクト問題を対象とした先行研究の整理から、コンフリクトの合意形成におけるリスクコミュニケーション手法の有用性と信頼の醸成が合意形成に及ぼす効果について検討を行った。これまで、精神障害者施設を含む社会福祉施設建設の際に実施されていた住民説明会などでは多くの場合、施設側が住民に対し、社会福祉施設の必要性や障害者についての理解を深めることを目的とした説明を繰り返し行うという、一方的な「説得型コミュニケーション」が主流であった。また、ほとんどの場合で施設建設者側である福祉専門職（施設管理者および職員）が非専門家（住民）に対し、施設建設の正当性を訴えるという方式で住民説明会は実施されてきた。しかし、環境施設や科学技術へのコンフリクト問題を対象とした先行研究では、このようなコミュニケーションの方法は合意形成を目指すうえで避けるべき方法であると指摘されていることが明らかになった。また、そこで重視されていることは、コンフリクト問題の当事者が双方向的なコミュニケーションを行うことにより、コンフリクト問題を解決するというプロセスであった。

環境施設や科学技術に対しコンフリクトが発生する理由は、住民がそれらを自分達の生活に何らかの「リスク」をもたらすものであると認識することにある。リスクとは、「人間の生命や経済活動にとって望ましくない事象の発生の不確実さの程度およびその結果の大きさの程度」（日本リスク研究学会 2000：7）を意味する。また、人はリスクを評価する前段階として、まずリスクを認知する。リスク認知は、「客観的リスクを構成する程度や確率といったもの以外によっても大きく規定される」（土田 2000：258）ものであり、主として「恐ろしさ因子」と「未知性因子」（Slovic 1987）により構成される。認知したリスクを受け入れられるものであるか否かを決定するのは、技術的な問題ではなく価値に依拠している。

　ここで、第3章で実施した精神障害者施設へのコンフリクトの実態に関する全国調査結果をみると、住民が精神障害者施設に対し施設建設の反対運動などを行う理由として、精神障害者施設が自分達の生活を脅かすもの、つまり、日常生活に何らかのリスクをもたらすものであると認識していることが示された。具体的には、

- 入居者が問題を起こしやすいのではないか
- （施設は）危険なのではないか
- （当事者の存在が）不安、何をするのかわからない人が集まるのは不安
- 周辺を歩いていてもどの人が障害者かわからないのは困る
- 何かあっては困る
- （地域の）治安が乱れるのではないか
- 何かあったら誰がどのように責任を取るのか
- 不測の事態への恐れ

などの理由がみられる。

　環境施設や科学技術に対するコンフリクトも精神障害者施設に対する施設コンフリクトも、その発生原因は、住民に「リスクをもたらす存在」として認識されていることにある。当然、両施設には施設の目的や意義など根本的

な違いは多々あるものの、いわゆる「迷惑施設」として住民に認識されているという点においては共通しているのである。

　以上から、本章では、精神障害者施設建設をめぐるこれまでの状況から脱却するためには、社会福祉学分野にとどまらず、他分野における既存の研究成果を導入し検証することの必要性を主張した。具体的には、福祉専門職の立場から非専門家である住民への一方向的なメッセージの伝達を行うのではなく、リスクコミュニケーション手法を導入することにより、両者の間の双方向的、相互的なコミュニケーションを行うことが重要であることを指摘する。換言すると、精神障害者施設建設をめぐるコンフリクト問題においても、環境リスクに対する合意形成を目的として構築されてきたリスクコミュニケーション手法を応用することにより、合意形成の可能性は高まるのである。

2　仲介者の役割

　第3章では、主に筆者が実施した2000年以降の精神障害者施設におけるコンフリクトの実態に関する全国調査を基に考察を行った。調査では、2000年～2010年の間に全国26施設・事業所で施設コンフリクトが発生していることが明らかになった。また、精神障害者施設における施設コンフリクトの実態に関する全国的な調査である、1988（昭和63）年の国立精研調査および1998（平成10）年の毎日新聞調査を用いて、精神障害者施設における施設コンフリクトの発生状況の推移を確認した。さらに、2000年以降に発生した施設コンフリクトへの施設・事業所側の対応は、

(1) 仲介者による介入
(2) 仲介者による介入およびその他の複数の対応の導入
(3) 理事長および施設長など、施設関係者による説明または説明会の実施
(4) 何も対応しない

の4類型に整理された。また、施設コンフリクトへの施設・事業所側の対応として、施設コンフリクトが発生した全26施設・事業所のうち、15施設・事業所で仲介者による介入がみられた。さらに、仲介者が介入した15施設・事業所のうち、10施設・事業所で開設に至っており、そのうち8施設・事業所では現在の関係性は良好であった。また、仲介者による介入のみの対応を行った4施設・事業所では、すべて予定どおり施設・事業所を建設し、現在も良好な関係性を構築していることが明らかになった。

　本調査結果からは、施設コンフリクトを乗り越えたことにより施設や精神障害者への「理解」が深まるとともに、地域に新たな「相互に援助し合う」ことのできる社会資源が存在し、さらに、社会資源を中心とした人と人との相互支援の発生が確認された。従来は、施設建設におけるコンフリクトでは施設関係者が地域住民に対応することにより、精神障害者および精神障害者施設への「理解」を得ることに注目が集まっていたが、施設コンフリクト解消のための糸口として仲介者の存在はきわめて重要であり、また、仲介者として行政の介入が多くみられることが明らかになった。

　仲介者に関しては、第4章で論じた高知県B施設の事例において、仲介者としての市役所職員であるY氏の介入が確認された。Y氏が問題に介入した時期は、自治会住民のなかから反対派グループが形成され、反対派住民を中心に施設コンフリクトが発生した直後から合意形成に至るまでの間である。その間、Y氏は問題の前面に立ち、当該問題に関する住民の窓口としての役割を務めた。施設開設後は、施設の活動をバックアップする役割に徹し、住民と施設との関係性は当事者間で築いていくことを後方から支援した。

　また、仲介者の介入時期としては、施設コンフリクト発生から施設開設後、地域住民との関係性形成に至るまでということも想定されるが、施設が地域で活動していく以上、施設は他の住民と同じ自治会構成員となることから、同じ自治会住民として関係性を構築していくことが望ましい。仲介者は、施設が建設されたあとに、施設と地域住民とが良好な関係性を構築できるよう、施設建設の際に仲介者としての機能を担うなど、合意形成に至るまでの間、マネジメント機能を発揮することがその役割であると考えられる。さらに、

感情的対立の危険性を少しでも回避するためには、仲介者は問題の当事者以外の存在、つまり、住民および施設関係者以外の立場にある者が適切である。また、できる限り客観的な立場で問題を捉えることが可能な立場にある者を選定する必要がある。

　先行研究では、施設コンフリクトの合意形成プロセスとして、仲介者の役割や機能の重要性を指摘したものはこれまであまりみられなかった。しかし、本研究では、施設コンフリクト発生後、合意形成をめぐり当事者間が感情論で対峙するのではなく、それぞれの利害を客観的に考慮することのできる仲介者が、施設コンフリクトの合意形成に大きな役割を果たすことを結論の1つとして主張する。

3　施設コンフリクトに影響を及ぼす諸要素

　第4章では、高知県にある精神障害者授産施設でのコンフリクト事例について、現在の町内会長および施設コンフリクト発生当時の町内会長、A市行政担当者、県職員、地域住民、当事者、家族会代表、ボランティア、法人評議員、障害者福祉関係者、現在のB施設利用者、スタッフ、施設長の計14名を対象に質的調査を実施した。分析の結果、施設コンフリクトに係る要因として、

　　（1）施設コンフリクト問題における仲介者の重要性
　　（2）コンフリクト・マネジメント手法
　　（3）「信頼」の重要性
　　（4）行政の役割
　　（5）地域特性の影響
　　（6）施設の積極的側面

の6点が抽出された。また、本事例においては、仲介者（Y氏、市役所職員）が施設と住民との仲介者としてきわめて重要な役割を担っていたことが明ら

かになった。そして、反対派住民がY氏個人を信頼し、そのY氏への信頼が、Y氏が推進する施設建設に対する信頼へと醸成されたことにより、最終的には施設建設に至っていた経緯が明らかにされた。また、Y氏が合意形成のために用いた手法は、環境施設におけるコンフリクトで用いられている、リスクコミュニケーションを用いたコンフリクト・マネジメント手法ときわめて類似したものであり、精神障害者施設における施設コンフリクトにもおいても、環境施設で用いられる手法は効果があることが示された。

第5章では、沖縄県にあるグループホーム建設の際に生じたコンフリクト事例を取り上げ、現在の自治会会長および施設コンフリクト発生当時から現在に至るまで町内に居住している住民、利用者、子ども会関係者、自治会関係者、法人代表者（医療機関院長）、法人スタッフの計10名を対象に質的調査を実施した。調査の結果、

(1) 本事例における施設コンフリクトは、法人院長が「キリュウミン（寄留民）」であることから発生した
(2) 行政を含めた仲介者による介入がみられない
(3) 自治会における自治会長の権限の大きさ
(4) 施設建設後の「つながり」の存在

の4点が明らかになった。これまで、精神障害者施設に対するコンフリクトは精神障害者への偏見であると捉えられることが多かったが、実際には偏見のみで施設コンフリクトが発生するのではなく、複合的な要因により施設コンフリクトは発生するのである。

また、本事例ではグループホームは最終的に建設に至っているものの、開設時点では地域住民は建設に対し納得をしていなかったため、グループホーム建設後も地域住民と施設および法人との間に交流はみられなかった。さらに、住民からの要求に法人が全面的に応えることで施設建設に至っており、条件闘争による合意であったことが明らかにされた。その後、自治会長が交代してからは、自治会が法人所有の人材や資金も含めた資源を活用するとい

うかたちでの交流がみられるようになり、住民は自治会長への信頼を基軸として法人に対しても信頼が醸成され始めている。

しかし、法人に対する信頼は、法人側が自分達住民をだましたりすると法人側の不利益になるとみなす「安心」であるため、今後、法人所有の医療機関および施設利用者による事件、事故が発生した場合には、施設コンフリクトが再発する可能性を秘めていることも示唆された。

第6章では、山口県にあるD施設建設事例を取り上げ、現在の町内会長および施設建設当時から現在に至るまで町内に居住している住民、行政関係者、利用者、町内会関係者、法人関係者の計8名を対象に質的調査を実施した。D施設建設の際には施設コンフリクトの発生は確認されず、調査の結果、施設コンフリクトが発生することなく施設建設に至った要因として、

（1）施設建設者が自治会住民であった
（2）地元有力者が施設建設を支援していた

という2点を指摘した。また、本事例では、施設への地域住民の態度に変化がみられた。施設開設から時間が経過するにつれ、両者に自然に交流の機会が増えたことにより、施設や利用者に対する信頼も構築されたと考えられる。その結果として、D施設で利用者が事件を起こしたあとも、施設に対するコンフリクトは発生していない。

以上、第4章から第6章までの調査結果からは、施設コンフリクトが発生した2ヶ所では、いずれも施設建設に至っているものの、その過程には相違がみられることが明らかになった。また、1ヶ所の施設では、施設コンフリクトは発生していないものの、施設開所当時と現在では、地域住民の施設に対する対応や反応が異なっていることが示された。

また、B施設での施設コンフリクト発生から合意形成に至る過程で特筆すべき点は、Y氏（市役所職員）が施設と住民との「仲介者」としてきわめて重要な役割を担っていたことである。Y氏の介入以前に、法人および行政担当課の部長が住民に対し説明会の場などで行っていた、精神障害者や施設に対

する理解を求める「理解重視アプローチ」では、施設コンフリクトは合意に至ることなく、住民の神経を逆なでする結果となっていた。理解重視アプローチが限界に至ったあとは、問題発生から施設建設に至るまで住民対応はすべてY氏が行い、施設と反対派住民との二者間での交渉や接触はまったくみられなかった。また、住民がY氏を信頼した理由は、「Y氏は自分達をだますようなことはしない」と認識するに至ったからである。ここでの信頼は、第2章で論じた、山岸（1998）による安心と信頼の区別における「信頼」に該当する。山岸は、安心も信頼も住民などの心理をリスク管理者への「ひどいことをしないだろうという期待」と「任せておこうという方向」に導く心理的要素であるものの、その発生の仕方が大きく異なっていることを指摘している。「安心」はリスク管理者が住民などをだましたりすると、リスク管理者自身の不利益になるとみなされることで生じるものであり、「信頼」はリスク管理者の自己利益の評価以外の要素に基づく意図への期待のことを指すと説明する。換言すると、信頼とは、相手の人格の誠実さや自分の感情に基づいて相手の行動意図を評価する場合に生じるものであると捉えられる。

　つまり、Y氏に対する住民の感情は、Y氏が自分達住民をだますことにより、Y氏自身の不利益になるとみなしたことで生じる「安心」ではなく、Y氏の人格の誠実さや住民が自分自身の感情に基づいてY氏の行動意図を評価した「信頼」であった。そして、最終的には、Y氏個人への信頼から施設建設に対する信頼へと信頼が醸成されたことにより、施設建設に至っている。

　先述したとおり、第5章で論じたCグループホームも最終的には施設建設に至っているが、施設開設時点では地域住民は建設に対し納得はしておらず、両者の信頼関係も確認されていない。その結果、施設建設後も地域住民とCグループホームおよび法人との間に交流はみられない。また、Cグループホーム事例では、住民からの要求に法人が全面的に応えるという条件闘争の結果、両者の関係性は成立しているということが明らかになった。さらに、住民がCグループホームの建設を反対した理由は、精神障害者への偏見などによるものではなく、医療法人院長が外部出身者であったことに対する反感から生じたものであった。つまり、施設コンフリクト発生の最たる理由は施

設建設者個人に対する不満である。そして、当時の自治会長もグループホーム建設反対者であったため、開所後も数年間は法人と自治会の関係性は険悪な状態が続いた。

　このような状況に変化がみられたのは、自治会長が現在の自治会長に交代してからである。現在では、自治会が法人所有の人材や資金も含めた資源を活用するというかたちでの交流がみられる。しかし、住民は施設の存在を認める理由として、事件、事故が起こっていないことを挙げており、今後、医療機関およびCグループホーム利用者による事件、事故が発生した場合には、施設コンフリクトが再発する可能性を秘めている。さらに、法人側が住民への補償措置を止めた場合には、住民側は法人を排除する恐れがあることは否定できない。

　また、地域による自治会長の権限の違いにより、本事例の自治会では、自治会長の権限と自治会長という役職への信頼は、他の地域とは異なるものであった。今回の調査では、住民の信頼は、自治会長個人へのものではなく、自治会長という「役職」に対する信頼であり、そのため、自治会長の提案どおりに自治会が動くという側面が確認された。

　D施設の事例では、施設建設におけるコンフリクトの発生は確認されなかった。その要因の主たるものは、施設建設者のF氏がもともと当該地区に長年居住する住民の一人であったことである。さらにF氏は、自治会があるG市の精神障害者家族会の会長でもあった。そのため、地域住民には、同じ地区に居住する住民としてのF氏への信頼がもともとあり、そのことにより、施設建設の際に反対が起こらなかったものと考えられる。よって、ここでの信頼は、互いに利害関係のないなかでの信頼であり、住民の信頼はF氏の人格や人間性に対するものから発生した「信頼」であると言える。

　また、D施設事例では、施設開所当初と現在とでは、地域住民の施設に対する対応や反応に違いがみられる。時間が経過するにつれ、両者には自然に交流の機会が増えていることが明らかになった。これは、先に述べた2事例では確認されていない現象である。施設建設当初は、住民がF氏を信頼していたことにより施設コンフリクトは発生しなかったものの、施設や利用者に

対する信頼は構築されていなかった。しかし、時間が経つにつれ、住民に施設や利用者の活動を知る機会が増え、それに伴い施設や利用者に対する信頼も構築されたものと推察される。長い時間をかけて信頼を構築した結果、D施設で利用者が事件を起こしたあとも、施設に対するコンフリクトは発生していないのである。

4　施設の積極的側面

第4章から第6章までの事例に共通していることは、施設建設後に施設を媒介とした「つながり」の存在が確認されたことである。つながりは、

(1)　施設および利用者と地域住民とのつながり
(2)　施設と行政機関のつながり
(3)　住民同士のつながり

の3つに大別することができる。それぞれの事例により、つながりの種類や性質に違いはあるものの、施設建設以前にはみられなかった他者とのつながりを確認することができる。

これまで、いわゆる「迷惑施設」として認識されることの多かった精神障害者施設は、「人と人とのつながり」という新たな資源を形成する場となりうる可能性が示唆された。また、本事項は今後の研究課題として、検証を行う必要があると考える。

5　施設コンフリクト解消のための新たなコンフリクト・マネジメント手法と信頼の醸成

ここで、高知県B施設の事例においてY氏が用いたコンフリクト・マネジメント手法に焦点をあて分析を行う。Y氏が用いた手法は、環境施設におけるコンフリクトへの対応手法として環境省から示されているものときわめて

類似していることが明らかになった。合意形成を目的としたリスクコミュニケーション手法の具体的な要素は、①地域住民との関係、②コミュニケーション方法、③意見交換、④基本的な姿勢、⑤連携、⑥マスメディア、⑦話し方、⑧窓口、⑨見学会、⑩対話の場、であり、Y氏はこの10要素に則して住民対応を行っていたことが明らかになった。そして、その結果、B施設建設に対し発生したコンフリクトは合意に至っているのである（表4-4）。

　これまで、精神障害者施設を含む社会福祉施設では、施設コンフリクトは「障害」や「障害者」への理解を得ることにより解消されるものと信じられてきたが、実際には、環境施設でのコンフリクトに対するコンフリクト・マネジメントで用いられる、リスクコミュニケーション手法が有効であり、理解重視アプローチには限界があることが確認された。また、リスクコミュニケーションが最終的に目指すものはコンフリクト関係者間の信頼の醸成であり、障害者施設におけるコンフリクトの合意形成にもリスクコミュニケーション手法が有効である以上、障害者施設においても、理解重視アプローチに加え、コンフリクト当事者間の信頼の醸成を目指す取り組みが有効であることを指摘することができる。

　ただ、環境施設と精神障害者施設がまったく同列に論じられないことも付言しておきたい。住民からみたときの施設の必要性や機能、役割に関して、いわゆる環境施設については、たとえばごみ処理場や火葬場などのように自分達も利用する施設であることからその必要性は頭で理解することが可能である。したがって、「信頼」のなかでも利益誘導などの手段による「安心」によっても、施設の建設や運営が可能となる。しかし、精神障害者施設に関しては、「精神障害者」に関してはある程度は理解が可能であっても、精神障害者が利用する施設、つまり自分達には関係がないものであると認識される施設の必要性や機能などを理解することは困難である。そのため、まずは信頼を構築し、その後の両者の関係性のなかから施設の必要性や機能、役割、利用者などへの理解を深めていくことが重要となるのである。

　以上より、障害者などを対象とした社会福祉施設における理解重視アプローチを補完する施設コンフリクト解消のための新しいコンフリクト・マネ

ジメント手法として、リスクコミュニケーション手法を用いた信頼の醸成による合意形成システムを提案する。

　さらに、信頼に着目すると、対象は事例により異なるものの、3ヶ所での調査事例すべてにおいて「信頼」が施設コンフリクトの合意形成に影響を及ぼしていることが確認された。B施設の事例では仲介者への信頼がみられた。Cグループホームの事例では自治会長という役職への信頼がみられ、D施設の事例では同じ自治会住民への信頼が確認された。3ヶ所の事例からは、これまで施設コンフリクト解消のために必要だと考えられてきた施設および利用者への理解が、施設コンフリクトが合意形成に至り、施設が開設されたあとに時間をかけて形成されるものであることがわかる。つまり、「理解」は施設コンフリクト合意形成のための十分条件ではなく、合意形成には「信頼」も重要な要素であり、「理解」は「信頼」の醸成後により深く形成され、施設建設後の両者の関係性構築の際に有効な要素となることが明らかになった。よって、これら3ヶ所での調査結果は、第1章で指摘した理解重視アプローチの限界を支持する結果となった。

　また、ここでの信頼は、第2章で言及した、精神障害者施設の建設にあたり、施設側が精神障害および精神障害者への理解を求めることや近隣住民に施設の必要性を訴えるという、近隣住民を説得しようとする意図を前面に表出し、「能力への期待」を高めようとする行為ではないことが確認された。そのため、住民に対し「意図への期待」をある水準以上に上げることが可能であったものと推察される。

　さらに、信頼の持続性に関し言及すると、一般的に信頼とは、長期間にわたる安全実績とそれをもたらす多大な努力が必要であるものの、崩壊は一瞬の事故によって簡単に起こるとされてきた。しかし、B施設やD施設の事例にもみられるように、長い時間をかけて醸成された信頼は、1つの事故などでは簡単には崩壊しないということを指摘することができる。精神障害者施設におけるコンフリクト問題に共通していることは、問題発生から終息に至るまでに長い時間を要しているという点である。このことは、社会福祉施設以外におけるコンフリクト問題においても、長い時間をかけて住民からの高

いレベルでの信頼を得るようコンフリクト問題に対処することにより、一度形成された信頼が簡単には崩壊しないものになる可能性を示唆している。

第2節　本研究の意義と残された課題

　これまで、精神障害者施設を含む社会福祉施設では、施設コンフリクトが合意形成に至るか否かは各施設の力量や取り組みに委ねられていたが、リスクコミュニケーションの手法を基軸としたコンフリクト・マネジメント手法の確立により、施設コンフリクトへの対応に関し、本研究結果は一定のガイドラインを提供し得るものであり、きわめて意義があるものと考える。また、先行研究において指摘されてきた障害や障害者への「理解」が施設コンフリクトを合意に導くための必要条件であるということに加え、関係者や関係機関を含めた「信頼」が重要であることを示した意義も大きい。さらに、信頼に関し言及すると、長い時間をかけて醸成された信頼は、1つの事故などでは簡単には崩壊しないということが明らかにされた。このことにより、社会福祉施設以外におけるコンフリクト問題においても、長い時間をかけて住民からの信頼を得るよう問題に対処することにより、一度形成された信頼が簡単には崩壊しないものになる可能性が示唆された。

　最後に本研究の制約と今後必要とされる研究課題について述べておきたい。まず、第3章で用いた全国調査の結果は、調査に協力的な施設・事業所からの回答であり、回答の得られなかった施設・事業所でこそ施設コンフリクトが発生しているという可能性は否定できない。また、調査はアンケートによって実施されたため、調査対象者の問題に対する現実の行動や真の態度が直接得られたわけではない。また、今回実施した質的調査結果から得られたものは、あくまでも特定された事例に基づいたものである。

　しかし、そのような制約の範囲内であるとしても、今回の結果は、精神障害者施設を含む社会福祉施設におけるコンフリクトに関する研究の少なさや実証的根拠の手薄な部分を埋める資料の1つとしてきわめて意味があると考

える。

　今回提示した、社会福祉施設におけるコンフリクトへの対応のガイドラインの一般性を拡張する意味からも、今後は対象領域を広げて、リスクコミュニケーションを用いたコンフリクト・マネジメント手法が施設コンフリクト問題にどのような影響を及ぼし、問題の関係者間の相互作用を信頼の醸成に向けてどのように形成していくのかを検討する必要があると考える。

図表リスト

【序章】
図序-1　本書の構成

【第1章】
表1-1　用語の意味（大辞林）

【第3章】
表3-1　設置主体
表3-2　運営主体
表3-3　利用定員数
表3-4　施設・事業所種別
表3-5　用地の取得
表3-6　建物
表3-7　施設・事業所周辺の地域特性
表3-8　建物と周辺地域の特性
表3-9　地域住民に対する説明の時期
表3-10　地域住民からの苦情や反対運動の有無
表3-11　施設・事業所と地域との現在の関係
表3-12　種別と地域住民からの苦情や反対運動の有無
表3-13　用地の取得方法と地域住民からの苦情や反対運動の有無
表3-14　用地の取得方法と施設・事業所種別
表3-15　周辺の地域特性と地域住民からの苦情や反対運動の有無
表3-16　周辺の地域特性と施設・事業所種別

【第4章】
図4-1　施設コンフリクト要因-分析枠組み
図4-2　カテゴリ・サブカテゴリ概念図
図4-3　Y氏の介入による法人と住民の関係性の変化

表4-1　施設コンフリクト発生から合意形成に至るまでに影響を与えた要素のカテゴリ
表4-2　施設・行政・住民の施設建設までのそれぞれの動き
表4-3　B施設および精神障害者に関する新聞記事（1993年～）
表4-4　マニュアルとY氏の対応の比較

【第5章】
図5-1　現在に至るまでの経過

表5-1　施設コンフリクト発生から現在に至るまでに影響を与えた要素のカテゴリ

【第6章】
図6-1　カテゴリ関係図
図6-2　現在に至るまでの経過

表6-1　作業所開設から現在に至るまでに影響を与えた要素のカテゴリ

参考文献

足立にれか・石川正純(2004),「リスク・コミュニケーション——豊かなリスク概念と豊かな対話の場の生成へ向けて」『保健物理』39(3), 160-164.

Aguilar, J. P., & Sen, S. (2009), Comparing Conceptualizations of Social Capital, *Journal of Community Practice*, 17: 424–443.

Anderson, B. (1983), *Imagined Communities: Reflections on the Origin and Spread of Nationalism*, London (白石隆・白石さや訳 (1987),『想像の共同体——ナショナリズムの起源と流行』, リブロポート.)

荒井一博(2004),「組織と社会における信頼の醸成」『一橋論叢』第132号第6巻, 884-904.

有馬淑子(1995),「集団間コンフリクトによる態度変容と社会的アイデンティティ」『プール学院大学紀要』35, 199-216.

Berelson, B. & Steiner, G.A. (1964), *Human behavior - an inventory of scientific fundings*, Harcourt - Brace & World (南博他訳 (1966),『行動科学事典』, 誠信書房.)

Covello, V.T., McCallum, D. & Pavlova, M. (1989), Principles and Guidelines for Improving Risk Communication, in Covello, et al. (eds.), *Effective Risk Communication*, New York: Plenum Press.

Dianne, G. (1993), Not in My Backyard, *Social Work*, Volume 38, 1, 7-8.

土木学会編(2004),『合意形成論——総論賛成・各論反対のジレンマ』, 社団法人土木学会.

Domínguez, S. & Arford, T. (2010), It is all about who you know: Social capital and health in low-income communities, *Health Sociology Review* 19 (1), 114–129.

Fisher, S., Ludin, J., Williams, S., Williams, S., Abdi, D. I. & Smith, R. (2000), *Working with Conflict: Skills and Strategies for Action*, London: Zeb Bools.

Folger, R. (1977), Distributive and procedural justice: Combined impact of voice and improvement on experienced inequity, *Journal of Personality and Social Psychology* 35, 108-119.

藤川吉美(2006),「羅針盤は進化する——合意形成論序説」『千葉商大論叢』44(1), 1-9.

藤川吉美(2005),「合意形成論の要請」『CUC』第19号, 51-55.

深田博己(2002),『説得心理学ハンドブック——説得コミュニケーション研究の最前線』, 北大路書房.

福田充(2010),『リスク・コミュニケーションとメディア——社会調査論的アプローチ』, 北樹出版.

福留恵子(2008),「リスク・コミュニケーション再考——『啓蒙モデルからの脱却』が意

味すること」『東海大学総合教育センター紀要』第28号，15-31．
舟渡悦夫（2002），「紛争を伴った迷惑施設の創発的環境条件に関する実証的研究」，平成12年度～平成13年度科学研究費補助金基盤研究C研究成果報告書．
古川孝順（1993），『社会福祉施設——地域社会コンフリクト』，誠信書房．
Galtung, J. (1998), *Conflict Transformation by Peaceful Means: The Transcend Method.*, United Nations. （伊藤武彦編・奥本京子訳（2000），『平和的手段による紛争の転換：超越法』，平和文化．
Garcia, M. & McDowell, T. (2009), Mapping Social Capital: A Critical Contextual Approach for Working with Low-status Families, *Journal of Marital and Family Therapy*, 96-107.
Gerdner, A. and Borell, K. (2003), Neighborhood Reactions Toward Facilities for Residential Care: A Swedish Survey Study, *Journal of Community Practice*, 11, 59-79.
Gibson. T. A.（2005），NIMBY and the Civic Good, *City & Community* 4, NY, 381-401.
長谷川武史（2009），「日常生活におけるRisk——コミュニティにおけるRisk対処機能の検討」，日本社会福祉学会報告資料．
平塚眞樹（2006），「移行システム分解過程における能力観の転換と社会関係資本——『質の高い教育』の平等な保障をどう構想するか？」，教育学研究，73，391-401．
Honneth, A. (1992), *Kampf um Anerkenung*, Suhrkamp Verlag, Frankfurt am Main. （山本啓・直江清隆訳（2003），『承認をめぐる闘争——社会的コンフリクトの道徳的文法』，法政大学出版会．）
今在慶一朗・今在景子（2009），「長期的利得指標としての手続き的公正感：権威者評価、手続き的公正感、および集団志向態度の関係」『社会心理学研究』第24巻第3号，179-188．
今田高俊（2007），『社会生活からみたリスク　リスク学入門4』，岩波書店．
稲葉陽二（2007），『ソーシャル・キャピタル——「信頼の絆」で解く現代経済・社会の諸問題』生産性出版．
稲垣佑典（2009），「都市部と農村部における信頼生成過程の検討」『社会心理学研究』第25巻第2号，92-102．
井上昌美（2010），「株主との信頼の構築に繋がるCSRコミュニケーション」『経営教育研究』Vol.13, No.1, 45-55．
井上孝代編著（2005），『コンフリクト転換のカウンセリング——対人的問題解決の基礎』川島書店．
井岡勉監修（2008），『住民主体の地域福祉論――理論と実践』，法律文化社．
岩中祥史（2001），『出身県でわかる人の性格』，草思社．
和泉潤（2008），「リスクコミュニケーションに関する考察」『名古屋産業大学環境経営研究所年報』7，6-10．

Jardine, C. G. (2003), Development of a public participation and communication protocol for establishing fish consumption advisories, *Risk Analysis* 23, 461-471.

籠義樹（2003），「環境リスクを伴う嫌悪施設の公正な立地選定に関する研究」，東京工業大学2003年度博士論文．

梶田孝道他（1983），『コミュニティの社会設計』有斐閣．

戈木クレイグヒル編（2010），『質的研究ゼミナール──グランデッドセオリー アプローチを学ぶ』，医学書院．

神島二郎（1961），『近代日本の精神構造』岩波書店．

官房広報室（1971），「世論調査報告書」．

金子郁容（2002），『コミュニティ・ソリューション』，岩波書店．

環境省（2002），「自治体のための化学物質に関するリスクコミュニケーションマニュアル」，http://www.env.go.jp/chemi/communication/manual/index.html．

加藤源太郎（2007），「リスクコミュニケーションにおける信頼」『プール学院大学研究紀要』第47号，155-169．

萱間真美（2009），『質的研究実践ノート──研究プロセスを進めるclueとポイント』，医学書院．

数家鉄治（2005），『コンフリクト・マネジメント──紛争解決と調停』，晃洋書房．

樹下明（2008），「リスクコミュニケーションの理念とそれを活用した意思決定プロセスの整備」『国府台経済研究』19（5），55-80．

木下康仁（2009），『ライブ講義 M-GTA──実践的質的研究法　修正版グランデッド・セオリー・アプローチのすべて』，弘文堂．

木多彩子（1998），「米国におけるNIMBY研究の動向について──施設混在のあり方に関する研究」『日本建築学会大会学術梗概集』19-20．

高知県史編纂会（1951～），『高知県史』，高知県．

草野篤子・瀧口眞央（2009），「人間への信頼とソーシャルキャピタル──東京品川における研究」『白梅学園大学短期大学教育・福祉研究センター研究年報』No.14，54-62．

Likert, R. & Likert, J. G. (1976), *New Ways of Managing Conflict*. (三隅二不二監訳（1988），『コンフリクトの行動科学──対立管理の新しいアプローチ』，ダイヤモンド社．)

Luhmannm, N. (1968), *Ein Mechanismus der Reduktion sozialer Komplexität*, Stuttgart. (野崎和義・土方透訳（1988），『信頼──社会の複雑性とその縮減』，未來社．)

Lundgren, R. & Mcmakin, A. (2004), *Risk Communication: Handbook for Communicating Environmental, Safety and Health Risks*, 3rd ed. Battelle Press.

牧野正直（2000），「住民と共生する障害者施設とは」『晨』第19巻第12号，22-24．

Matejczyk, A. P. (2001), Why Not NIMBY? Reputation, Neighbourhood, Organisations and Zoning Boards in a US Midwestern City, *Urban Studies*, Vol. 38, No. 3, 507–518.

松田年弘・林知己夫（2000），「NIMBY 施設建設の交渉にあたる長のイメージ」『日本世論調査協会報』（85），3-6.

松本芳之（1997），「社会的コンフリクトと集団の意思決定」，早稲田大学，1997年度博士論文．

松本隆信・塩見哲郎・中谷内一也（2005），「リスクコミュニケーションに対する送り手側の評価——原子力広報担当者を対象として」『社会心理研究』第20巻第3号，201-207.

松並孟（2006），「産業廃棄物処理施設設置のリスクコミュニケーションに関する研究——半田市のＰＣＢ処理施設設置を事例として」，平成17年度名古屋産業大学大学院環境マネジメント研究科修士論文．

松下和夫（2007），「環境ガバナンスにおける合意形成と利害調整プロセス」，平成15年度〜平成18年度科学研究費補助金（基盤研究Ａ）研究成果報告書．

宮本浩行・足立啓（2002），「社会福祉施設の地域受容過程に関する事例的研究——その3．知的障害者グループホームの設置プロセス」『日本建築学会大会学術講演梗概集』729-723.

宮崎緑（2008），「リスクコミュニケーションによる市民の政策評価への参加プロセスモデルの設計研究」『国府台経済研究』19，5，13-24.

水野基樹（2007），「組織におけるコンフリクト・マネジメントに関する予備的研究——看護師を対象とした実証的研究からのインプリケーション」『千葉経済大学短期大学部研究紀要』第3号，115-120.

Moscovici, S., Lage, E., & Naffrechoux, M. (1969), Influence of a consistent minorities on the responses of a majority in a color perception task, Sociometry 32, 365-379.

元吉忠寛・高尾堅司・池田三郎（2004），「水害リスクの受容に影響を及ぼす要因」『社会心理学研究』第20巻第1号，58-67.

宗像恒次（1983），「統計にみる分裂病者と精神医療体系——社会学的視角から」『精神神経学会雑誌』85（10）：660-671.

村上泰亮・公文俊平・佐藤誠三郎（1979），『文明としてのイエ社会』，中央公論社．

村田久行（2001），「対人援助における他者の理解」『東海大学健康科学部紀要』第6号，109-114.

内閣府（2007），「障害者の社会参加促進等に関する国際比較調査」．

内閣府経済社会総合研究所編（2005），『コミュニティ機能再生とソーシャル・キャピタルに関する研究調査報告書』．

内閣府国民生活市民活動促進課（2003），「ソーシャル・キャピタルに豊かな人間関係と市民活動の好循環を求めて」，平成14年度内閣府委託調査報告書．

中川喜代子（1998），『偏見と差別のメカニズム』，明石書店．

中井剛・中井暉久（2003），プレイヤーの動機を考慮したコンフリクト解析，日本オペレーションズ・リサーチ学会秋季大会研究論文集．

中村佐織（1989），「ソーシャルワークの視点からみた障害者施設の開放化戦略と地域住民の参加——施設側の要因」，大島巌編（1992），『新しいコミュニティづくりと精神障害者施設——「施設摩擦」への挑戦』，星和書店，60-70．
中畝菜穂子（1999），「リスク認知とリスクコミュニケーションに関する実験及び調査研究」，東京工業大学博士論文．
中島潤（1986），「コンフリクト分析の基礎」『神戸市外国語大学研究年報』（24），41-64．
中谷内一也・George Cvetkovich（2008），「リスク管理者への信頼——SVSモデルと伝統的信頼モデルの統合」『社会心理学研究』第23巻第3号，259-268．
中谷内一也（2008），『安全。でも、安心できない…』，筑摩書房．
中谷内一也（2004），「環境リスクマネジメントにおける合意形成プロセスの研究」，平成13年度〜平成15年度科学研究費補助金（基盤研究C）研究成果報告書．
中谷内一也（2003），『環境リスク心理学』，ナカニシヤ出版．
中谷内・大沼（2003），「環境リスク・マネジメントにおける信頼と合意形成——千歳川放水路計画についての札幌市での質問紙調査」『実験社会心理学研究』42，187-200．
Nan Lin（2001），*Social Capital: A Theory of Social Structure and Action*, Cambridge University Press.（筒井淳也他訳（2008），『ソーシャル・キャピタル——社会構造と行為の理論』，ミネルヴァ書房．）
National Research Council（1989），*Improving Risk Communication*, The National Academies Press.（林裕造・関沢純監訳（1997），『リスクコミュニケーション——前進への提言』，科学工業日報社．）
NHK放送文化研究所編（1997），『現代の県民気質——全国県民意識調査』，NHK出版．
日本学術会議（2005），「こころのバリアフリーを目指して——精神疾患・精神障害の正しい知識の普及のために」，精神医学研究連絡委員会報告書．
日本学術会議（2003），「精神障害者との共生社会の構築をめざして」，精神障害者との共生社会特別委員会報告書．
日本リスク研究学会（2000），『リスク学事典』，TBSブリタニカ．
日本総合研究所（2009），「日本のソーシャルキャピタルと政策」，日本総研2007年全国アンケート調査結果報告書．
野口定久（2008），『地域福祉論——政策・実践・技術の体系』，ミネルヴァ書房．
野沢和弘（2008），「障害のある人への差別をなくす市民意識の高揚のために」『月刊福祉』第91巻第8号，40-43．
野沢聡子（2004），『問題解決の交渉学』，PHP研究所．
小幡範雄（1990），「環境政策過程における社会的コンフリクトに関するシステム論的研究」，大阪大学大学院1990年度博士論文．
小幡範雄（1991），「コンフリクト社会から相互理解社会へのシナリオ」『社会・経済システム学会』（10），41-47．

沖縄地域科学研究所編（1997），『沖縄の県民像――ウチナンチュとは何か』，ひるぎ社．
奥野雅子（2008），「合意形成プロセスにおけるコミュニケーションに関する臨床心理学的研究」，東北大学大学院教育学研究科博士論文．
大庭健・正村俊之訳（1990），『組織コミュニケーション学入門――心理学的アプローチからシステム論的アプローチへ』，ブレーン出版．
大淵憲一編（2008），『葛藤と紛争の社会心理学』，北大路書房．
大淵憲一（2004），「公正の社会心理学――社会的絆としての公正」，大渕憲一編著，『日本人の公正観――公正は個人と社会を結ぶ絆か？』現代図書．
大澤英昭（2010），「環境計画の社会的合意形成における問題当事者間の協働に関する環境社会心理学的研究」，名古屋大学大学院環境学研究科博士論文．
大島巌（1992），「調査結果からみた精神障害者施設の地域定着の条件と課題」，大島巌編，『新しいコミュニティづくりと精神障害者施設――「施設摩擦」への挑戦』，星和書店，284-293．
大島巌他（1989），「日常的な接触体験と精神障害者観の変化」大島巌編，『新しいコミュニティづくりと精神障害者施設――「施設摩擦」への挑戦』，星和書店（1992），204-219．
大塚久雄（2000），『共同体の基礎理論』，岩波書店．
逢坂誠二（2000），「『迷惑施設』計画と透明性」，『晨』第19巻第12号，16-18．
小澤温（2001），「施設コンフリクトと人権啓発――障害者施設に関わるコンフリクトの全国的な動きを中心に」，『部落解放研究』，138，2-11．
小澤温（1992），「施設開放化にともなう地域住民における共感的な障害者観の形成――地域住民側の要因」，大島巌編，『新しいコミュニティづくりと精神障害者施設――「施設摩擦」への挑戦』，星和書店，71-77．
小澤温他（1992），「精神障害者施設（作業所）に対する地域住民の反対運動の一事例――家族会が運営する小規模作業所の場合」，大島巌編，『新しいコミュニティづくりと精神障害者施設――「施設摩擦」への挑戦』，星和書店，136-156．
Plant. R. (1974), *Community and Ideology: An Essay in Applied Social Philosophy*, Roedge & Kegan Paul , London and Boston. (中久郎・松本通晴訳（1979），『コミュニティの思想』，世界思想社．)
Putnam, R. D. (2000), *Bowling Alone: The Collapse and Revival of American Community*, New York: Simon & Schuster. (柴内康文訳（2006），『孤独なボウリング――米国コミュニティの崩壊と再生』，柏書房．)
Putnam, R. D. (1993), *Making Democracy Work: Civic Traditions in Modern Italy*, Princeton, N.J.: Princeton University Press. (河田潤一訳（2001），『哲学する民主主義――伝統と改革の市民的構造』，NTT出版．)
佐伯胖（2007），『理解とは何か』，東京大学出版会．

榊原文・松田宜子（2004），「精神障害者への偏見・差別及び啓発活動に関する先行研究からの考察」『神戸大学医学部保健学科紀要』19巻，59-74．

坂本治也（2010），『ソーシャル・キャピタルと活動する市民——新時代日本の市民政治』，有斐閣．

坂本賢三（1972），『「分ける」こと「わかる」こと』，講談社．

坂本麻衣子（2005），「水資源開発における社会的コンフリクト・マネジメントに関する研究」，京都大学大学院博士論文．

桜井徳太郎（1985），『結衆の原点——共同体の崩壊と再生』，弘文堂．

Salvi, O. (2004), Risk assessment and risk decision-making process related to hazardous installation in France, *Journal of Risk Research*, Carfax Publishing, 599-608.

佐々木勝一（2006），「福祉改革時代における障害者施設——語りからの施設コンフリクトと施設観」『京都光華女子大学研究紀要』44，295-322．

佐藤寛編（2001），『援助と社会関係資本——ソーシャルキャピタル論の可能性』，アジア経済研究所．

関澤純編（2003），『リスクコミュニケーションの最新動向を探る』，化学工業日報社．

Shemtov, R. (2003), Social Networks and Sustained Activism in Local NIMBY Campaigns, *Sociological Forum*, Vol. 18, No. 2, 215-244.

渋谷文香（2000），「精神障害者施設新設・増設時に生じるコンフリクトに関する一考察——精神障害者施設の新設事例を基にして」，日本福祉大学．

清水修二（2000），「『迷惑施設』の立地原則」『晨』第19巻第12号，12-15．

秦中伏・金多隆他（2002），「都市開発をめぐるコンフリクト問題のメタゲーム分析」『日本建築学会計画系論文集』第555号，247-254．

新保祐元（2005），「コンフリクト解消に向けて——施設サービス提供者ができること」『戸山サンライズ』第223号，7-10．

新保祐元（1997），「施設整備と地域住民との間に生じる摩擦（コンフリクト）という課題」『Facilities Net』1 (2), 5-7．

篠﨑香織（2003），「社会システム観と信頼の機能——合意形成における複雑性縮減メカニズムの分析」，北陸先端科学技術大学院大学博士論文．

白井利明・安達智子他（2009），「青年期から成人期にかけての社会への移行における社会的信頼の効果——シティズンシップの観点から」『発達心理学研究』第20巻，第3号，224-233．

Slovic, P. (1987), Perception of risk, *Science*, 236, 280-285.

Stephen, P. Robbins (1997), *Essentials of Organizational Behavior*, 5th Edition, Prentice-Hall, Inc.（高木晴夫監訳（1997），『組織行動のマネジメント』，ダイヤモンド社）

高田奈緒美・大渕憲一（2009），「対人葛藤における寛容性の研究——寛容動機と人間関

係」,社会心理学研究第24巻第3号,208-218.
高橋正泰 (1988),「コンフリクト・マネジメント——トマス・モデルの研究」『小樽商科大学紀要』39 (3), 19-33.
高倉節子 (1993),『住民の意識構造とコミュニティ形成』, ぎょうせい.
武光誠 (2001),『県民性の日本地図』, 理想社.
竹西亜子・竹西正典他 (2008),「リスクメッセージの心理的公正基準——管理者への手続き的公正査定における事実性と配慮性」『社会心理学研究』第24号第1号, 23-33.
竹島正 (2009),「精神障害者の自立支援のための住居確保に関する研究」, 平成18年度～平成20年度総合研究報告書.
田中悟郎 (2004),「精神障害者に対する住民意識——自由回答の分析——」『人間科学共生社会学』4, 31-41.
田中英樹 (1996),『精神保健福祉法時代のコミュニティワーク』, 相川書房.
田中英樹他 (1990),「作業所づくりと地域の偏見——どう取りくんできたか、神奈川の作業所運動から学ぶ」『ゆうゆう』11, 26-32.
谷岡哲也・浦西由美他 (2007),「住民の精神障害者に対する意識調査——精神障害者との出会いの経験と精神障害者に対するイメージ」『香川大学看護学雑誌』第11巻第1号, 65-74.
The Word Bank (2003), *Measuring Social Capital: An Integrated Questionnaire*, Washington, D.C.
Thomas, K.W. (1976), Conflict and conflict management. M.D. Dunnette (Ed.), *Handbook of Industrial and Organizational Psycholory*, Chicago: Rand McNally, 889-935.
土田昭司 (2000),「日本におけるゼロ・リスク認知——研究の試み」『関西大学社会福祉学部紀要』31, 257-279.
土田雄一郎 (2007),「迷惑施設の立地をめぐる地域紛争と合意形成に関する研究」, 関西学院大学2007年度博士論文.
土屋智子 (2008),「地域社会のリスクコミュニケーションと原子力施設の安全」『日本ガスタービン学会誌』36, 6, 480-26.
塚本正治 (2001),「今日に向き合う者には明日が見える——『施設コンフリクト』の体験を通じて」『部落解放』487号, 45-55.
築山秀夫 (2004),「リスク社会における『地元』のNIMBY施設受容過程」『長野県短期大学紀要』第59号, 31-44.
内山節 (2010),『共同体の基礎理論——自然と人間の基層から』, 農文協.
宇田和功 (2005),「一般的信頼がリスク認知に及ぼす影響——そして信頼から見る最適のリスクコミュニケーションとは」, 関西大学.
上野谷加代子 (2009),「共に支え合う仕組みの構築——社会福祉の役割を考える」『社会

福祉研究』第104号,20-27.
Viklund, J.M.（2003）, Trust and Risk Perception in Western Europe: A Cross-National Study, *Risk Analysis* 23, 727-738.
和田修一（1992）,「コンフリクトを生み出す社会的要因と解決プロセス」,大島巌編,『新しいコミュニティづくりと精神障害者施設──「施設摩擦」への挑戦』,星和書店,193-202.
Weber, M.（1985）, *Gesammelte Aufssatze zur Wissenschaftslehre*, 6, Aufl., J.C.B. Mohr, Tubingen, S. 427-474.（海老原明夫・中野敏男訳（1997）,『理解社会学のカテゴリー』,未來社.）
William, H. T. & Blanchard, J. M.（2009）, Moving Beyond Place: Aging in Community, *Journal of the American Society on Aging* 13-2, 12-17.
矢島まさえ・梅林奎子他（2003）,「山間地域における精神保健福祉に関する住民意識──精神障害者と接した体験の有無による比較」『群馬パース学園短期大学紀要』5（1）, 3-12
山田文彦・柿本竜治他（2008）,「水害に対する地域防災力向上を目指したリスクコミュニケーションの実践的研究」『自然災害科学J.JSNDS』27-1, 25-43.
山岸俊男（2007）,『安心社会から信頼社会へ』,中公新書.
山岸俊男（1998）,『信頼の構造──こころと社会の進化ゲーム』,東京大学出版会.
山本明（2004）,「リスク認知に対するマスメディアの影響過程」,慶応義塾大学博士論文.
山岡功一（2002）,「病院改築を契機とした地域コンフリクト」『日本精神科病院協会雑誌』21（10）, 55-62.
山崎喜比古（1992）,「障害者施設を包み込んだ町づくりと根付く『福祉の心』──秋田県合川町と『大野台の里』」,大島巌編,『新しいコミュニティづくりと精神障害者施設──「施設摩擦」への挑戦』,星和書店, 48-59.
柳尚夫（2003）,「精神障害者施設コンフリクトへの対応──大阪府池田市での事例をもとに」『公衆衛生』67（5）, 376-379.
湯浅博雄（1992）,『他者と共同体』,未來社.
全国精神障害者家族会連合会（1997）,「精神病・精神障害者に関する国民意識と社会理解促進に関する調査研究報告書」,日本財団図書館（電子図書館）,http://Nippon.zaidan.info/seikabutsu/1997/00585/mokuji.htm.
Zippay, A. and Lee, S. K.（2008）, Neighbors' Perceptions of Community-Based Psychiatric Housing, *Social Service Review*, 395-417.
Zissi, A., Tseloni, A., Skapinakis, P., Sawidou, M. and Chiou, M.（2010）, Exploring Social Capital in Rural Settlements of an Islander Region in Greece, *Journal of Community & Applied Social Psychology* 20, 125–138.

あとがき

　現在でも、障害者施設を建設する際、地域住民からの反対運動等が発生したために、結局、施設を開設することができなかったという話をよく耳にする。先日も、某県で障害者グループホームを建設しようとしたが、近隣住民からの反対運動によって断念せざるを得なかったという話を耳にしたばかりである。今後、知的障害者や精神障害者、触法障害者の地域定着支援等により、地域住民と社会福祉施設とのコンフリクトは避けられない問題となることが予想される。

　そのようななか、本研究では、精神障害者施設を含む社会福祉施設におけるコンフリクトにおいても、リスクコミュニケーションの手法を基軸としたコンフリクト・マネジメント手法が有効である可能性を示した。また、これまで定説とされてきた、障害や障害者への「理解」が施設コンフリクトを合意に導くための条件であるということに加えて、関係者や関係機関を含めた「信頼」が重要であるということを明らかにすることができた。さらに、事例からは、長い時間をかけて醸成された信頼は、1つの事故などでは簡単には崩壊しないということを目の当たりにした。これまで、いわゆる「迷惑施設」として人々から認識されることの多かった社会福祉施設は、「人と人とのつながり」という新たな資源を形成する場となりうる可能性があることを確信するとともに、今後、この確信を実証していきたいと考えている。

　本書を作成するにあたっては、さまざまな方からご支援、ご協力をいただいた。まず、本書の一部は、「学術研究助成基金助成金若手研究（B）」（期間：2008年度〜2011年度）において実施した調査結果に基づくものであり、全国調査にご協力いただいた団体および施設・事業所に、記して謝意を表する。また、「施設コンフリクト」という、積極的に振り返ることをためらうような事柄に対し、快く了解をしていただき、詳細にわたりその経過を話していただいたことにより、本研究を遂行することが可能となった。本研究の調査にあたりご協力いただいた、高知県B施設関係者各位、I町内会および西I

町内会各位、高知県およびA市の行政関係者各位、沖縄県C法人関係者各位、U自治会会長始め関係者各位、山口県D施設関係者各位、G市行政関係者各位、Y自治会会長始め関係者各位に深く感謝する。

　また、大阪大学大学院人間科学研究科・小林清治准教授には、本研究の構成から完成まで一貫してご教授いただいた。同大学の堤修三教授、河森正人教授には、施設コンフリクトにおける行政の役割、信頼と理解の本質と留意すべき点、文章構成など多くの事柄についてご教授いただいた。同大学三好恵真子准教授からは、研究に対する姿勢を学ばせていただき、自身の甘さを認識することができた。同大学国際公共政策研究科・山内直人教授には、社会関係資本の側面から人と人とのつながりと施設コンフリクトの関連について貴重なご指摘をいただいた。さらに、日本福祉大学大学院社会福祉学研究科・野口定久教授には、地域福祉学の観点から本研究に対し貴重なご指摘をいただいた。津田耕一教授をはじめとする関西福祉科学大学社会福祉学部の先生方には、論文執筆に対しご助言やご協力、そして暖かい励ましをいただいた。先生方からのご指導、ご支援がなければ、本研究を遂行することはできなかった。改めて感謝の念を深くしている。

　また、本書を出版する機会を与えていただいた明石書店の関係者の皆様、編集・制作作業をご担当いただいた岡留洋文氏には、心より御礼申し上げたい。

　そして、最後に、研究に理解を示し、いつも支え、励ましてくれる父、母に深く感謝する。

2013年1月
野村　恭代

〈著者略歴〉
野村 恭代（のむら　やすよ）

1976年東京都生まれ。大阪大学大学院人間科学研究科修了（人間科学博士）。関西福祉科学大学講師等を経て、現在、大阪市立大学大学院生活科学研究科准教授。主な研究テーマは、施設コンフリクトの合意形成、精神保健福祉に関する諸問題。

〈主な著書〉
『福祉コミュニケーション論』（共著、中央法規、2011）
『よくわかる福祉財政』（共著、ミネルヴァ書房、2010）
『地域福祉論－地域福祉の理論と方法－』（共著、へるす出版、2009）

精神障害者施設における
コンフリクト・マネジメントの手法と実践
――地域住民との合意形成に向けて

2013年4月1日　初版第1刷発行

著　者		野　村　恭　代
発行者		石　井　昭　男
発行所		株式会社明石書店

〒101-0021 東京都千代田区外神田6-9-5
電　話　03（5818）1171
Ｆ ＡＸ　03（5818）1174
振　替　00100-7-24505
http://www.akashi.co.jp
装丁　　明石書店デザイン室
印刷／製本　モリモト印刷株式会社

© Yasuyo NOMURA 2013
Printed in Japan

ISBN978-4-7503-3780-7
（定価はカバーに表示してあります）

JCOPY 〈(社) 出版者著作権管理機構 委託出版物〉
本書の無断複写は著作権法上での例外を除き禁じられています。複写される場合は、そのつど事前に、（社）出版者著作権管理機構（電話　03-3513-6969、FAX　03-3513-6979、e-mail: info@jcopy.or.jp）の許諾を得てください。

精神障害のある人の権利擁護と法律問題
関東弁護士会連合会編
●3800円

子どもの権利擁護と里親家庭・施設づくり
やさしくわかる社会的養護②
相澤 仁編集代表　松原康雄編集
●2400円

子どもの養育・支援の原理 社会的養護総論
やさしくわかる社会的養護①
相澤 仁編集代表　柏女霊峰・渋谷昌史編集
●2400円

住民主体の地域子育て支援 全国調査にみる「子育てネットワーク」
山縣文治監修　中谷奈津子編
●2400円

反社会的行動のある子どものリスク・アセスメント・リスト
チャイルド・ディベロップメント・インスティテュート編
少年用EARL-20B、少女用EARL-21G
本多隆司監訳　ASB研究会訳
●3500円

児童養護施設の子どもたちの生活過程
子どもたちはなぜ排除状態から脱け出せないのか
谷口由希子
●3800円

当事者が語る精神障害とのつきあい方
佐野卓志、森実恵、松永典子、安原荘一、北川剛、下村幸男、ウテナ
グッドラック・統合失調症と言おう
●1800円

精神鑑定とは何か 責任能力論を超えて
高岡 健
●1800円

ソーシャルワークによる精神障害者の就労支援
参加と協働の地域生活支援
御前由美子
●3300円

障害者ソーシャルワークへのアプローチ
その構築と実践におけるジレンマ
横須賀俊司、松岡克尚編著
●2500円

ソーシャルワークと修復的正義
癒やしと回復をもたらす対話、調停、和解のための理論と実践
エリザベス・ベック他編著　林浩康監訳
●6800円

修復的アプローチとソーシャルワーク
調和的な関係構築への手がかり
山下英三郎
●2800円

地域・施設で死を看取るとき
いのちと死に向き合う支援
小畑万里編著
●2300円

障害者介助の現場から考える生活と労働
ささやかな「介助者学」のこころみ
杉田俊介、瀬山紀子、渡邉琢編著
●2500円

成年被後見人の選挙権・被選挙権の制限と権利擁護
精神・知的障害者、認知症の人の政治参加の機会を取り戻すために
飯田泰士
●2600円

はじめて読む「成年後見」の本
制度の仕組みから具体的な手続きまでをわかりやすく解説
馬場敏彰編著
●1800円

〈価格は本体価格です〉